손도사 명상록

손도사 명상록

초판 1쇄 인쇄일	2025년 2월 10일
초판 1쇄 발행일	2025년 2월 17일
지은이	손도사
펴낸이	최길주
펴낸곳	도서출판 BG북갤러리
등록일자	2003년 11월 5일(제318-2003-000130호)
주소	서울시 영등포구 국회대로72길 6, 405호(여의도동, 아크로폴리스)
전화	02)761-7005(代)
팩스	02)761-7995
홈페이지	http://www.bookgallery.co.kr
E-mail	cgjpower@hanmail.net

ⓒ 손도사, 2025

ISBN 978-89-6495-320-4 03180

* 저자와 협의에 의해 인지는 생략합니다.
* 잘못된 책은 바꾸어 드립니다.
* 책값은 뒤표지에 있습니다.

손도사 명상록

Meditation

명상레전드 손도사 지음

BiG 북갤러리

책 소개 글

우리는 지금 최고로 나쁜 시대 상황을 겪고 있습니다…….

정치와 경제의 전쟁과 민족과 종교로 인한 전쟁과 온갖 질병과 자연재해 그리고 각종 사고로 한치 앞을 예측할 수 없는 시대를 살고 있습니다.

지구촌의 가장 중요한 지역 '동북방'에서 가장 위험한 큰 전쟁이 예측되고, 한반도에서는 나쁜 징조의 예고로 최고의 정치갈등과 경제위기가 오고, 1년에 100만 명씩 자영업자가 폐업을 하고, 비행기 폭발사고로 180명이 순식간에 안타까운 '억울한 죽음'을 또 당했습니다.

중동의 팔레스타인지역에서는 민족과 종교로 인한 전쟁으로 수만 명의 어린애 및 부녀자와 사람들이 안타까운 '억울한 죽음'을 당하고 있습니다.

이러한 혼돈의 시대와 불확실시대를 살고 있는 현대인들에게 적자생존과 각자도생의 '잘사는 방법'으로 모두가 성공 · 출세 · 부자가 되고, 100세 이상 무병장수를 하고, 그리고 스스로 정신 깨어남과 영혼진화로 초월경지가 되면서 평안하고 아름답게 '잘 죽는 방법'까지 세상 최초로 가장 중요한 가르침을 알려주고자 합니다.

모든 삶은 과거와 전생 때부터 현생과 죽음 후로까지 계속 '연속성'을 가지고 살아가고, 사람 개인들의 삶도 자기 자신 속에 들어와 있는 영혼과 DNA 핏줄의 업(業)과 운(運)내림이 작용을 하며 하늘과 자연의 섭리는 뿌리는 대로 거두고, 지은 대로 되받는 '인과응보'가 너무니 정확하게 따르게 됩니다.

사람 개인들의 운명과 운세는 하늘자연의 '오묘한 섭리'로 각자가 타고난 탄생의 생(生)년 · 월 · 일 · 시 사주팔자와 개인들의 손바닥에 생겨있는 지문 손금에 99.99% 타고 나고, 표시되어 있고, 예정되어 있다는 놀라운 진실을 가르쳐주려 합니다.

사람 개인들이 각자가 타고난 사주팔자와 지문 손금에는 과거 전생 때부터의 습성과 업(業 · Karma)이 99.99% 표시되어 정해져 있고, 이미 정해진 '운명프로그램'에 따라 현생의 삶에 정확히 작용을 일으키고 그리고 죽을 때는 그 사람의 모든 습성과 삶의 질은 '정신작용'을 하여 또다시 죽음 후의 다음 생으로 그대로 연결이 되고, 현생의 삶은 죽음 후의 또 다른 전생이 계속되어 갑니다.

우리는 싫든 또는 좋든지 간에 이러한 '섭리와 진실'을 반드시 알아둬야 합니다.

세상과 인생은 아는 만큼 보이고 잘살게 되기 때문에 정말로 중요합니다.

또한 현재의 21세기 자본주의와 AI 인공지능 및 첨단과학 시대에 옛날 2~3천년 전 유목민 시대에 생겨진 종교들을 어떻게 믿고 따라야 하는지?에 관하여서도 과학적 및 초과학적 사고로 잘 알아둬야 합니다.

또한 살아가면서 정말로 피할 수 없는 경우나 또는 어쩔 수 없는 죽음을 당할지라도 평소에 '생활명상'으로 정신과 의식이 깨어있고 알아차림을 잘하게 되면 스스로 통찰력이 생겨서 모든 위기와 손해 및 죽음까지도 잘 피할 수 있게 되고, 스스로 성공출세와 부자가 될 수 있고, 질병 없이 100세 이상을 살 수 있고, 소풍을 가는 듯이 죽음을 맞이하게 되고, 한 단계 더 상승과 영혼진화가 되고 고급영혼이 되어 '자기구원'을 자기 스스로 해낼 수 있게 됩니다.

지금의 혼돈시대와 가장 불확실한 현 시대를 살고 있는 사람들에게 이처럼, 정말로 놀랍고 진실한 '가르침'을 전달합니다.

21세기 자본주의와 AI 인공지능 및 첨단과학 시대에서는 저 높은 하늘을 자유롭게 날고 있는 하늘의 제왕 독수리(Condor)처럼, 독수리에게는 두 개의 날개가 필요한 것처럼, ① 물질적 성공과 ② 정신적 성공을 함께 이루시길 바라면서 필자는 이것을 '독수리양날개성공론'이라 일컫고, 이 책은 가장 이상적인 인생 성공방법으로 '독수리양날개성공론'을 이야기식으로 펼치면서 가르침을 주고자 합니다.

이 책《손도사 명상록》은 '독수리양날개성공론'으로 인생 성공을 해내고 현재 세계 명상분야의 레전드인 손도사가 사람 개인들에게 '인생길 내비게이션 책'이 확실함을 전달하면서 모두가 책 내용을 직접 확인한 후에 객관적인 비평을 해주길 진심으로 바랍니다.

명상레전드 **손도사** 씀.

'독수리양날개성공론'과 작가를 소개합니다

아무리 돈이 많아도 불치병에 걸리거나 수명이 짧거나 깨우침과 깨달음이 없으면 실패한 인생이 되고, 아무리 아는 것이 많아도 돈이 없으면 초라한 인생이 되어버리고, 자신의 앞날운(運)을 모르면 바보가 되어버리고, 무엇에 집착을 하게 되면 노예가 되어버립니다…….

세상에는 수많은 책과 가르침들이 있지만 별 소용이 없고, 수많은 교사와 교수가 있지만 실용지식과 지혜를 가르쳐 주는 스승이 없고 하여서 인생길을 헤메이고 시행착오를 겪다가 '신(神)의 계시'로 기도와 명상을 하게 되었고, 드디어 통찰력과 신통술로 이상적인 인생 성공을 이루게 되었습니다.

나의 이상적인 인생 성공이란?!

저 높은 하늘을 자유롭게 날고 있는 하늘의 제왕 독수리(Condor)처럼, 독수리에게는 두 날개가 필요로 하는 것처럼, ① 물질적 성공으로 부동산·주식·채권·지적 재산권 등 개인 자산 1천억을 벌고, ② 정신적 성공으로 깨우침과 깨달음까지 이룬 大山 손도사가 가장 이상적인 인생성공방법으로 '독수리양날개성공론'을 가르쳐 주고, 태어날 때 타고 나고 예정이 된 각자의 약 100가지 개인별 상세운(運)을 가르쳐 주는 '운명천기누설' 가르침을 자리이타행으로 실천하면서 모든 사람들이 자신의 인생을 헤메이지 않도록 '인생길 내비게이션'이 되어주려고 합니다.

손도사 인생 내비게이션을 따라오면 모두가 성공·출세·부자가 되고, 100살 이상 무병장수를 하게 됩니다.

돈을 벌어 본 사람만이 그 사람에게 가장 적합한 돈 잘 버는 방법을 가르쳐 줄 수 있고, 깨우침과 깨달음을 이룬 사람만이 그 방법과 비법을 가르쳐 줄 수 있습니다.

먹고 살아가려고 또는 돈 좀 벌어보려고 장사영업 및 개인사업과 투자를 하는데 왜? 손해와 실패를 당하고 개인파산까지 당하고 억울한 비명횡사 죽음까지 당하는 겁니까??

무엇이든 관심이 있는 쪽에는 지식습득을 해야 하고, 건강검진을 받는 것처럼 평소에 운명 및 운세 검진을 받으면 누구나 나쁜 운(運)들은 피할 수 있고, 누구나 잘살 수가 있는데 말입니다.

사람 개인들은 자기 자신의 타고나고 예정된 '수명운과 평생재물운'은 반드시 알아두고 살아가야 합니다!!!

이 책을 집필하고 있는 작가는 젊은 날 부동산학과 금융학 경제학 등의 박사로 현재 부동산등기권리증 약 100개를 실명으로 소유하고 있고, 서울 종로3가 국일관 건물투자, 특히 국일관 건물 12층 투자는 부도를 낸 법인소유지분을 헐값에 매입을 하고 연수익률 70%씩을 20년 동안 계속 올리고 있습니다.

근래에 모두가 한국경제가 나쁘다고 미국에 투자를 할 때 필자도 미국

주식과 비트코인에 투자하고, 통찰력과 신통술로 국내주식도 잘 발견을 하여 코스피 시장 HD현대일렉트로닉과 코스닥 시장 태성과 제닉 등에 투자하여 2024년도에 1년 수익률 300~400% 이익을 올리는 등 고수익을 올리고 있고, 또한 찾아오는 손님 개인들에게도 부동산투자와 주식투자 등 '투자상담'을 잘해주고 있고, 이러한 고수익률의 방법은 탁월한 통찰력과 신통술입니다.

대학병원에서 현대의술로는 원인도 모르고 치료도 할 수 없는 전생과 조상의 나쁜 업·살풀이와 빙의 및 귀신병 치유를 맨손으로 해주기도 합니다.

이처럼, 탁월한 통찰력과 신통술을 길러준 것은 '신통술초월명상'이었고, 일반기도와 함께 명상·초월명상·신통술초월명상 등의 방법과 완벽한 자유로운 삶의 방법 등은 다음으로 이어지는 작가 소개 글과 끝까지 글을 잘 읽어보시길 바랍니다.

글을 읽으면서 독자분들이 참고해야 할 점은 필자는 직감 집필과 생각나는 대로 글을 쓰기 때문에 조금씩 이해와 양해를 바라고, 필자가 전달하고 싶은 취지를 잘 헤아려 주시길 바랍니다.

필자는 태양이 가장 먼저 뜨는 동방의 나라 대한민국 가장 남쪽에 위치한 고흥 남해안 바닷가의 작은 시골마을에서 태어났습니다.

시골마을에서 논밭이 가장 많은 손 부잣집 장자로 태어났지만, 어린나이 7살쯤부터 몸이 이상해지면서 불쑥 불쑥 이상한 말들이 튀어나오고 또한 이상한 환청현상과 환시현상들이 나타나기 시작했습니다.

부모님께서는 아이가 생길 때의 태몽처럼 '칠성줄'로 특별하게 태어났는데 이제 그 현상이 나타나는가 싶어서 영적기운을 가라앉히는 굿을 하기도 하고, 또한 퇴마사를 찾아가 퇴마의식을 하기도 했습니다.

아이가 이상하다는 얘기를 전해 듣고 시골 교회의 목사님이 찾아와 자세히 언행들을 살펴보더니 "아이는 하늘로부터 특별한 능력을 타고났고 하늘 말로 방언을 한다."라고 하면서 교회에 나오라고 해서 교회에 다니기 시작했습니다.

또한 아이는 기운(氣運)의 이끌림에 따라 산(山)속에 있는 암자를 찾아가기도 하고, 시골동네 동구밖에 500년 동안 우뚝서있는 당산나무를 찾아가기도 하고, 어부들이 가장 많이 소원을 비는 용바위를 찾아가는 등 하면서 그 대상들과 말을 주고받기도 하였고, 가끔씩 하늘을 올려다보면서 말을 주고받기도 했습니다.

아이는 죽을 고비도 넘기고 자라서 20살 청년이 되었고, 대학을 졸업하고 군대를 다녀오고 그리고 어른이 되고 사회진출을 했습니다.

이 책의 필자는 현실적인 시대상황에 따라 시장경쟁과 자본주의 현대사회에서 남보다 잘 살고 싶고 또한 더욱 잘 살기 위해서는 오직 '투자와 사업을 해야 한다.'라고 생각하면서 사회생활 초년 처음부터 비록, 작게 시작하더라도 사업을 시작했습니다. 사업을 배우면서 맨 처음의 사업은 부산에서 가내공장 규모의 신발공장부터 시작해서 점점 사업을 키워 프로스포츠 운동화를 만들었고 신발사업이 잘 되어 너무 크게 사업확장을 하다가 그만 실패를 당하고, 다시금 빨리 돈을 벌려고 조그마하게 오락게임장과 술집 경영을 하다가 싸움에 휘말려 또 사업실패를 당하고 말았습니다.

맨 몸으로 서울로 올라와 시대의 흐름에 따라 부동산이 잘되는 시절 이어서 부동산 공부를 하고 투자를 하면서 부동산사업으로 돈을 벌고, 주식공부와 주식투자를 하면서 돈을 벌고, 금융공부와 자산운용으로 돈을 벌어서 그 당시 1,000억 원짜리 건물 서울 동대문시장 '동대문쇼핑몰' 집합건물상가의 운영관리 회장이 되었습니다. 나이 들어서 야간대학원을 다니면서까지 부동산학·경제학·경영학 등 공부와 사업을 병행하면서 자기 성장을 해 나아갔습니다. 사업경험을 쌓고 큰돈이 생기자 더 큰 사업을 위해 한국 정치권력의 1번지 서울 종로통으로 입성을 하고, 서울의 전통적인 중심가에 위치하고 100년 전통 브랜드로 유명한 국일관 옛 건물을 헐고 그 터 833평에 새로 지은 그 당시에 약 1,000억 원짜리 지하 7층 지상 15층 건물 '서울 종로3가 국일관'에 부도난 법인 소유의 건물지분을 값싸게 매입을 하는 등 큰 투자를 해서 '국일관 회장'이 되어 한국 최고의 술집 '국일관 나이트클럽'을 승계받아 경영을 하였습니다. 또한 국일관건물 3개 층에 투자자산 약 300억 원쯤의 '오락장'(주)국일관게임랜드를 직접 경영하는 등 서울 한복판에서 여러 개 사업을 크게 하면서 상남자로 대인(大人)답게 멋진 인생을 살다가 큰 사고를 당하고, 건강까지 나빠지면서 쓸쓸하게 나 홀로 떠나야 했습니다.

'서울 종로3가 국일관' 건물의 대주주 소유권만 유지하고, 회장직에서 사퇴를 하면서 대장부답게 깨끗이 정리와 정산으로 마무리를 하고, 권력 무상함과 인생 무상함을 뼈저리게 느끼면서 '삶의 가치관과 인생목표'를 바꾸어 이제 도(道)나 닦으려고 산(山)으로 들어갔고, 그리고 이 세상에 남길 각오로 후인들을 위해 이 글을 쓰고 있습니다.

필자가 직접 이 글을 쓰는 동기와 목적은 필자가 70살의 나이까지 인생을 살아오면서 여러 가지 공부와 여러 가지 사업경험 및 여러 가지 종교경험들을 통해서 실제로 체득하고 터득한 평생동안의 '경험지식'과 하늘 및 신(神)들의 엄청난 비밀과 우주하늘자연의 섭리작용과 개인들의 운명작용 등을 '홍익정신'으로 가르침을 주려 함입니다.

특히 산(山)속에서 도(道)를 닦으면서 신통초월명상 중에 '신(神)의 계시'를 받는 과정들과 모든 학문 지식과 종교들의 '근원과 본질'을 알아내고 그 가르침을 전달해주는 내용들, 특히 이 책의 맨 뒷장 특별부록편의 「손도사

손금풀이는 사람 개인들의 기질소질재능 발견 및 운명과 운세를 100% 정확히 '자가진단'을 해 볼 수 있는 엄청난 운명정보!!를 실어놓았습니다.

인생살이는 연습을 할 수 없기 때문에 '경험자의 말'은 중요합니다.

필자는 나이 들면서 현재는 집착 않는 소유 겸 해탈자유인으로 살아가고 '운명학 연구'로 우주하늘자연의 섭리 및 기운(氣運)작용과 사람의 타고난 사주·손금·얼굴 관상을 연구하고, 이것을 '운명천기누설'로 개인들이 타고난 정확한 운명과 운세를 가르쳐 주면서 필자의 저술 책을 한 번이라도 구독을 한 사람들은 반드시 성공·출세·부자로 만들어 주고자 합니다.

세상과 인생을 제대로 볼 줄 아는 '본질파악과 앞날운(運) 예측'을 잘 해내면 누구나 100세까지 무병장수를 하면서 성공·출세·부자가 될 수 있고, 이 책은 독자분들에게 세상과 인생의 본질파악과 운(運) 예측을 잘 해내는 '안목과 통찰력'을 10배로 키워줄 것임을 확신합니다.

이 책은 가장 불확실하고 혼돈의 시대를 살아가고 있는 21세기 현대인들에게 살아남는 '각자도생'의 삶의 기술과 누구나 '잘 사는 방법과 잘 죽는 방법론'으로 필자의 실제 자전 구도 이야기를 실황적으로 펼쳐가면서 정말로 중요한 '가르침'을 알려주고자 합니다.

많은 깨우침!!을 주는 21세기 구루 위대한 사람 손재찬 작가의 마지막 저술인 귀중한 이 책을 끝까지 잘 읽어보시길 진심으로 바랍니다!!

(다음 제2장부터 이 책의 본문이 시작됩니다.)

하늘의 섭리와 비밀을 알고 싶어 산(山)속으로…

　하늘자연의 섭리와 모든 비밀진실을 알고 싶어 산(山)속으로…….

　광활한 우주 속에서 우리 인간은 우주의 작은 구역 '태양계 지구별'에 살고 있고, 우리의 지구별에 가장 큰 기운(氣運)의 영향을 미치고 있는 것은 태양과 달 그리고 화성·수성·목성·금성·토성이고, 이것을 일(日)·월(月)·화(火)·수(水)·목(木)·금(金)·토(土)라고 합니다.

　지구별에 가장 큰 기운(大氣運)작용을 하고 있는 해와 달과 별이 음(-)과 양(+) 그리고 5행(五行)으로 끊임없이 작용하는 것을 3천년 전에 발견을 하고 관찰 및 연구해오는 학문이 '주역명리학'이고, 명리역학을 응용하여 역술 및 점술로 계속 길·흉을 점(占)쳐오고, 정확한 역술 및 점술은 앞날 예측과 진실파악에 있어 최고의 '통찰력'이기도 합니다.

　우주하늘자연의 기운(氣運)과 섭리를 '역학의 학문'으로 가르치고 배워서 실제의 삶에 잘 활용하는 것을 미신이라고 생각하는 사람은 지식이 부족한 무식한 사람이 분명하고, 무식한 사람들은 세상이 돌아가는 기본상식과 섭리작용을 모르기 때문에 결코 잘 살지를 못하게 됩니다.

천체물리이론학과 주역 및 역술로 앞날의 길·흉을 잘 점(占)치면 모두가 성공출세를 할 수 있고, 부자가 될 수 있고, 질병 없이 수명장수를 할 수 있고 그리고 행복하게 잘살게 됩니다…….

광활한 우주 속에서 오늘도 태양은 떠오르고 또다시 지고, 내일도 태양은 또다시 떠오르고 또다시 지고, 태양은 억만 년 동안을 떠오르고 또다시 지기를 반복하고, 밤하늘의 저 달도 점점 커지고 다시 작아지고 없어지고, 또다시 생겨나기를 억만 년 동안이나 반복을 하고, 낮과 밤이 억만년 동안이나 반복을 하니 우리는 이러한 것을 우주와 하늘자연변화의 섭리 '운(運)작용법칙'이라 합니다.

이러한 우주하늘자연의 섭리로 움직이는 '운(運)법칙'에 따라서 우주하늘자연의 존재물인 우리 사람에게도 약 10년마다 주기적으로 크게 운(運)이 변화를 하니 100살 시대에는 아주 어릴 때와 아주 늙은 때를 빼면 일곱(7)번은 '큰 기회'가 있다고, 또한 인생과정에 '10년 대운법'이 있다고, 사람은 오직 부모님이 만든 창조물이기 때문에 부모와 자식간의 DNA 유전인자적 '핏줄운(運)내림'이 있다고, 사람의 몸속에는 전생의 존재가 현생의 내 영혼으로 들어와 있기 때문에 사람 개인들은 전생 때의 나쁜 습성과 함께 '전생업(業)내림'이 있다고, 크리슈나·부처님·공자·소크라테스·예수님·무함마드가 오시기 전의 아주 먼 옛날의 과거에도 지금의 현재도 먼 훗날의 미래에도 그리고 모든 민족과 모든 나라에도 일·월·화·수·목·금·토가 있으니, 즉 해(日)·달(月)·별(星) 그리고 산(山)·물(水) 등등의 근원적 천기(天氣)의 기운이 음양(陰陽)과 오행(五行)으로 끝임 없이 작용하여 항상 우리들에게 영향을 미치고 있다는데, 이러한 것들의 기운(氣運)작용들 때문에 모든 사람은 태어날 때 각자의 사주와 지문 손금 표시로 약 100억 분의 1 오차확률로 각각의 '개인식별과 운명(運命)'을 타고나고 그리고 예정된 각자의 운명프로그램대로 살아간다는데, 도대체 현생의 나는 "어디로부터 와서 어떻게 살다가 몇 살 나이에 어떻게 죽게 될 것이며, 죽어서는 또다시 무엇이 되어 또 어디로 가게 될 것인가? 나는 누구인가?……."

인간의 삶과 개인들의 인생에서 정말로 가장 중요한 '이것?'은 모든 학교에서도 모든 종교에서도 가르쳐주지를 않았고, 또한 배울 수도 없었습니다.

모든 학교에서는 일반지식만을 가르치고, 모든 종교에서는 자기 종교만 최고라고 가르치면서 철저한 배타주의뿐이었습니다.

필자는 모든 학문과 모든 종교의 '근원과 본질'을 가르쳐드리겠습니다.

엄청난 우주하늘자연의 오묘한 섭리와 진리 그리고 삶의 큰 의문의 '화두'를 가지고 지금까지 정말로 파란만장한 인생길을 걸어온 필자의 특별한 대서사적 실제이야기로 세상과 인생에서 가장 중요한 '가르침'을 펼치고자 합니다.

독자분들은 이제부터 지금까지의 알고 있는 지식이나 · 사상 · 이념 · 종교적 편견과 고정관념 등을 잠시 내려놓으시길 바랍니다.

먼저, 필자는 이 글을 읽고 있는 독자분들의 가슴을 향하여 진심으로 한마디씩 물어보면서 그 답을 들어보고 싶습니다.

『밤하늘의 별들은 약 1천억 개이고, 사람 두뇌의 뉴런 신경세포도 약 1천억 개로 가장 정교하고 미스터리하다는 진실을 알고 있습니까?

사람 개인들은 모두가 자기 자신의 과거와 전생 때의 '나쁜 습성과 업(業) 내림'이 작용을 하고, 해결을 못 하면 계속된다는 비밀진실을 알고 있습니까?

사람 개인들의 운명과 운세 그리고 기질 · 소질 · 재능 등은 99% 타고나고, 하늘자연의 오묘한 섭리에 따른다는 비밀진실을 알고 있습니까?

사람 개인들은 각자가 타고난 생(生)년 · 월 · 일 · 시의 사주팔자와 손에 새겨진 지문 손금대로 살아간다는 비밀진실을 알고 있습니까?

같은 날 같은 시간에 태어난 쌍둥이도 '지문과 손금이 다르다'는 사실과 진실을 알고 있습니까?

태어난 시간을 정확히 모르거나 병원에서 제왕절개수술로 태어난 사람은 데이터과학 '지문과 손금'을 봐야 한다는 진실을 알고 있습니까?

타고난 소질 및 재능발견과 운세로 '공부직업의 적성'을 꼭 알고 싶습니까?

공부와 직업의 적성이 안 맞으면 결코 성공할 수 없음을 알고는 있습니까?

사업 및 영업장사와 월급쟁이 중에서 어느 쪽이 잘 맞는지 알고 싶습니까?

모든 것은 '100년 및 10년 주기운(運)'이 반복됨을 알고는 있습니까?

나이가 9수와 삼재수는 10년 주기의 '나쁜 운때'임을 알고 있습니까?

지나친 정치신념과 종교신념들은 매우 위험하고 가장 나쁜 것이다!!

종교들의 죽은 후 구원받는다는 달콤한 거짓말과 집단 최면식 신앙과 정신병적 종교 원리주의만 없애면 '인류평화'가 온다는 진실을 알고 있습니까?

모든 종교들의 경전들이 쓰여진 기록의 진실들을 알고는 있습니까?

천국행 및 극락왕생은 100명 중 1명이란 '비밀진실'을 알고는 있습니까?

남들은 기도응답을 잘 받는데 왜 자기는 못 받는지 알고는 있습니까?

남들은 성공을 잘 하는데 왜 자기는 실패만 당하는지 알고는 있습니까?

남들은 건강한데 왜 자기는 평생동안 몸이 아픈지 알고는 있습니까?

남들은 사랑을 잘 하는데 왜 자기는 외롭고 고독한지 알고는 있습니까?

부자들이 많은데 왜 자기와 자기 집은 가난한지 알고는 있습니까?

각종 빙의와 핏줄대물림 우환들을 어떻게 해결하는지 알고 싶습니까?

각종 불치병 및 난치병과 귀신병을 어떻게 해결하는지 알고 싶습니까?

순환 질서 법칙에 따라서, 영혼들은 환생을 하는데 여성들 낙태 살인의 '가장 큰 죄업'을 어떻게 되받는지 알고 싶습니까?

여성들 낙태 살인의 '자궁살과 벌받음'을 해결하고는 싶습니까?

가장 중요한 자신의 '재물운과 수명운'을 알고는 살아가고 있습니까?

장사영업 및 사업을 하거나 주식 · 선물 · 펀드 · 코인 · 부동산 등에 투자하는 사람들이 자기 자신의 '재물운'도 모르면 어떻게 되겠습니까?

지방의원 및 국회의원과 지자체장 및 기업체의 대표 등에 선출되려는 사람들이 자기 자신의 '출세운과 당선운'을 모르면 어떻게 되겠습니까?

정치인이 대통령에 뜻을 두거나 대통령선거에 출마하는 사람과 정당의 대표들이 '제왕의 운(運)'을 모르면 어떻게 되겠습니까?

대통령보다 더 위대한 인물 '시대의 영웅'이 되고 싶지는 않습니까?

대한민국은 현재 꾼들 때문에 '총체적 난국'으로 혼돈과 불확실시대이니 모든 개인들과 자영업자 및 기업인들은 '각자도생'을 잘하라!!

각자도생!!을 잘하고, 성공출세부자가 되고 싶고 질병 없이 무병장수를 잘하려면 모든 학문과 종교들의 '근원과 본질'인 하늘자연의 섭리를 알고, 개인들은 각자가 타고나고 예정이 된 '운명프로그램'을 알아내고 앞날운(運)을 반드시 알고 살아야 한다!!

청와대 터 일부분은 나라를 위한 기도장소 '국사당'으로 꼭 활용을 하라~』

이 책을 끝까지 읽으면 위 모든 것의 진실을 스스로 다 알게 됩니다…….

한 번밖에 살 수 없는 귀중한 인생을 잘 살아보려고 이렇게 살아도 보고, 저렇게 살아도 보면서 때로는 수년 동안을 하루에 16시간씩 일을 하고 여러 개의 사업을 동시에 하다가 큰 사고를 당하고, 건강까지 나빠지면서 큰 손실을 당하자 결국 자살까지 시도하였건만, 마음대로 죽지도 못하고 다시 깨어나 종합병원이 쩌렁쩌렁 울리도록 하늘을 향해 눈깔을 치뜨고 주먹질을 하면서 울부짖는 사람이 있습니다.

"나 좀 죽여주세요! 나 좀 죽여주세요! 나 좀 죽여주세요!……."

목이 쉬도록 울부짖으며 또 울부짖으며 하늘을 원망하고, 부모를 원망하고, 사주팔자 운명을 원망해 본 사람이 지금 여기 있습니다.

복(福)을 잘 타고나거나 또는 운(運)이 좋아서 고생을 안 해본 사람이나 또는 부모를 잘 만나서 고생을 안 해본 사람은 정말로 그러한 사람들의 심정을 모를 겁니다. 삶의 벼랑 끝에 서 보지 않은 사람은 정말로 그러한 사람들의 심정을 모를 겁니다.

어릴적 두뇌가 천재형이고 야망도 컸지만, 전라도 땅끝 시골 농부의 아들로 태어났기 때문에 뒷백도 없고, 동아줄도 없어 사내 대장부의 큰 꿈 한 번 제대로 못 펴보고 올라가다 내려오고, 일어서다 넘어지고, 또 올라가다 또 내려오고, 인생 엎어치기로 큰 욕심으로 고위험의 고수익 사업을 벌이다가 큰 사건과 큰 사고가 동시에 발생되면서 어쩔 수 없이 큰 손실을 당하고, 그리고는 고향땅으로 하향을 하고, 남해안 소록도·거금도 앞바다에서 바다낚시나 하면서 나 홀로 빈둥거리며 바보 아닌 바보가 되어 부모 형제 친척 친구의 눈치를 살피는 등등 자격지심으로 인한 대인기피증까지 생기면서 어두운 뒷방의 구석방에 문 걸어 잠그고, 구들장을 짊어지고, 천장을 바라보며 몇 날 며칠이 지나도록 고뇌의 고뇌를 계속하다가 방문을 열고 기어 나와 하늘을 올려다보며 중얼거립니다.

"그래 산(山)으로 들어가는 거야. 산으로……."

내 삶의 마지막 방법으로 일생일대의 모험을 걸고 도(道)나 닦으려고 산으로 길을 떠납니다. 옛날의 철학자 소크라테스가 '너 자신을 알라!'라고 말을 남겼으니 내 자신을 알기 위해서, 나의 운명을 내 스스로 알아보기 위해서,

왜 나는 그렇게도 큰 운(大運)이 열리지 않는 것인지를 알고 싶어서 또한 더이상 살고 싶지 않아서 그리고 아무도 없는 곳에서 스스로 죽을 생각까지도 각오하고 입산(入山)을 선택합니다.

도(道) 닦는 것까지도 실패하면 아무도 안보는 깊은 산속 그곳에서 정말 죽음까지도 각오를 하고 산(山)으로 길을 떠납니다.

평생동안 고생만 하시고 이제 80살 넘으신 어머님의 눈물의 전송을 뒤로하고 고향 집 생가를 나섭니다.

산중턱까지만이라도 짐을 옮겨주겠다면서 어머님을 모시고 고향 시골에서 농사를 지으며 오순도순 열심히 잘 살아가고 있는 동생 '손재성'이 형의 산(山)생활을 위한 무거운 짐을 짊어지고 뒤따라 나섭니다. 못난 형의 처지를 늘 걱정해주는 동생이 정말로 고맙고 또한 한편으로는 형으로서 부끄럽기도 하고 미안하기도 합니다.

나는 도(道)를 닦으러 산(山)으로 길을 떠납니다.

옛날 어릴 적에는 진달래 참꽃을 따먹고, 산머루를 따먹고, 산다래와 으름 열매를 따먹고, 양지바른 곳에 자기 홀로 자생하는 춘란의 꽃대를 뽑아 까먹기도 하면서 뒤뜰 삼아 자주 올라 놀던 뒷동산이었건만, 지금은 산(山)기도공부를 하러 산을 오릅니다. 어릴 적 추억이 서린 그 산을 지금은 경건한 마음으로 오르고 있습니다.

'하늘의 명기(明氣)는 산(山)을 통하여 땅에 내린다.'라고 하니, 나는 지금 하늘의 명기와 산의 기운을 받아 신통력을 얻어서 내가 누구이고 나의 전생이 어떠했는지? 나의 조상님은 어땠는지? 나의 운명은 어떻게 타고났는지? 왜 나에게는 그렇게도 큰 운(大運)이 열리지 않는지? 이렇게 살다가 언제 어디서 어떻게 죽을 것인지? 죽은 후에는 또다시 무엇이 되어 또 어디로 가게 될 것인지? 그리고 종교들의 극락 및 천국과 지옥은 실재하는지? 지난 2천년 동안 이루어지지 않는 종말설·재림설·마지막 심판설 등은 진실인지? 거짓인지? 그보다 더 좋은 가르침과 구원론은 있는지? 등등을 내 스스로 알아내기 위해서 나는 복잡한 심경으로 산(山)을 오르고 있습니다.

낮은 산 고개를 넘고 산 능선을 타면서 더 높은 곳을 향하여 계속 산을 오르고 있습니다. 이곳 산중턱쯤의 마당바위까지 올라왔으니 이제 짐을 옮겨다 주는 동생과는 헤어져야 합니다.

나는 돌아올 수 없는 저승길을 떠나는 심정으로 동생과 또다시 유언을 남기는 다짐의 약속을 합니다.

한 달에 한 번씩 이곳 산중턱쯤에 위치한 넓은 마당바위 위에다 비닐로 싸서 식량을 갖다놓고, 식량을 갖다놓을 때에 먼저 갖다 놓았던 식량이 없어졌으면 산속에서 형이 살아있는 것으로 알고, 그러나 만약 식량이 그대로 남아있으면 아무도 없는 산속에서 형이 산(山) 기도로 도를 닦다가 죽은 것으로 판단해서 죽은 형의 시신이라도 찾아내어 불태워 화장을 시켜주고, 그래도 우리가 이승에서 형제의 인연으로 만났으니 형의 혼백이 좋은 곳으로 잘 가고 더 좋은 모습으로 환생을 하라고 꼭 한 번 '해원천도재'라도 해주어 죽은 형의 원혼이라도 달래주기로 약속을 합니다.

눈물을 글썽거리는 이 세상의 친형제를 마지막으로 보면서 동생의 등을 떠밀다시피 해서 산을 내려 보냅니다.

이제부터는 내가 짐을 짊어지고 산(山)을 오릅니다. 오랜 세월 동안 산속에서 혼자 살려고 옮기는 짐이다 보니 엄청나게 양도 많고 무게도 무겁습니다.

커다란 배낭을 등에 짊어지고, 작은 가방을 목에 걸어 메고 고달픈 삶의 짐을 짊어지듯 더 높은 곳을 향하여 산을 오릅니다. 다른 사람들은 운동 삼아 소풍 삼아 그리고 건강을 위해 산을 오르건만 이놈의 신세는 중년쯤의 나이에 죽음을 각오하고 도(道)를 닦으러 산(山)을 오른다고 생각하니 제 설움에 복받쳐 울면서 산을 오릅니다. 아무도 보는 사람이 없으니 큰소리로 엉~엉~ 울면서 산을 오릅니다.

'큰소리를 지르거나 큰소리로 울어버리면 억눌린 감정이 해소가 되고 또한 감정청소가 된다.'고 하니 나는 더 큰소리로 엉~엉~ 울면서 산을 오릅니다. 개소리 닭소리 사람소리가 들리지 않는 깊고 높은 산속으로 계속 들어가면서 더 높은 곳을 향하여 산을 오릅니다.

어릴 때부터 성장하면서 17살쯤 무렵에 가장 많이 꿈속에서 보아왔던 산꼭대기 바로 아래의 '옹달샘'을 찾아서 깊고 높은 산을 계속 오릅니다.

땀과 눈물은 범벅이 되어 흘러내리고, 무거운 짐으로 다리는 후들거리고, 어깨는 아프고, 목은 뻐근하고, 숨을 헉헉대면서 가시에 옷이 찢기고 살이 찔리면서 고달픈 삶의 무거운 짐까지 짊어지고 가파른 산을 오릅니다.

오랜 세월 사람이 다니지 않아 산길도 없는 산을 가시에 찔리고 돌부리에 걸려 넘어지고 하면서 지난밤 꿈속에서 또 보았던 옹달샘 근처의 지형을 머릿속에 떠올리면서 거북이와 코끼리가 수명을 다하면 자기 죽을 곳을 스스로 찾아가듯 나는 숙명처럼 무엇에 홀린 사람처럼 산꼭대기 바로 아래에 위치한 옹달샘을 찾아 두리번거리며 더 높은 곳을 향하여 산을 오릅니다.

가시에 찔린 팔과 다리에서 피가 흘러내립니다.

눈에서는 눈물이 흘러내리고, 온 몸뚱이에서는 땀이 뻘뻘 흘러내리고 있습니다.

드디어 눈에 익은 듯한 지형이 나타납니다.

어깨가 내려앉을 듯 등허리가 끊어질 듯 목이 꺾일 듯한 무거운 짐들이 순간 가볍게 느껴지면서 힘이 솟습니다.

오랜 세월 동안 꿈속에서만 보아온 바로 그곳에 다다릅니다.

"오!……."

드디어 찾았습니다. 산속에 조그마한 집터 하나만큼의 평지가 있고 그 옆의 움푹한 곳에는 쪼르르~쪼르르~ 흘러내리는 물줄기가 보입니다.

그 물줄기를 따라서 위쪽을 바라보니 '옹달샘'이 있습니다.

숙명처럼 찾고 있는 그 옹달샘이 지금 눈앞에 보입니다.

뜨거운 모래밭의 사막에서 목마름으로 기진맥진할 때에 생명수 오아시스를 만난 듯 너무나 너무나 반갑습니다.

나는 짊어지고 있던 짐을 조심스레 내려놓고 불가사의한 힘에 이끌리듯 먼저 옹달샘에 큰절로 절부터 합니다.

뜨거운 내 가슴에 알 수 없는 찡~하는 전율의 감정을 느낍니다.

알 수 없는 이상한 전율까지 느끼면서 맑고 맑은 산속의 옹달샘 물을 그냥 엎드려서 한없이 꿀꺽~꿀꺽~ 들이킵니다.

정말로 물맛이 좋고 또한 시원합니다.

한숨 돌리고 나서 또 엎드려 옹달샘 물을 들이킵니다.

이 옹달샘은 한반도 남쪽 땅 끝 전라남도 고흥군에 소재한 '천등산(天登山)' 산꼭대기에서 남쪽으로 뻗어 내린 '탑사골' 골짜기의 맨 위쪽 8부 능선 높이쯤에 위치하고 있습니다.

이 높은 산꼭대기 근처에 이런 옹달샘이 있다니 참으로 신기하고도 신기합니다.

무엇인가 알 수 없는 인연의 비밀?이 있는가 봅니다.

이제부터 그 비밀을 밝혀내는 신비의 세계로 탐험이 시작됩니다.

인연의 비밀을 풀기 위한 탐험이……

인생은 '방향과 운(運)타이밍'이 가장 중요하다

각 개인의 인생은 먼저 '방향'을 잘 잡는 것이 가장 중요하고······.

산속의 옹달샘 물을 실컷 들이켜고 잠시 옹달샘 옆에 앉아 땀을 식히면서 내 자신의 탄생인연과 현재의 상황 등을 생각해 봅니다.

필자는 이곳 천등산(天登山)의 산꼭대기에서 남쪽으로 가장 크고 기다랗게 뻗어 내린 산줄기의 끝머리 마을 '전라남도 고흥군 도화면 가화리 이목동' 배나무고을이라고 불리는 시골에서 밀양손씨 가문의 시조 '손순 할아버지'의 40대 자손으로 본명은 '손재찬'이고, 이곳 천등산의 명기와 지기를 받고 1954년 갑오년에 태어났습니다.

모든 지명(地名)과 산(山) 이름은 이름에 따른 기운(氣運)이 흐르고, 그리고 살아있는 모든 만물은 풍수지리 기운의 영향을 받기 때문에 필자의 고향 배나무고을의 지형을 조금만 소개할까 합니다.

'배나무고을'이라는 전라남도 고흥군 도화면 가화리 이목동 마을은 천등산의 산줄기가 남쪽으로 가장 크고 기다랗게 뻗어 내린 산줄기의 끝머리에 위치하고, 마을의 뒷동산은 '병풍바위'로 빙 둘러있고, 마을의 양쪽 옆으로는 좌청룡 '안태산'과 우 백호 '삼태산'이 마을을 좌우로 감싸듯하고, 마을의 앞쪽으로는 들판이 펼쳐지고, 그 들판 너머로는 멀리 '유주산'이 솟아 있고, 마을에서 바라볼 때 유주봉 앞에는 '문필봉'이 보이며, 마을에서 1km 거리쯤의 남서쪽으로는 '남해바다'가 펼쳐지고, 푸른 바다 위에 소록도·거금도·시산도·유리도가 보이고, 섬을 잇는 거금연도교와 소록연륙교가 보이고, 많은 어부들과 사람들이 소원을 많이 빌면서 기도를 한 그 '용바위'가 있던 녹동항구가 보이고, 동쪽으로는 멀리 팔영산이 보이고, 대한민국에 하나밖에 없는 나로우주발사대가 보입니다.

배나무고을에서는 옛날부터 대대로 대학자·풍수지리 지관·점술가·성직자 등등의 특별한 인물이 끊임없이 태어난다고 전해 내려오고 있습니다.

현재도 배나무고을 이목동마을에는 '김풍수'어른이 전라도 최고 풍수지리 잘 보는 지관으로 활동하고 계시고, 타관 객지로 나와 전국 활동을 하고 있는 유명인 점술가와 성직자가 5명이나 있습니다. 배나무고을의 풍수지리 기운이 이러해서인지 나는 어릴 적부터 늘 의구심이 생겼습니다. 하늘 음성이 들려오고, 스스로 용바위와 마을 어귀의 당산 나무와 얘기를 나누고, 암자를 찾아가서 부처님과 얘기를 나누고, 그리고 사실적 증거는 천등산 중턱 아래의 '탑사'란 옛 절터와 현재까지 남아있는 우뚝 솟은 돌기둥 및 석상들의 존재에 대해서 의구심이 있어왔습니다.

이 모든 것들이 이 사람과 무슨 관련성이 있고 또한 어떤 인연이 있는 것일까?……

하루 종일 무거운 짐을 짊어지고 엉~엉~ 소리 내어 울면서 눈물과 땀을 흘리며 넘어지고, 엎어지고, 나뭇가지에 찢기고, 가시에 찔리고, 피까지 흘리면서 개소리, 닭소리, 사람소리가 들리지 않는 첩첩 깊고 높은 산을 올라와 산 꼭대기 아래 옹달샘 옆에 앉아있는 내 자신을 잠시 생각해 봅니다.

사나이 대장부의 인생살이 시골 농부의 아들로 태어나 맨주먹으로 시작하여 자본주의 현대사회에서 부동산 상가투자 등으로 1천억쯤까지 성공을 했지만, 중간에 야망이 꺾이고, 중년 나이에 산(山)에 들어와 있습니다.

마지막 유서까지 써놓고 유언까지 남기고 입산을 했습니다.

앞으로는 이곳에서 무엇이든 스스로 해결하면서 기본식량 외에는 자급자족을 해 나아가야 합니다.

나 홀로 산속에서 살아가야 하니 아프지도 말아야 합니다.

필자는 젊은 날 한때 조국을 지키는 국방의 의무로 공수특전부대에서 군생활을 했습니다. 공수특전부대에서 하사관으로 군대생활을 할 적에 산속에서 또는 적 지역에서 스스로 살아남아야 하는 '생존학'을 배웠고 또한 낙하산훈련과 특수전투훈련 및 특공무술 등등 가장 혹독한 군대훈련도 경험해 보았으나 산속에서 도(道) 닦는 공부는 스승도 없고, 동료도 없이 오직 혼자서 고독과 추위 그리고 배고픔까지 이겨내면서 해야 하고, 그 기간은 1년이 걸릴지 10년이 걸릴지 아니면 평생이 걸릴지 기약조차도 없습니다.

나는 이제 길 없는 길을 가야 합니다.

길 없는 길을 이제부터 길을 만들면서 나아가야 합니다…….

때는 이른 봄철이라 나뭇가지에는 새순이 움트기 시작하고 진달래꽃이 피기 시작합니다.

봄은 만사만물의 시작이니 때마침 나도 입산수도의 시작을 합니다.

나 홀로 도(道) 닦는 공부가 1년이 걸릴지 10년이 걸릴지도 모르고 또한 해를 붙잡아둘 수도 없으니 우선 짐을 풀고 텐트를 칩니다.

그러고 나서 오랜 세월 동안 묵혀있던 옹달샘인지라 깨끗이 청소를 하고,

납작하게 생긴 커다란 돌을 안고 와 옹달샘 옆에 제단을 만들고 나니 이제 하루해가 저물어갑니다.

아무도 없는 산속인지라 땀으로 젖은 옷을 훌훌 벗어버리고 옹달샘 아래편에서 옹달샘 물로 머리끝에서 발끝까지 몸을 씻습니다. 몸을 씻으면서 그동안 세상살이에서의 고달픈 삶의 흔적과 함께 더러워진 마음의 때까지 모두 깨끗이 씻어냅니다.

이른 봄철 해가 질 무렵의 깊고 높은 산속의 옹달샘 물인지라 몹시 차갑지만, 차가움도 잠시뿐이고 몸에 물을 끼얹고 문지르고 또 물을 끼얹고 또 문지릅니다.

발가벗은 알몸뚱이에서 김이 무럭무럭 피어오르고, 몸뚱이가 덜덜덜 떨리지만 목욕이 끝날 무렵에는 오히려 춥지도 않고 몸과 마음이 너무나 개운합니다.

해가 저물어 길게 산 그림자가 드리워진 산 경치를 한 번 둘러보고 개운한 기분으로 옷을 갈아입습니다.

그리고 나서 지난날에 읽어두었던 '구도 소설' 내용과 귀동냥으로 전해 들은 얘기들처럼 짊어지고 올라온 짐 속의 곡식 자루에서 쌀 한 홉을 꺼내 씻어 조그마한 솥에 신령님께 올리는 공양미 밥을 짓고, 3가지 삼색 과일을 깨끗이 씻어 접시에 담습니다. 굵은 소금을 꺼내어 4방으로 조금씩 뿌리고, 또 물 한 바가지를 떠서 4방으로 조금씩 뿌리면서 기도처 도량을 깨끗이 정화를 합니다.

양초 두 자루를 꺼내어 돌제단 위에 세웁니다. 기도 준비를 다하고 정성스러운 마음으로 공양미 밥을 솥째로 돌제단 위에 올리고, 삼색 과일을 올리고, 술 석 잔을 올립니다. 그리고 양초 두 자루에 불을 켜고, 향 세개에 불을 붙여 향을 사릅니다.

그런 다음 동서남북 4방으로 서서 합장으로 한 번씩 인사를 하고, 돌 제단을 향해 큰절 3번을 하고, 두 손을 가슴 앞에 합장으로 모으고 하늘과 신령님께 처음으로 산(山)기도를 올립니다.

그동안 사업을 하면서 운(運)이 안 좋을 때나 나쁜 일이 생길 때마다 서너 명의 무녀 보살님과 법사님께 점(占)도 보고, 기도할 때 동참하면서 보고 들었던 것처럼, 나는 처음으로 직접 기도를 합니다.

"하늘이시여! 신령님이시여! 저는 저 아래편 남쪽으로 산을 넘고 또 산을 넘어 이 산 줄기 끝머리 배나무고을 밀양손씨 가문의 40대 손으로 갑오년에 태어난 사람으로 본명은 '손재찬'입니다.

저의 탯줄은 이곳 천등산의 산줄기 끝머리 배나무고을 마을 어귀에 묻혀 있고, 저희 할아버지 할머니 그리고 아버지 조상님의 묘소도 이곳 천등산의 산줄기 끝머리 배나무고을 마을 뒷산에 묻혀 있습니다.

사나이로 이 세상에 태어나 꿈도 크고 이상도 높고 야망도 있었건만 어찌해서 큰 운(大運)을 열어주지 않는 것입니까? 제 꿈속과 현실에서 일어나는 기이한 일들은 다 무엇입니까? 나는 정녕 누구이며 내 영혼은 정녕 누구입니까? 전생에 무슨 잘못을 얼마만큼 지었기에 이다지도 고통을 안겨주는 것입니까? 내 영혼의 전생업보입니까? 아니면 내 부모조상님의 핏줄 내림 업보입니까? 차라리 내가 바보천치로 태어났다면 이다지도 괴롭지는 않을 것이며 고민하지도 않을 것입니다.

아무리 노력을 해도 큰 운이 열리지 않고, 또한 큰 운이 따라주지 않아 재벌도 못되고, 대통령도 못되니 하늘이 원망스러울 뿐입니다. 저는 손씨 가문을 핏줄의 인연으로 또한 이곳 천등산을 지령의 인연으로 태어난 몸이니 최후로 이곳 고향산천에 맡기러 왔습니다.

정말로 이곳 고향 산천에 제 목숨을 맡기러 왔습니다.

저를 죽이든 가르침을 주시든 하늘과 신령님의 뜻대로 하십시요!

금생에서의 나의 삶이 전생의 업보이든 또는 핏줄의 업보이든 간에 이 생명이 다할 때까지 또다시 실패사로 비주류로 살아야 할 운명이라면 차라리 오늘 이 산(山)속에서 죽음을 선택하겠습니다.

지금까지 목사님도 만나보고, 스님들도 만나보고, 점(占)쟁이들도 만나보고, 교수님과 박사들도 만나봤지만 삶을 잘 사는 방법을 못 찾았습니다.

내가 누구인지도 모르고, 그 이유도 모르고 아쉬움과 허망함을 안고 끝낼 운명이라면 차라리 오늘 아무도 보지 않는 이 깊고 높은 산(山)속에서 죽음을 선택하겠습니다.

종교들은 회개와 참회를 하고 속죄를 얘기하지만, 나는 살아오면서 강도살인을 하지 않았습니다.

내게 죄가 있다면, 하늘의 신(神)들께서는 내 손으로 만든 이 돌제단을 차라리 오늘 제 목을 베는 단두대로 사용하십시요!

오늘 아무도 없는 이 산속에서 스스로 죽음을 선택하려고 하니 하늘과 신령님들께서는 제 목숨을 거두어 주시옵소서!

야망이 꺾인 실패자의 인생, 이 세상 그만 살고 싶습니다……."

나는 넋두리처럼 중얼거리고 하염없는 눈물을 흘리면서 내가 만든 돌제단 앞에 무릎을 꿇고 앉아 머리를 옆으로 눕혀서 자신의 목을 돌제단 위에 올려 놓습니다.

지난날 어릴 적의 기이한 현상들과 젊은 날 한때의 즐거웠던 추억들 그리고 어려웠던 많은 일들이 주마등처럼 스쳐지나갑니다.

부모님과 형제들의 얼굴이 떠오르며 또 스쳐지나갑니다.

하염없는 눈물이 계속 흘러내립니다.

다른 사람들은 살려고 발버둥을 치고 있는데, 사업에 실패하고 중년 나이에 스스로 죽음을 선택하고 있는 내 자신의 모습이 너무나도 쓸쓸하고 처량하여 설움이 복받쳐 하염없는 눈물이 계속 흘러내립니다. 소리 없는 울음이 이내 통곡으로 바뀌면서 깊고 높은 산속에서 목 놓아 대성통곡을 합니다. 해는 이미 저물어 어둡고, 깊고 높은 산속에서 나 홀로 밤중에 대성통곡으로 울면서 목이 쉬도록 원도 한도 없이 울고 또 울고 있습니다.

하늘이시여! 나 어찌하면 좋습니까?

아부지 어머니! 나 어찌하면 좋습니까?

내 영혼아! 이렇게 죽으면 나는 또 어디로 갈거나……

질긴 목숨인지 죽어지지는 않고, 설움이 복받쳐 울다가 울다가 지쳐서 울음이 그치니 나는 돌제단을 움켜잡고 있고, 촛불은 꺼져있고, 주위는 캄캄한 산속의 어두움뿐입니다.

정신을 가다듬으니 코는 맹맹~ 거리고, 깊은 산 속의 으스스한 한기가 들면서 배가 고픕니다.

눈물을 닦고 코를 풀고 나서 밤하늘을 올려다보니, 어찌 그리도 별들은 총총~한지 퉁퉁~ 부은 눈두덩이 사이로 밤하늘에 빛나는 별만 보이고, 주위는 캄캄하여 아무것도 보이질 않습니다.

한참 동안 밤하늘의 별을 올려다보며 진정이 되자, 해가 지기 전 밝았을 때의 주변 모습을 떠올리면서 손을 더듬어 성냥을 찾고 불을 켜 다시 초에 불을 붙이고 촛불이 바람에 꺼지지 않도록 조심 또 조심을 합니다.

배가 너무나 고파서 우선 옹달샘 물을 꿀꺽~꿀꺽~ 들이키며 시장끼를 달래고 얼굴과 손발을 씻습니다.

그리고 돌제단 위에 올려놓은 음식을 내려와 먼저 밥 한 숟갈을 떠서 '고수레!' 소리와 함께 텐트 밖으로 던지고, 나 홀로 텐트 안에서 다 식어빠진 밥을 먹습니다. 시장끼가 반찬이라고 집을 나설 때 아침밥을 먹고 하루 종일 무거운 짐을 짊어지고 산을 오르고, 아예 점심은 굶고 옹달샘의 맹물로 시장끼를 달래고, 이제 어두워진 밤이 되어서야 저녁밥을 먹으니 밥맛이 꿀맛처럼 맛있습니다.

조금 전까지만 해도 깊고 높은 산속의 어둠 속에서 대성통곡으로 울 때는 정말 이 세상 그만 살 것 같더니만, 밥을 먹을 때에는 왜 이리도 밥맛이 좋은지 모르겠습니다. 다 식어빠진 맨밥에 김치와 콩자반으로 밥을 다 먹고 과일 하나까지 후식으로 먹습니다. 그러고 나서 어두우니 대충 치우고 오늘은 산속의 첫날밤이니 그냥 일찍 잠자리에 들어갑니다.

으스스하여 영 잠이 오질 않습니다.

이리 뒤척 저리 뒤척, 이런 생각 저런 생각이 떠오르면서 지나간 바깥세상의 일들이 주마등처럼 스쳐가고 또 부모님과 형제들의 얼굴이 떠오릅니다.

깊은 밤 텐트 밖의 숲속에서는 소쩍새가 소쩍~소쩍~ 하면서 밤새도록 구슬피 울고 있습니다.

밤에 우는 소쩍새의 울음소리가 그렇게도 구슬프다는 이야기를 뼛속에 사무치도록 난생처음 느껴봅니다.

첩첩산중의 깊고 높은 산속에서 캄캄한 밤중에 나 홀로 얇은 천으로 되어 있는 텐트 안에 지금 누워 있습니다.

텐트 밖의 숲속에서 들려오는 소쩍새의 구슬픈 울음소리쯤이야 '아무리 구슬퍼도 새이니까'라고 생각하지만, 텐트 밖의 어둠 속에서 들려오는 정체불명의 부스럭거리는 소리와 짐승 발자국소리는 잠깐씩 소름을 끼치게 하기도 합니다.

처량함과 두려움의 감정을 내 스스로 안정시키면서 잠을 청해보지만 으스스함과 추위로 영 잠이 오질 않습니다.

밤은 점점 깊어가고, 어떻게든 잠을 청해보려고 어둠 속에서 더듬더듬 옷을 찾아서 하나를 더 껴입고 새우처럼 웅크리고 잠을 청하니 이제야 겨우 잠이 오길 시작하고 깊은 잠 속으로 들어갑니다.

오늘도 잠 속에서 꿈을 꿉니다.

내 기억으로는 내 나이 17살쯤부터 지금까지 가끔씩 꿈속에 나타나서 무엇인가를 암시해주고 또한 계시를 해 주던 먹물색 삿갓을 쓰고, 먹물색 옷을 입고, 먹물색 걸망을 짊어지고, 기다란 육환장 지팡이를 짚고 다니는 그 스님이 또 나타납니다.

꿈속에 나타난 스님은 산꼭대기 위에서 장삼자락을 바람에 휘날리며 한 손으로 삿갓을 들어 올리고, 산속에 들어와 텐트 안에서 웅크리고 잠을 자고 있는 내 모습을 한참 동안이나 내려다보더니 빙그레 웃고는 이내 사라집니다.

또, 내 나이 17살쯤부터 지금까지 내가 위험과 억울함을 당할 때마다 가끔씩 꿈속에 나타나서 '최악은 막아 줄 테니 걱정하지 말라' 하시던 우렁찬 목소리에 눈빛이 강하고, 황금색 갑옷을 입고, 하얀 백마를 타고, 항상 큰칼을 한 손에 들고 다니는 그 장군님이 말발굽소리와 함께 말을 타고 또 나타납니다.

꿈속에 나타난 장군님은 말 잔등 위에 올라 앉아, 산속 텐트 안에서 혼자 웅크리고 잠을 자고 있는 내 모습을 한참 동안이나 내려다보더니 껄껄껄~ 웃고는 이내 사라집니다.

이 삿갓 쓴 스님과 백마를 탄 장군님은 가끔씩 꿈속에서 보아왔기 때문에 그냥 그러려니 합니다.

계속 잠을 자고 있는데, 이번에는 오늘 처음 보는 '백발노인'이 하얗고 기다란 머리칼과 수염을 바람에 휘날리고, 하얀 도포자락을 또한 바람에 휘날리며 기다란 지팡이를 짚고 산꼭대기 위에 서서 나를 내려다보며 빙그레~ 웃고 있습니다.

나는 꿈속에서 오늘 처음 보는 백발노인에게 묻습니다.

"노인장께서는 누구신데 곤히 자고 있는 이 사람을 내려다보며 웃고 계시는지요?"

"껄껄껄~ 이곳 천등산의 산신령이시다. 네가 입산할 때까지 오랜 세월을 이곳에서 기다렸느니라."

"무슨 연유로 이 사람을 오랜 세월동안이나 기다렸는지요?"

"너는 인간세상에서 아무렇게나 그냥 평범하게 살아야 할 그런 사람이 아니었느니라."

"자세히 가르쳐 주실는지요?"

"각각의 사람에게 들어와 있는 영혼들은 각각의 바람과 지은 대로의 인과응보 및 인연의 법칙에 따라서 그 운명이 다 정해져 있느니라."

"그렇다면 내 몸속에 들어와 있는 내 영혼이 누구인지 가르쳐 주실는지요?"

"금생의 네 영혼의 전생은 하늘의 신(天神)으로서 사람의 몸을 빌려 다시 환생을 하였느니라."

"하늘의 신(天神)이 인간으로 왜 다시 환생을 하는지요?"

"그것은 신(神)과 정령 그리고 영혼들만이 알 수 있느니라."

"어떻게 하면 신들께서 하시는 일을 인간도 알 수 있게 되는지요?"

"신통력을 지녀야 하느니라."

"어떻게 하면 그 신통력을 지닐 수 있는지요?"

"신통력을 지닐 수 있는 과정의 도(道)를 닦아야 하느니라."

"그렇다면 이 사람도 도를 닦을 수 있는지요?"

"너는 과거 전생(前生)과 그 전전생 때부터 하늘공부를 많이 하고, 신(神) 역할도 했기 때문에 '큰 진리공부'의 도(道)를 닦을 수 있느니라."

"산신령님, 그 말씀들이 정녕 그러한지요?"

"정녕 그러하도다."

"산신령님, 왜 하필이면 천등산이온지요?"

"네 영혼의 전 전생부터의 인연 때문이고, 하늘법칙에 따른 손씨 가문의 탄생 핏줄의 인연 때문이니라."

"하늘법칙과 전생 및 핏줄의 인연 때문이란 무슨 뜻인지요?"

"이제부터 이곳 천등산에서 도(道)를 닦고 신통력을 지니게 되면 스스로 다 알 수 있게 되느니라. 껄껄껄~."

웃음소리를 뒤로 하고 백발노인 산신령님은 그냥 사라져 버립니다.

나는 계속 꿈을 꾸고 또 꿈을 꿉니다.

꿈속에서 바라보니, 지금 텐트가 있는 곳엔 움막집이 만들어져 있고, 옹달샘은 빙 둘러서 돌담으로 둘러있고, 돌제단이 크고 높다랗게 만들어져 있고, 그 위쪽에는 높다란 돌탑이 커다랗게 세워져 있습니다. 그리고 원시 자연인처럼 머리칼은 길게 자라서 등허리까지 내려오고, 수염도 길게 자라서 앞가슴까지 내려오고, 다 헤진 기워 입은 누더기 옷차림으로 돌탑 앞에 가부좌를 틀고 앉은 한 남자가 눈을 감고 '명상삼매'에 들어있는 기이한 모습을 봅니다.

그 모습을 자세히 들여다보니 내 자신의 모습인 것입니다······.

나는 그 이튿날 새벽 으스스한 한기로 인한 추위 때문에 잠에서 일찍 깨어납니다.

누워서 가만히 지난밤의 꿈을 떠 올리면서 해몽을 해 봅니다.

잠 잘 때에 꿈을 꾸면 반드시 분석을 잘 하여 '꿈풀이'를 해 보아야 합니다.

좋은 꿈이든 또는 나쁜 꿈이든 나와 전혀 상관이 없는 꿈이라면 나의 꿈속에 나타나지 않을 것이기 때문입니다. 특히 예시적 꿈이나 반복된 꿈들은 꼭 참고를 잘 해야 합니다.

본래 잠 잘 때의 꿈이란, 경험했던 것들을 뇌 속의 여러 곳에 분산저장을 해 둔 지난날의 경험기억들이 메시지로 인생상황에 따라 나타나기도 하고, 또한 앞날 상황을 미리 예시해 주기도 한다고 합니다.

내 나이 17살쯤부터 지금까지 똑같은 모습으로 내 꿈속에 나타나던 그 삿 갓 쓴 스님과 백마를 탄 장군님은 도대체 누구일까? 나와는 무슨 상관이 있는 것일까? 그리고 지난밤 처음으로 나타난 백발노인 산신령님과 꿈속에서 나누 었던 많은 대화의 내용들은 정녕 그러한 것일까?

나는 이렇게 저렇게 생각을 하고 분석을 하면서 내 운명의 모든 비밀과 의 문들이 이곳 천등산에서 분명히 풀릴 수 있을 것이라 믿습니다.

그러면서 지난밤 꾸었던 꿈들을 '하늘의 계시'로 받아들이기로 하고 잠자리 에서 일어납니다.

텐트 밖으로 나옵니다.

높은 산꼭대기의 아침은 일찍 시작됩니다.

산새들이 아침 노래를 부르며 내게 인사를 해옵니다.

나도 산새들에게 아침 인사를 건넵니다.

서로 말하는 표현방법은 다르지만 뜻은 통하리라 생각하면서 나는 산새들 과 아침 인사를 나눕니다.

'새들아! 나도 이제부터 이곳에서 살게 되었으니 이웃 간에 우리 서로 잘 지 내보자꾸나. 서로 이해하면서 옹달샘 물도 함께 나누어 먹으면서 끝까지 좋 은 이웃으로 잘 지내보자꾸나'라고 인사를 건넵니다.

그러고 나서 옹달샘으로 가 물 한 바가지를 떠서 허공에 휙 뿌리니 물 떨어 지는 소리가 후드득 ~ 큰소리로 깊고 높은 산속의 아침을 깨웁니다.

산속의 아침을 깨우고, 다시 옹달샘 물을 떠서 한 입 넣고 입을 헹구니 너무 나 상쾌하고 차갑습니다.

옹달샘 생수를 몇 모금 마시니, 몸과 마음이 함께 상쾌하고 물맛 또한 천하 일미입니다.

우리 아버님의 가르침 말씀이 생각납니다.

"매일 밤 잠들기 직전과 아침 잠자리에서 일어나거든 공복에 천연자연의 생수(生水) 세 모금씩만 계속 마시면 어떠한 위장병도 치유하고 건강할 수 있다. 또한 우리 몸은 70% 정도가 수분이기 때문에 반드시 좋은 물을 잘 마셔야 한다."라고 하셨으니, 나는 그동안의 무절제한 생활로 신경성 위장병이 있었는데 이곳 산속의 옹달샘 천연자연의 생수로 신경성 위장병을 꼭 치유해야겠다고 그리고 건강을 회복해야겠다고 생각을 해 봅니다.

깊고 높은 산속의 맑고 차가운 옹달샘 물이 목구멍을 타고서 위장 속으로 내려가는 짜릿~함을 기분 좋게 느껴봅니다.

공복에 냉수나 위스키 술을 마실 때 목구멍을 넘어 위장으로 내려가는 짜릿함을 느껴본 사람은 그 진짜 맛을 잘 알 수 있을 것입니다.

또한 이곳 산속의 아침 공기는 너무나 맑고 상쾌합니다.

숨을 들이쉴 때마다 콧구멍에서부터 폐 속 깊숙이 시원한 상쾌함이 기분 좋게 느껴집니다.

나는 젊은 날 한때 저항심과 반항심이 강하여 민주주의를 부르짖은 '학생운동'도 경험했고, 또한 '무술종합10단' 정도로 호신무술도 많이 하고 항상 우두머리 기질이 있어 젊은 날 한때는 건달생활까지도 하는 등등 유별나게 살다가 수사기관의 취조를 받으며 물고문을 당했던 경험이 있습니다.

낮에는 쇠창살 유치장에 갇혀 있다가 밤이 되면 지하 취조실로 불리어가서 먼저 눈이 가리어지고 그리고 덩치 큰 수사관들 서너 명에게 강제로 수갑과 포승줄로 손발이 묶인 채로 기다란 벤치의자에 눕혀지고, 얼굴에 수건을 씌우고는 숨을 쉴 수 없도록 내 콧구멍 속에다 주전자로 계속 물을 부어대는 '물고문'입니다. 그러면서 실토할 의사가 있거나 말을 하고 싶으면 손가락을 까딱거려 신호 표시를 하라고 할 때엔 정말로 고통스럽고 숨이 답답했습니다.

허파에 물이 들어가 숨을 못 쉬고 까무러치고 기절도 했습니다.

하지도 않은 것을 실토하라고 할 때는 정말로 미칠 것 같았습니다.

필자는 젊은 날 그때의 그런 일들 물고문 때문에 기침과 천식이 가끔씩 후유증으로 나타나기도 합니다.

지난날 독재정권 때의 악법도 법은 법이니 실정법은 지켜져야 하지만, 편의적 발상의 법령 남발과 국가권력을 등에 업은 수사권 남용은 없어져야 하고, 특히 인권을 유린하는 '고문행위'는 더욱 없어져야 할 것입니다.

오죽이나 억울했으면, 나도 반드시 재벌부자가 되든지 또는 대통령이 되든지 또는 건달세계의 보스가 되든지 또는 어느 한 분야에서 세계 1등이 되든지 해서 힘을 가져보려고 했겠습니까?!

국가권력의 부당한 인권침해와 인권유린은 반드시 없어져야 합니다.

최고의 가치 '자유민주사회'에서는 표현의 자유와 인간의 존엄성 및 행복 추구는 반드시 존중되어야 하고 보장되어야 합니다…….

나는 산속의 이 맑은 공기로 고문의 후유증으로 가끔씩 재발하는 기침증세도 꼭 치유해야겠다고 생각을 해 봅니다.

이제 젊은 날의 지나간 나쁜 일들은 모두 다 잊어버리기로 하고, 깊고 높은 산속의 이 좋은 생수와 맑은 공기로 병든 육신과 정신 그리고 마음의 병까지 스스로 깨끗이 치유를 하려 합니다.

새로운 삶의 가치관으로 인생 방향을 바꾸고 또한 환경까지 바뀌었으니, 이제부터는 모든 생각을 바꾸고 행동까지 바꾸어 나아갈 것입니다.

지난날의 실수와 잘못들을 스스로 반성하고, 지난날의 실패들을 스스로 분석하여 잘못과 실수 그리고 실패로부터 많이 배워서 '새로운 앞날'을 준비해 나아갈 것입니다.

우리의 삶은 앞날이 더더욱 중요하기 때문에…….

모든 사람은 반드시 '현실적응'을 잘 해야 한다

　사람은 누구나 반드시 '현실적응'을 잘 해나가야 하고…….

　바깥세상을 버리고, 첫 산속의 아침에 저 멀리 아득하게 내려다보이는 인간 세상을 바라보니 만감이 교차합니다.

　하늘을 한 번 올려다보고 고개를 돌려서 돌제단을 바라봅니다.

　어제 임시로 만들었던 돌제단을 지난밤 꿈속에서 보았던 돌제단과 비교를 해보니 너무나도 작고 허술해 보입니다.

　가만히 앉아 생각을 하다가 벌떡 일어서면서 나는 스스로 내 자신을 향하여 주먹을 불끈 쥐고 각오 한마디를 내어 뱉습니다.

　"그래, 유서까지 써놓고 인생 가치관을 바꾸어 새로운 삶을 다시 시작하는 데 목표와 계획 및 준비를 제대로 잘 해야지!"

　지난날에 토굴생활을 하는 스님들이 산(山)속에서 홀로 기도할 때 동참하여 수차례 보고 들은 것처럼, 하늘과 신령님께 아침 인사와 예를 갖추기 위해 우선 옹달샘 물을 떠와 돌제단 위에 정한수로 물 한 그릇을 올리고, 촛불을 켜고, 향을 사르고, 큰절을 3번 올리고 그리고 조심스런 마음으로 맨바닥의 납작한 돌 위에 조용히 앉습니다.

지난밤 꿈들을 '하늘의 계시'로 생각하면서 계획을 세워봅니다.

이제부터는 이 깊고 높은 산속에서 오직 나 홀로 모든 것을 스스로 해결하면서 생존과 함께 '산(山)기도'를 해야 하고, 그 기간은 1년이 걸릴지 10년이 걸릴지 아니면 평생이 걸릴지 모릅니다.

그러하기 때문에 꿈의 계시대로 돌제단도 다시 만들어야 하고, 옹달샘 주변에 돌담도 쌓아야 하고, 간이 변소도 만들어야 하고, 텐트는 비좁고 허술하여 비바람과 기온변화에 견디기 힘드니 아예 나무와 돌 그리고 황토 흙으로 움막집을 짓기로 합니다.

그리고 하루 한 개씩 돌을 주어와 돌탑을 쌓으면서 기도를 해야겠다고 목표와 계획을 세우면서 각각의 공간배치를 구상해 봅니다.

그리고 부식으로 먹을 채소는 산속에서 산나물을 채취하기도 하고, 조그마한 텃밭을 만들어 스스로 일구고, 기본 생필품인 소금 · 간장 · 된장 · 쌀 · 콩 · 양초 · 향 등등은 산 아래 배나무고을 생가에 살고 있는 동생으로부터 조달받기로 했습니다.

나는 지금 첩첩산중의 깊고 높은 천등산 산속 옹달샘 옆에 앉아서 앞날의 목표와 계획을 세우며 구상을 하고 또 구상을 합니다.

입산하기 전에 이미 유서까지 써놓았고 유언까지 해 놓았기 때문에 마음속의 각오는 단단합니다.

"하늘의 명기(明氣)는 산(山)을 통해서 땅에 내린다"

라고 하니, 나는 이곳 천등산에서 하늘의 명기(明氣)를 받으며 대자연을 직접 관찰과 체험을 하면서 천기신통(天氣神通)과 함께 하늘자연의 섭리 및 비밀작용과 진리의 도(道)를 하나씩 깨치고 터득하면서 한 계단 한 걸음씩 나아갈 계획입니다.

옛날 옛적의 많은 명상가와 고승대덕의 수도자와 성자들처럼…….

나는 지금 '하늘로 오르는 산'이라고 하는 이곳 천등산(天登山)에서 하늘의 명기를 받아 반드시 신통력을 얻고 그리고 그 신통력으로 내 자신의 타고난 운명과 내가 누구인지? 내 영혼 과거 전생 때의 삶과 앞날운? 등을 모두 알아내고 그리고 궁극의 도(道)를 꼭 깨우칠 것입니다.

나는 유서와 유언까지 해 놓고 죽음까지도 각오하는 배수진을 쳐놓았으니 반드시 목표와 목적을 이루어 낼 것입니다.

목표와 계획 그리고 구상이 이쯤에 이르자, 지난밤 식사했던 빈 솥을 씻고 공양미 밥을 지어서 솥 째 돌제단 위에 올리고, 또 촛불을 켜고, 향을 사르고, 큰절을 3번 하고 일어서서 정성스런 마음과 단정한 자세로 가슴 앞에 합장으로 두 손을 모으고서 아침기도를 올립니다.

"하늘이시여! 신령님이시여! 있는 것 가지고 정성껏 아침 공양을 올리오니 공양 잘 받으시고 이제부터 제 스승이 되어 주시옵소서. 산(山)에는 명기가 있고, 신통이 있고, 진리가 있고, 영원한 생명이 있다고 해서 이 깊고 높은 고향 본산(本山) 천등산에 내 인생 마지막 방법으로 산(山)기도로 도(道)를 닦으러 들어왔습니다.

모든 사람에게는 자기 자신이 태어난 고향의 '본향산'이 그 사람 평생동안의 기운을 조종한다고 들었습니다. 저는 아직 아무것도 모르오니 직감으로 가르쳐 주시고, 영감으로 가르쳐 주시고, 잠을 잘 때 꿈속으로라도 가르쳐 주시옵소서! 지난밤 꿈을 신령님의 계시로 받아들여 돌제단도 크고 높다랗게 다시 만들고, 옹달샘 주변에 빙 둘러 돌담도 쌓고, 움막집도 튼튼하게 짓고 그리고 매일 돌 한 개씩을 주워와 돌탑을 쌓으면서 산기도공부 열심히 하겠습니다.

부디 저의 간절한 소망을 꼭 이루게 해주시옵소서! 목숨 걸고 끝까지 해내겠습니다."

라고 하면서 넋두리처럼 혼자 중얼거리며 보이지도 않는 신령님께 소망을 빌고 맹세를 합니다.

"하늘과 신령님께 올리는 맹세와 약속은 목숨 걸고 지켜야 한다."

라고 하는데, 나는 그 맹세와 약속을 지금 해버렸습니다.

아침기도 30분쯤 지나고, 제단 위에 올려놓았던 김이 빠져버린 식은 밥을 내려와 텐트 안 맨바닥에 차려놓고 김치와 콩자반을 반찬으로 아침식사를 합니다.

산속에서 김이 빠져버린 식은 밥을 별 반찬도 없이 혼자 먹는 단출한 식사가 이제부터 시작이 됩니다.

오직 생존만을 위한 최소한의 식사를 해야 합니다.

지금까지 살아오면서 중년나이에 멋진 사나이들의 로망 대한민국의 수도 '서울 종로3가 국일관'의 회장을 할 때는 고급요정과 고급한정식집에서 한상차림에 수십만 원과 수백만 원씩 하는 고급식사도 먹어보았고, 또한 젊은 날 독재정권의 학생저항운동으로 감옥살이를 할 때는 1평짜리 독방감옥에서 여름철의 무더위에 선풍기나 에어컨도 없이 지내보았고, 겨울철의 혹독한 추위에 마루청 차가운 맨바닥에서 담요만으로 견디어도 보았으며 또한 혼자 먹는 맛없는 콩밥을 지겹도록 먹으면서 오직 생존만을 위해 살아본 경험도 있기 때문에 맛없는 밥을 혼자 먹는 식사는 이골이 나있어 괜찮습니다. 그러나 들은 풍월이 있어서 불에 익힌 화식을 하느냐 아니면 자연 그대로의 생식을 하느냐를 생각하다가 때가 되면 자연스레 생식을 하기로 마음을 먹어봅니다.

개인적인 평소의 생각은, 편리함과 건강 그리고 환경과 자연의 섭리와 순리를 생각하면 자연 생명력이 그대로인 생식(生食)이 더 좋고 바람직하다고 늘 생각해오기도 했습니다.

또한, 다행히도 나는 입산하기 전에 기회가 주어질 때마다 자주 생식을 즐겨하는 편이었습니다. 싱싱한 배추 · 미나리 · 오이 · 당근 등등을 쌈장 또는 된장에 날것으로 찍어먹고, 토마토 · 사과 · 배 · 귤 · 단감 · 복숭아 등등의 과일을 제철에 맞게 먹곤 했습니다. 그리고 여행을 하거나 등산을 할 때는 휴대하기 편리하게 쌀 · 보리 · 콩 · 수수 · 율무 등등 여러 가지 곡식을 살짝 볶아서 가루로 만든 선식 미숫가루를 먹으며, 김 · 미역 · 다시마 · 톳 등등의 해초까지 모든 음식을 골고루 먹으면서 이왕이면 생식(生食)을 할 기회가 있을 때마다 생식을 즐겨먹는 편이었습니다.

그리고 자연생식에는 무엇보다도 생기(生氣)가 들어있기 때문에 기(氣) 수련이나 도(道) 공부 또는 종교적 수도수행하는 사람들은 살아있는 생기를 그대로 섭취하는 '자연생식'이 더욱 유익하고 바람직하며 음식은 습관에 달려있다고 생각합니다.

혹시, 지금 이 글을 읽고 있는 독자분께서 행여 인생을 살아가다가 몸과 마음에 병이 들면, 자연 속으로 들어가 '자연생식'을 하면서 자연 속의 무궁무진한 '생명 에너지'와 섭리에 따르며 모든 것을 순리에 맡겨 보십시요! 자연의 생명력 기운 그리고 섭리와 순리는 위대한 의사가 되어 줄 것입니다.

그리고 기회가 있을 때마다 다음과 같이 해보시길 바랍니다.

① 떠오르는 빛나는 아침 태양을 정면으로 마주보고서 두 팔을 번쩍 들어올려 쩍~ 벌리든 또는 아침 해가 솟아 오를 때 태양을 바라보고 앉아 10분이라도 '아침명상'을 하면서 느리게 하는 호흡과 마음속으로 아침 태양의 기운을 빨아 당기듯하며 떠오르는 아침 태양의 기운을 받아보십시요!

② 한 달에 한 번씩 하늘에 높이 두둥실 떠 있는 보름달을 정면으로 올려다 보면서 두 손바닥을 마주하여 합장을 하고 마음속으로 보름달의 기운을 빨아

당기듯하면서 10분 정도 소리 내어 소망을 빌어보십시오! 특히 하늘의 달[月]은 이 세상의 모든 물(水)을 주관하고 다스리기 때문에 '보름달 기도'는 재물운이 좋아지게 됩니다.

③ 한밤중에 북극성과 북두칠성을 정면으로 올려다보면서 두 손바닥을 마주하여 합장을 하고 느리게 하는 호흡과 마음속으로 별의 기운을 빨아 당기듯하면서 밤하늘에 빛나는 별들의 기운을 받아보십시요! 특히 수명이 짧은 사람은 북두칠성을 바라보고 기도하면 좋습니다.

이렇게 해보았던 경험이나 지식이 있는 사람들은 우리 인류가 수십만 년 전부터 해왔던 그 '가르침'의 의미를 금세 알아차릴 것이라 믿습니다.

사람은 본래부터 종교성을 타고나고, 처음의 종교는 '자연숭배'를 하였고, 그리고 '정령숭배'를 하였고, 차차로 '다신교'를 믿고, '일신교'를 믿는 종교신앙으로 변천이 되었지만, 모든 종교들의 뿌리와 시원은 하늘자연의 기운(氣運)이고, 기운을 신격화 상징한 것입니다.

행여나 삶을 살아가다가 잘못되거든, 삶의 마지막 방법으로 대자연의 기운을 꼭 받아보시고 그리고 자연의 섭리와 순리를 따라해 보십시요!

정말로 우주하늘자연에서 보내온 기운(氣運) 생명 에너지 그리고 자연의 섭리와 순리는 위대한 의사가 되어 주고 스승이 되어 줄 것입니다…….

깊고 높은 산속에서 첫 아침식사를 하고 그리고 납작하게 생긴 커다란 돌을 낑낑~대면서 옮겨와 옹달샘 옆에 준비를 해 놓고 밥 먹었던 그릇을 씻어 그 돌 위에다 얹어 놓으니, 기가 막히게 잘 어울리는 자연 '돌 싱크대' 선반이 되는지라 웃음이 씩~ 나옵니다.

산속에 아무렇게나 널려있는 자연 돌을 주워와 그 생김새에 따라 용도에 알맞게 사용을 하니 돌제단용이 되고, 돌 싱크대 선반용이 되고, 또 다음으로 돌담장용이 될 것이고, 움막집을 짓는 벽돌용이 될 것이고, 돌탑용이 될 것입니다. 그렇기 때문에 넓적하게 생겼으면 넓적한 대로, 둥글게 생겼으면 둥근 대로, 큰 것은 큰 대로, 작은 것은 작은 대로, 그 생김새에 따라 용도에 맞게 다 쓰일 것입니다.

따라서 쓸모없는 돌이란 없을 것이고, 이것은 우리 사람도 다른 물건들도 또한 마찬가지라고 생각을 합니다.

얼굴이 잘생긴 사람은 그 잘생긴 얼굴을, 체력이 강한 사람은 그 강한 체력을, 두뇌가 좋은 사람은 그 좋은 두뇌를, 손재주가 뛰어난 사람은 그 뛰어난 손재주를, 키가 큰 사람은 그 큰 키를, 키가 작은 사람은 그 작은 키를, 끼가 많은 사람은 그 끼를 살려주는 등등 모든 사람은 반드시 한 가지씩 개성적 소질과 조건을 가지고 태어나기 때문에 태어나면서 자기 자신의 타고난 소질적 재능과 유리한 점을 잘 살려서 '적극계발'을 시켜주면 쓸모없는 인간이란 없을 것이라 생각합니다.

성공을 하려면, 가장 먼저 개인들의 타고난 사주와 손금으로 개성적 기질·소질·재능을 정확히 발견을 하고, 운명과 운세를 반드시 알아야 합니다.

특히 사람 개인들이 타고난 손금과 지문은 똑같이 생긴 사람이 없고, 개인 식별과 개인운명을 정확히 알 수 있으며, 손바닥에 생겨있는 손금은 길이와 굵기 및 개수와 문양 등에 따라서 개인들의 타고난 개성과 특성 그리고 기질 및 소질과 재능 및 성격과 운세를 100%까지 정확히 분석할 수 있기 때문에 '데이터 과학'으로 약 100억분의 1 오차확률이라고 합니다……

나는 지금 산속에 들어와 돌 한 개를 옮기면서 진실과 지혜의 눈을 뜨기 시작하고 깨달음 발견의 첫 도(道)를 깨치기 시작합니다.

옛날 어느 선인께서는 아직 추위가 가시지 않은 이른 봄철의 어느 날 흰 눈속에서 야생 들꽃 한 송이가 피어나는 것을 보고 도를 깨치고, 또 어느 선인께서는 늦가을의 어느 날 모질고 세찬 바람에 마지막 떨어지는 나뭇잎을 보고

도를 깨치고, 또 어느 선인께서는 진짜로 죽는 순간에야 '허무와 무상함'을 느끼면서 도를 깨쳤다고 들은바 있습니다.

"세상살이는 관심이 있어야 보이기 시작하고 드디어 보이게 된다."

이제 생각을 마치고, 행동으로 실천을 하기 위해 불끈 일어섭니다.

먼저 이곳의 지형을 살피고 지난밤 '꿈속 계시'로 보여준 대로 미래의 생활 공간을 위해 각각의 위치를 선정하면서 가장 급하고 귀중한 것부터 준비계획을 세웁니다.

새로운 삶의 목표와 해야 할 일이 분명하게 되니, 철저한 계획을 세우고 준비를 하고 그리고 실행으로 옮기고자 합니다.

우리의 인생살이도 마찬가지입니다.

어른이든 아이든 그리고 큰일이든 작은 일이든 실패하지 않고 불행하지 않고 성공을 하려면, 반드시 '기본과 원칙'에 충실하고 우선적으로 ① 목적과 목표를 정하고 ② 계획을 세우고 ③ 준비를 하고 ④ 하나씩 실천해 나가면서 순리와 절차에 따라 한 걸음씩 한 계단씩 진행시켜 나아가야 합니다.

또한, 무슨 일이든 행동으로 실행을 할 경우에는 급한 것과 중요한 것을 정확하게 구분을 해서 반드시 '우선순위'를 잘 정해야 합니다.

일의 우선순위를 정할 경우에는 ① 중요하기도 하면서 가장 급한 것을 먼저 하고 ② 급하지는 않지만 중요한 것을 다음으로 하고 ③ 급하지도 않고 중요하지도 않은 것은 맨 나중에 해야 합니다.

반드시 종이에 글로 써서 잘 보이는 곳에 꼭 붙여두어야 합니다.

집집마다 걸려있는 달력을 활용하는 것도 정말 좋은 방법입니다.

이와 같이 목표를 정하고, 계획을 세우고, 준비를 해서 일을 하나씩 실천해 나아가면 누구나 무슨 일이든 반드시 '성공'을 해낼 수 있습니다.

그리고 반드시 성공을 하려면, 100% 집중을 해야 하고, 끈기로 끝까지 지속을 해야 하며, 항상 글로 쓰고 기록을 하는 습관을 꼭 가져야 합니다. 번뜩이는 아이디어나 해법이 언제 어떤 상황에서 튀어나올지 모르기 때문에 항상 메모를 해두는 '준비와 습관'을 길들여야 합니다.

말과 행동을 통제하고 습관을 잘 길들여서 흔들림이 없게 해야 합니다.

특히 도(道)를 닦는 것은 첫 번째가 '마음탐구'라고 생각합니다.

마음은 자기합리화를 위해 거짓말을 하게 되니, 마음을 주의깊게 관찰하면서 '주시'를 잘 해야 합니다. 휩쓸리지 않고 '관찰과 주시'를 잘 하면 마음의 주인이 되고, 흔들리고 휩쓸리면 마음의 노예가 되어 버립니다…….

성공·출세를 하고 부자가 되려면, 인생살이는 약 100년까지 달리는 마라톤 경주와 같기 때문에 항상 현시점에서 최소한 10년 계획은 세워야 하고 또한 평생의 목표와 계획도 함께 세워야 합니다.

인생살이 100년 동안 달리기 경주를 할 경우 토끼와 거북이 중에서 오직 앞만 보고 기어가는 거북이가 오히려 이길 수 있습니다.

한 가지 일을 10년 동안 또는 평생동안을 지속해 나아갈 수만 있다면 반드시 그 분야의 전문가가 될 것이고, 돈을 모을 것이며 정신과 마음이 안정될 것이니 반드시 성공을 하게 될 것입니다.

성공·출세와 부자가 되려면 반드시 야망이 있어야 하고, 도전 정신과 열정이 있어야 하고, 분명한 목표와 계획을 세우고 그리고 집념과 끈기로 실천하는 사람만이 성취할 수 있다고 확신을 합니다.

이것은 흙수저로 태어나 맨손으로 시작하여 1천 억대 부자로 성공한 필자 자신의 실제 경험이야기 가르침입니다.

젊은 날에는 이러한 삶의 기술과 지혜를 잘 모를 수 있습니다.

남들이 하니까 그냥 따라하고, 성급히 하다가 시행착오를 일으키고, 게으르다가 때를 놓치고, 옮겨 다니다가 도로 원위치로 되돌아오고, 준비하지 않고 있다가 또 기회를 놓치고 등등 늘 당할 수 있습니다.

필자는 젊은 날에 최선의 노력은 했지만, 의욕과 야망만 앞서고 운(運)을 무시하고 고소득 고위험 선물투자로 큰 손실을 당하고 유동성 악화로 중년의 나이에 시골로 하향을 하고, 그리고 현재는 천등산의 첩첩 깊고 높은 산속에 들어와 있습니다.

유동성 악화일뿐, 부동산 건물은 소유를 하고 있습니다.

산(山)에 들어오면서 인생 가치관을 바꾸었으니, 이제부터라도 아직 남아있는 내 인생의 절반이라도 제대로 성공시키기 위해서는 지난 과거 젊은 날의 잘못들을 뼛속 깊이 묻어두고, 어떻게든 이 산속에서 생존을 해가며 도(道)를 닦아야 합니다.

지난 젊은 날의 실수와 실패로부터 배우고 깨달았으니, 이제부터라도 다시는 실수와 실패를 당하지 않기 위해 객관적 분석과 합리적 판단으로 분명한 목표를 정하고 철저한 준비와 계획을 세워봅니다.

내 일생일대의 도전과 모험이 걸려있는 이 산속에서의 도(道) 닦는 생활은 최소한 10년 이상 또는 평생동안이 걸릴 것이라는 종합분석 예측으로 장기계획을 세워봅니다.

이 산속에서 나 홀로 산(山)기도 생활을 잘 하려면 지난밤 '꿈의 계시'대로 돌제단도 크고 튼튼하게 다시 만들어야 하고, 간이 변소도 만들어야 하고, 움막집 토굴도 만들어야 하고, 옹달샘 주변에 돌담장도 쌓아야 합니다. 더군다나 한 달에 한 번씩 식량을 건네받는 산중턱의 마당바위가 있는 곳까지 새로운 산길도 만들어야 합니다.

이제 또다시는 실패하지 않기 위해서, 내 인생의 후반기는 반드시 성공을 하기 위해서, 분명한 목표와 철저한 계획을 세우고 그리고 '우선순위'를 정하고 하나씩 반드시 실천해 나아가려고 합니다.

우선 가장 먼저 해야 할 일은 옹달샘을 중심점으로 각각의 공간자리부터 구상을 하고 배치 선정을 하는 일입니다.

옹달샘을 중심점으로 그 위편에는 돌탑 자리를 정하고, 그 돌탑자리 아래에 돌제단 자리를 정하고, 옹달샘과 조금 떨어진 옆으로 옹달샘 근처 현재 텐트가 쳐져있는 곳은 움막집 토굴을 지을 자리로 정하고, 비스듬히 아래편으로 50m 거리쯤에 간이 화장실 자리를 정합니다.

첫 번째로 오늘부터 할 일은 '돌제단'을 다시 크고 튼튼하게 쌓는 일부터 시작을 합니다.

(※ 돌제단은 자연 속에서 기도할 때 신(神)과 만남의 '성소'입니다.)

이제 돌제단을 쌓기 시작합니다.

주변에 있는 커다랗고 납작하게 생긴 돌을 옮겨옵니다. 때로는 안아서 옮겨오기도 하고, 때로는 굴려서 옮겨오기도 합니다.

하루 종일 땀을 흘리면서 돌제단을 쌓습니다.

목이 마르면 옹달샘 물을 한 바가지 떠서 벌컥벌컥 들이켜고, 땀을 닦고 또 땀을 흘리면서 돌제단을 쌓습니다.

나는 하늘과 신령님께 공양물과 제물을 바칠 돌제단을 쌓습니다.

꼬박 7일이 걸려서 천등산에 신(神)들을 위한 돌제단을 완성합니다. 그리고 이번에는 간이 화장실을 만들 차례입니다.

산속에서 산(山)기도를 하는 장소는 깨끗하고 정갈해야 하기 때문에 기도 장소에서 약 50m쯤 거리를 두고 비스듬히 산 아래편으로 길을 만들고 흙구덩이를 팝니다. 오물을 일정한 곳에 모으고 땅속에 깊숙이 감추기 위해 흙구덩이를 가슴 높이만큼의 깊이로 팝니다. 그리고 굵고 기다란 통나무를 두 개씩 맞대어 묶어서 나란히 흙구덩이 위에 걸쳐 놓고, 네 귀퉁이에 기다란 나무 기둥을 4각으로 세우고, 가로 막대기를 4각으로 잇대어 칡넝쿨로 묶고, 지붕은 풀줄기로 이엉을 만들어 덮고, 좌우 뒷면은 갈대풀 이엉으로 가리고 앞면 한쪽만 터놓은 간이 화장실을 만듭니다.

꼬박 5일 걸려서 간이 화장실을 완성합니다.

그리고 이번에는 옹달샘 주변에 돌담장을 쌓을 차례입니다.

우리인간이 살아갈 수 있는 조건 중에서 가장 귀중한 것이 먹는 물이라고 생각합니다.

또한 존재하는 만물의 근원은 물과 불 그리고 공기라고 생각합니다.

우리 인간의 문명발생지나 또는 국가형성, 도시형성, 촌락형성 등등이 모두가 물이 풍부한 곳에서 이루어지고, 특히 먹는 물이 있는 곳에 주택이 만들어지고 또한 주택이 있으면 먹는 물이 공급되어야 합니다.

미래 우리 인간의 생활지수는 자연 그대로의 맑은 생수와 맑은 공기를 얼마만큼 잘 마실 수 있는가가 될 것입니다.

나는 지금, 나에게 자연 그대로의 맑은 생수를 마음껏 자유롭게 마실 수 있도록 해주고 있는 첩첩산중의 깊고 높은 산속 옹달샘에 한없는 고마움과 감사를 느낍니다.

가장 귀중한 나의 보배인 깊고 높은 산속의 이 옹달샘이 영원히 오랜 세월 동안 보존될 수 있도록 옹달샘 주변을 괭이로 땅을 파서 축대를 튼튼하게 만들어 출입구만 남겨놓고 가슴 높이만큼 4각으로 돌담장을 쌓습니다.

돌담장 안의 옹달샘 옆에는 돌 선반을 만들고, 그 아래에는 돌 싱크대를 만들고, 그 아래에는 옆으로 조금 비켜 목욕할 때에 맨발로 올라서서 몸을 씻을 수 있도록 납작하고 커다란 돌을 옮겨와 바닥에 평평하게 깔아둡니다.

꼬박 6일이 걸려서 옹달샘 주변에 돌담장을 완성합니다.

첩첩산중의 깊고 높은 산속에 나의 생활터전을 만들어 갑니다.

나는 이제 스스로 새로운 환경변화에 적응을 해 갑니다.

살기 위해서는 반드시 환경에 적응을 해내야 합니다.

나는 성공을 위해서 분명한 목표를 정하고, 철저한 계획을 세우고 그리고 우선순위에 따라 하나씩 실천을 해 나아갑니다.

반드시 성공을 위해서…….

제5장

모든 사람에게는 '사는 집'이 우선으로 중요하다

모든 사람에게는 '사는 집'이 우선으로 중요하고…….

성공을 하기 위해서는 반드시 목표를 정하고, 계획을 세우고, 준비를 잘 해서 '우선순위'에 따라 하나씩 꼭 실천을 해 나아가야 합니다.

필자는 지금, 개소리 닭소리 사람소리가 전혀 들리지 않는 첩첩산중 깊고 높은 산속에 도(道)닦으러 들어와 나 홀로 살아가야 하는 생활터전을 만들어가고 있습니다. 도 닦을 기간이 10년이 걸릴지 평생이 걸릴지 모르기 때문에 또한 오랜 세월 산속에서 나 홀로 살아가야 하기 때문에 하나씩 철저하게 준비를 합니다.

이번에는 텐트가 있는 그곳에 현지 산속에 있는 자연 건축 재료 돌과 황토 흙으로 움막집 토굴을 지어야 할 차례입니다.

움막집 토굴이 완성될 때까지는 텐트를 더 사용해야 하기 때문에 우선 텐트를 다른 곳으로 옮겨 설치하기 위해 옆으로 거리를 띄우고 괭이로 땅을 고르고 다듬어 평평한 공간을 만듭니다. 그리고 텐트를 그곳으로 옮겨 놓습니다.

이제부터는 오직 혼자만의 능력으로 재료와 도구가 충분치 않은 여건 속에서 한 번도 집을 지어보지 않은 무경험자가 자신이 살아야 할 움막집 토굴을 직접 지어야 합니다.

설계도면도 없고, 도와줄 사람도 없고, 건축 재료라고는 주변에 아무렇게나 널려있는 자연석 돌과 황토 흙 그리고 살아 서 있는 생나무와 칡넝쿨뿐이고, 도구라고는 괭이 · 낫 · 톱 그리고 작은 손도끼뿐입니다.

오랜 세월동안 살아야 할 집을 짓는데 건축 재료와 도구가 이러하니, 옛날 옛적에 원시인이나 미개인들이 있는 그대로의 자연재료를 사용하여 비바람만 피할 수 있을 정도의 흙돌벽 움막집을 지었던 것처럼 나도 내 손으로 집을 지어야 합니다.

우선 주위에 널려있는 크기가 비슷비슷한 자연석 돌을 주워 한곳에 수북이 쌓아 준비를 해두고, 또 풀줄기를 뜯어와 한곳에 수북이 쌓아두고, 또 소나무를 베어와 1자 길이 약 30cm만큼 자르고 잘라서 나무토막을 한 곳에 수북이 쌓습니다. 그리고 괭이로 땅을 깊숙이 파서 오염되지 않은 땅속 깊은 곳의 새 황토흙을 비닐자루로 계속 옮겨와 한 곳에 수북이 쌓아 준비를 해둡니다. 그 다음 황토 흙에 물을 붓고 풀줄기를 함께 넣고 짓이기면서 흙반죽을 만듭니다. 흙반죽을 만들 때 풀줄기를 함께 넣는 이유는 흙이 말랐을 때에 잘 부서지지 않도록 하기 위해서입니다.

옛날 농촌에서 시골집을 지을 때는 볏짚을 사용했습니다.

황토 흙반죽을 준비해 놓고 이제부터 집을 짓기 시작합니다. 벽돌 대용으로 자연석 돌과 나무토막을 사용하고 시멘트 대용으로 황토 흙을 사용해서 천연 자연재료의 황토 토담집을 짓습니다.

황토 흙반죽을 한 움큼 놓고, 그 위에 돌 한 개를 올려놓고, 또 황토 흙반죽을 한 움큼 놓고, 또 그 위에 돌 한 개를 올려놓고 그리고 중간 중간에 나무토막을 올려놓고 하면서 위로 옆으로 계속해서 황토 흙돌벽을 쌓아올립니다.

구슬땀을 뻘뻘 ~ 흘리면서 계속 흙돌벽을 쌓아올립니다. 손과 발이 흙 범벅이 된 모습으로 산속에서 나 홀로 내 집을 짓습니다.

출입문의 문짝 틀을 나무토막으로 만들어 세우고, 돌제단과 돌탑 쪽 벽면에는 커다란 창문의 문짝 틀을 만들어 넣고 하면서 흙돌벽을 계속 쌓아 올립니다.

몇 날 며칠이 지나고 또 지나갑니다. 변변한 도구나 연장도 없이 나 홀로 맨손으로 나의 토담집 토굴을 지어갑니다.

내 키보다 더 높은 흙돌벽을 4각으로 다 쌓아올렸습니다.

굵고 기다란 나무를 베어와 쌓아올린 흙돌벽 위에 나란히 걸쳐서 지붕 서까래를 만들고, 서까래 위로 비닐을 펼치고, 가느다란 나뭇가지와 싸릿대를 걸치고 풀줄기로 이엉을 엮어서 지붕 위에 얹습니다.

그리고 또다시 그물망 비닐로 지붕 전체를 덮어씌우고 칡넝쿨로 이리저리 얽어맵니다.

마지막으로 출입문과 창문은 기다란 나무로 틀을 만들고, 싸릿대로 살을 대고 비닐을 씌우고, 칡넝쿨과 못으로 마무리를 끝내면서 첩첩산중 깊고 높은 천등산 옹달샘 옆에 7평 크기 정도의 조그마한 원룸식 움막토담집 토굴이 완성됩니다.

꼬박 15일이 걸려서 내 손으로 내 집을 지었습니다.

난생처음 내 손으로 직접 지은 나의 토굴입니다.

'토굴(土窟)'이란 오직 수행과 수도만을 위해서 간소하게 지은 작은 집을 일컫지만, 필자는 산(山)속에서 신(神)을 만나고 기도를 하기 위한 성스러운 공간 '성막'을 겸하게 됩니다.

겨우 7평 크기의 작은 공간에서 어떻게 살아갈 수 있느냐고 묻는 독자가 있으면 나는 이렇게 대답을 할 겁니다.

현재 상태의 자신의 처지에 따라서 꼭 필요한 것만 갖고 필요에 의한 삶을 산다면 7평 크기의 공간도 넉넉하다고 말입니다.

삶의 가치관과 생활환경이 바뀌기 전에 서울 중심가 종로통에서 큰 사업을 할 때는 필자도 80평 크기의 고급 초대형 아파트에서 으리번쩍하게 살아도 보았습니다.

한때는 그 유명한 '서울 종로3가 국일관'의 회장을 할 때는 한국 최고의 술집 국일관 나이트클럽과 최고의 국일관 오락게임장 사업이 잘 될 때는 하루에 1억 원씩도 벌어보았습니다.

큰 사고가 발생하고 큰 손실을 당하면서도 쿨~하게 깨끗이 정산을 하고, 인생 가치관을 바꾸어 도(道)나 닦으려고 스스로 '위대한 버림'을 선택한 현재는 산(山)속의 토굴기도생활환경에 처해 있습니다.

사람은 누구나 자신이 처한 현재의 환경에 적응을 잘 해내야 합니다. 최대한 빨리 '환경적응'을 잘 해내야 살아남을 수 있습니다.

행여나 범법 및 범죄로 감옥을 갈 경우에도 감옥 생활에 빨리 적응을 잘 해야 살아서 나올 수 있습니다.

또한, 사람은 어디에서든 항상 '주인의식'으로 삶을 살아야 합니다.

눈치보고, 꾀부리고, 시키는 것만 하는 피동적인 사람은 평생동안 머슴·종업원 의식이니 계속 가난뱅이가 될 것이고, 무엇이든 자기 스스로 하는 능동적인 사람은 주류·주인의식이니 점점 부자가 될 것입니다.

정치계나 종교계에서도 결코 추종자나 들러리가 되지 마시길 바랍니다. 무엇이든 추종자나 들러리가 되면 육체와 정신이 죽을 때까지 또는 죽어서까지 그 영혼까지도 '노예'가 되어 갑니다.

특히, 정치꾼들과 종교꾼들에게 이용당하지 마시길 바랍니다.

자기의 인생은 오직 자신이 설계하여 돌탑을 쌓아 올리듯 자신의 '인생탑'을 튼튼하고 멋지게 잘 쌓아올려야 합니다. 왜냐하면 우리의 삶은 한 번 태어나면 약 100년까지도 살아가야 하고, 반드시 성공 및 출세를 하고 부자가 되어야 사람대접을 받고 더욱 행복할 수 있기 때문입니다……

여기서 잠깐, 필자는 젊은 날 한때에 맨손으로 1천억 원의 부동산 부자로 성공을 한 부동산 전문가로서 건축물 집에 관한 가르침을 조금 말할까 합니다.

※ 중요한 부분들은 '밑줄 표시'를 해두고 다시 복습하시길 바랍니다.

우리는 누구나 집을 짓거나 구입하여 사용을 하며 살아가야 합니다.

집은 살고 있는 곳의 기후와 목적과 편리성 그리고 주변 환경과 그 집에서 살아야 하는 사람에 따라서 천차만별이 있을 수 있습니다.

기후로 볼 경우에는 추운 지방과 더운 지방의 집이 다르고, 4계절의 기후 변화가 있는 곳과 기후 변화가 없는 곳의 집이 달라야 합니다.

목적으로 볼 경우에는 주거용과 업무 상업용 그리고 레저용 등이 달라야 하고, 반드시 사용하기에 편리해야 합니다.

또한, 그 집에서 거주하거나 그 집을 사용하는 사람의 숫자에 따라서 크기가 달라야 하고, 특히 대지인 땅과 태양의 기(氣)를 최대한 많이 받을 수 있어야 합니다.

더운 지역에서는 더위를 잘 피할 수 있어야 하고, 추운 지역에서는 추위를 잘 막을 수 있어야 하고, 바람이 너무 강한 지역에서는 바람을 잘 막을 수 있어야 하고, 습기가 너무 많은 지역에서는 습기를 잘 막을 수 있어야 합니다.

그렇기 때문에 바닷가의 집은 높아야 하고, 산 위의 집은 낮아야 하며, 북반구 지역은 남향집을 지어야 하고, 남반구 지역은 북향집을 지어야 하며, 각 지역마다 또는 개별 건물마다 각각 '기맥의 흐름'을 파악하여 잘 활용할 줄 알아야 합니다.

특히 주거용 가정집을 새로 짓거나 새로 구입을 하려고 할 경우에는 햇볕과 바람·조망 그리고 기(氣) 흐름의 작용을 고려해서 거실·안방·화장실·주방 조리대의 '공간배치'가 잘되어야 합니다. 그리고 현관 출입문 안쪽의 정면에 놀라게 하거나 난처할 수 있는 큰 거울·안방·화장실을 두지 말고, 거실은 출입구 근처 또는 집의 중심에 배치가 되어야 하며, 단독주택일 경우에는 건물의 뒤쪽 방향과 북쪽방향 및 서쪽방향 대문은 꼭 피해야 합니다.

그리고 특히 안방 사용은 반드시 그 집의 '가장(남편·주인)'이 사용해야 다른 사람에게 기운(氣運)을 빼앗기지 않는다는 것을 꼭 가르쳐 드립니다.

주거용 가정집은 오랜 세월과 시간을 그 집에서 생활하면서 잠을 자야 하기 때문에 그 주변의 나무가 최대로 자랄 수 있는 높이보다 낮아야 하며, 대지 땅의 기(地氣)가 닿을 수 있는 높이를 벗어나면 나쁩니다.

모든 생명체는 태양의 양기(陽氣)와 땅의 지기(地氣)가 꼭 필요하기 때문에 반드시 햇볕이 잘 들어야 하고 또한 너무 높지 않아야 합니다.

주거용 주택을 포함한 건물은 풍수지리학 이론으로 '배산임수(背山臨水)'와 '자좌오향(子坐午向)'의 집이 가장 좋기 때문에 뒷쪽은 나쁜 기운들을 막아주고, 앞쪽은 확 트여서 큰강·바다·들판·큰 도로가 보이고, 남향집으로 태양의 햇볕이 잘 들어야 집 안에 밝은 양기(陽氣)가 모이고, 운(運)이 좋게 됩니다.

특히, 서울시와 한강의 풍수지리학 이론을 적용해 볼 경우에 건물 뒤 창문 구멍으로 한강을 조망하는 강남구 쪽보다는 건물 앞 큰 창문으로 한강을 조망하는 강북 쪽 강변이 '훨씬 좋다'고 가르쳐 줍니다.

또한, 도시지역 주거밀집형으로 앞집·옆집·뒷집의 건물 벽만 바라보이는 집 또는 햇볕이 들지 않은 집은 아주 나쁘니 꼭 피해야 합니다.

특히 도시지역의 집은 대지 이용의 효율성을 위해 경사도·좌향·방향은 어쩔 수 없다고 하더라도, 각각 개별 집들 주변의 공기 바람흐름과 또한 뒤쪽 높은 곳에서 형성되어 흐르는 기맥의 '명당자리'를 꼭 찾아서 잘 활용할 줄은 알아야 하고, 도로교통이 편리한 곳을 잘 찾아야 합니다.

기본상식으로, 집을 짓거나 구입을 하거나 또는 주거를 할 경우에는 ① 햇볕이 잘 비추는가? ② 땅의 기운이 좋은 곳인가? ③ 맑은 공기와 바람의 흐름이 좋은가? ④ 방음과 방한·방열·방습이 잘되는가? ⑤ 앞쪽이 확 트여서 조망이 좋은가? ⑥ 내부의 공간 배치가 잘되어 있는가? ⑦ 용도에 맞게 편리한가? ⑧ 이웃사람과 주위 환경이 좋은가? ⑨ 교통이 편리한가? ⑩ 화재 탈출 등등을 꼭 잘 살펴야 함을 가르쳐 드립니다.

또한, 모든 주거용 집과 모든 상업용 건물의 투자는 앞날의 인구감소와 용도별 및 지역별의 '수요와 공급'을 정말로 잘 예측해야 하고, 개인들의 부동산 운(運)과 재물운(運)을 반드시 알아둬야 합니다.

주거용 주택으로서 가장 나쁜 집은 주변에 악취와 소음이 있는 집, 나무가 최고 높이로 자랄 수 있는 높이보다 훨씬 더 높은 40층 이상의 초고층 집, 햇볕이 잘 비추지 못하여 어둡고 음산한 기운이 감도는 집, 수맥이 통과하는 집, 터신이 센 집터의 집은 나쁘니 꼭 피해야 합니다.

특히 너무 높은 곳에서 오랜 시간과 오랜 세월 동안 잠을 자고 생활을 하면 인체의 자율신경 조절의 이상을 초래하여 각종 '신경정신질환'을 일으키기 쉽고, 대지인 땅의 지기(地氣)를 받지 못하여 건강이 나빠질 수 있으며 운(運)까지도 나빠질 수 있기 때문에 40층 이상 높이의 주거용 초고층 오피스텔 및 초고층 아파트에서 오랜 세월동안 '잠을 자는 행위'는 아주 나쁘다는 것을 지적하고, 또한 햇볕이 안 드는 음산한 기운이 감도는 집, 주변의 공기 바람흐름이 안 좋은 집 그리고 수맥이 통과하거나 터신이 센 집터에서는 반드시 '나쁜

불상사'가 생기기 때문에 아주 나쁘다는 것을 거듭 충고합니다.

잠을 잘 때는 기작용(氣作用)의 무방비 상태가 되고 또한 운작용(運作用)의 무방비 상태가 되기 때문에 '잠을 자는 곳'은 가장 중요하고, 잠을 잘 자게 해주고, 마음이 편안하고 운(運)이 좋아지는 그 집이 주거용 집의 '최고 명당자리'가 확실함을 가르쳐 드립니다.

필자는 현재 생각이 나는 대로 '직감 직필'로 이 글을 기록하고 있습니다.

다만, 기록을 하고 있는 필자가 전문 글쟁이가 아니기 때문에 표현이 다소 서툴 수 있으니 독자들께서는 이해를 좀 해주시면서 전달하고자 하는 이 책의 '전체적인 내용의 핵심과 취지'를 잘 헤아려주시길 바라는 바입니다.

사람들은 모두 집과 관련이 있기 때문에 조금 더 집과 집터의 운(運)과 관련된 숫자의 수리학적 비밀정보를 가르쳐 드릴까 합니다.

우리가 살고 있는 집과 집터 및 모든 땅은 각각의 고유필지에 따라 번지 숫자와 건물번호가 매겨져 있고, 각각의 숫자에 따른 수리학적 기운과 그 땅의 터신의 기운이 함께 작용을 하고 있기 때문에 건물이나 집을 지을 경우 또는 분양을 받거나 매입을 할 때 또는 이사 들어갈 경우에는 그 건물의 번호 숫자와 층 숫자 및 각 구분별 호실 숫자를 '잘 선택'해야 하고 또한 그 땅 터신의 '기운(氣運)작용' 등을 반드시 먼저 잘 살펴야 함을 이 책을 읽어주시는 독자들께만 꼭 가르쳐 드립니다.

또한, 모든 사람은 각자의 좋고 나쁜 방위와 좌향이 있기 때문에 반드시 '방위와 좌향'도 잘 살펴야 하고, 날짜에 따른 운수와 일진이 있기 때문에 생기복덕(生氣福德) '좋은 날 택일'도 잘 골라야 함을 꼭 가르쳐 드립니다.

다이아몬드는 작아도 값이 비싸듯 '명당터'에 지은 운(運)이 좋은 집과 건물은 값이 비싸며, 수많은 여러 날짜 중에서 '생기복덕 택일'은 정말로 중요하다는 진실을 강조합니다.

무슨 일을 하든지 간에 운(運)흐름의 '운세'를 모르거나 또는 운이 안 열리거나 운이 따라주지 않으면 그 어떤 사람일지라도 잘 되지가 않습니다.

　운을 알아야, 운이 열려야, 운이 따라줘야, 운이 도와줘야, 운이 강해야, 운이 바뀌어야 등은 많이 사용하는 말이고 또한 진실입니다.

　욕심과 노력만으로는 로또복권 1등 당첨을 할 수 없고, 큰 부자가 될 수 없고, 부부이혼이나 사별을 막을 수 없고, 사업 부도를 막을 수 없고, 개인파산을 막을 수 없고, 죽음을 피할 수 없다는 것이 진실입니다.

　몸이 아프지 않아도 건강검진을 받고, 몸이 아프면 병원을 찾아가는 것처럼, 성공출세를 하고 부자가 된 사람들은 모두가 '운명검진'을 받고, 나쁜 운들은 좋은 쪽으로 '개운'을 잘하기 위해서 '최고 1류 점술가'를 찾아가 점(占)을 보고 그리고 준비와 대비 및 대응을 잘 하고 더 나아가 운(運)을 더 좋게 만들어서 성공출세를 하고 부자가 된 것입니다.

　이 책은 흙수저가 1천 억대 부자로 성공한 필자의 경험적 '실용지식' 가르침이고, 삶과 인생은 '운빨이 서야'란 말처럼, 인생은 '운 8 노력 2'라는 말처럼, 인생은 운이 80%이고 노력이 20%인 것입니다……

　하늘자연의 오묘한 섭리 작용으로 타고난 자기 자신의 '운명'도 모르고, 예정된 앞날의 '나쁜 운(運)'을 전혀 모르고 열심히 노력만 하는 사람은 가장 어리석은 바보입니다.

　혹시, 지금 이 글을 읽고 있는 독자분 중에서 건축을 하고나서 또는 집·가게·상가·사무실·공장 등등을 옮기거나 이사를 하고나서 또는 조상 산소이장이나 화장을 하고나서 또는 초고층 오피스텔이나 아파트의 높은 층에 살면서 등등 현재 본인과 가족 중에 신경정신질환·불면증·우울증 또는 각종 사고·자살·투자손해·사업 실패·큰 질병·송사·감옥살이·좌천·명퇴·부부싸움 등등이 발생하거나 또는 가위눌린 꿈·젊은 여자 꿈·갓난아기

꿈·쫓기는 꿈·자기 물건을 잃어버리는 꿈을 꾸거나 등등 꿈자리가 사납거나 등등의 불운과 불행을 겪고 있는 사람이 있거든 잘못된 인식과 편견 등을 버리고, 지금 즉시 점(占)을 잘 보는 도사(道士)를 찾아가 '운명검진과 상담'을 꼭 한 번 받아볼 필요가 있음을 진심으로 가르쳐 드립니다.

몸이 아프면 스스로 병원을 찾아가는 것처럼…….

공기(空氣)가 눈에 안 보인다고 해서 공기가 없는 것이 아닙니다.

기(氣)가 눈에 안 보인다고 해서 기가 없는 것이 아닙니다.

운(運)이 눈에 안 보인다고 해서 운이 없는 것이 아닙니다.

영혼(靈魂)이 눈에 안 보인다고 해서 영혼이 없는 것이 아닙니다.

신(神)이 보통 사람들의 눈에는 안 보인다고 해서 신이 없는 것이 결코 아닙니다.

이러한 것들은 모두 다 존재하고 있고 항시작용을 하고 있는 바, 이처럼 눈에 안 보이는 기운(氣運)작용들이 눈에 보이는 모든 것들을 움직이고 있다는 천기(天氣)의 '비밀진실'을 알아야 하는 것입니다.

이러하기 때문에 필자는 이곳 천등산에서 목숨을 걸고 도(道)를 닦아 가장 먼저 '신통력'을 얻고 그리고 그 신통력으로 우주하늘자연의 섭리와 신(神)들의 비밀을 반드시 모두 다 알아 낼 각오입니다…….

이곳 산속의 작은 나의 토굴은 인체에 가장 좋은 '자연 황토흙'이 주재료이고, 방위는 '자좌오향' 남향으로 햇볕이 잘 비추고 있습니다.

첩첩산중 깊고 높은 천등산 산속 옹달샘 옆에 나의 작은 토굴을 완성하고, 이번에는 한 달에 한 번씩 식량을 건네받기로 약속한 산 아래편 중간쯤의 마당바위가 있는 곳까지 약 2km 거리에 새로이 오솔길을 만들 차례입니다.

먼저 낫과 톱으로 풀을 베고 나무를 자르면서 길 표시를 해두고 그리고 괭이로 땅을 파고 고르면서 오솔길을 만듭니다.

오솔길이 완성되어갈 무렵 때마침 산 아래 생가에 살고 있는 동생 '손재성'이 마당바위 위에 식량을 비닐로 싸서 갖다놓았습니다.

산속에 들어온 지도 벌써 한 달이 지나가는가 봅니다.

정말 고마운 마음으로 동생이 갖다놓은 식량을 짊어지고 나는 내가 새로이 닦아놓은 오솔길을 올라옵니다.

앞으로 이 오솔길을 얼마나 오르내릴지 궁금합니다.

산기도를 하다가 중도에 산속에서 나 홀로 죽을지도 모릅니다.

이제 모든 것을 하늘과 신령님께 맡겼으니, 최선을 다하여 열심히 도(道)를 닦으며 묵묵히 나아갈 각오입니다.

목적과 목표를 향하여 철저한 계획을 세우고 그리고 준비를 잘 하면서 반드시 하나씩 실천을 해 나아갈 각오입니다.

굳은 신념과 의지력으로 안 되면 되게 할 것이고 될 때까지 계속해 나아갈 것입니다.

인생 가치관을 바꾼 새로운 삶의 성공을 위해서…….

제6장

모든 일은 지극한 '정성스러움'으로 해야 한다

모든 일은 지극한 '정성스러움'으로 해야 하고…….

천등산에 입산한지도 이제 한 달이 지나갑니다.

처음 산을 올라올 때 진달래꽃이 막 피기 시작하였는데 이미 그 꽃들은 다 지고 나뭇잎이 피기 시작합니다.

이제 기도 준비가 다 되었습니다.

이제부터는 아무도 가르쳐 주지 않고 보이지도 않는 '길 없는 길'을 나 홀로 출발을 합니다.

내가 가야 할 길은 끝없는 고통이 따르는 고행의 길이건만 살기 위한 죽음을 각오하고 이제 '집중기도자'의 길로 출발을 합니다.

스스로 존재하는 원초적 기운(氣運)을 작용시키는 하늘자연과 신령님을 스승으로 삼아 가장 먼저 신(神·God)들과 직접 대화를 할 수 있는 신통능력을 이루기 위한 고행의 길로 출발을 합니다.

과거 젊은 날 밖에서 사업을 할 때 알고 지낸 스님의 산(山)기도 얘기를 들었던 기억들을 떠올리면서 산(山)기도 준비를 합니다.

가장 먼저 약쑥을 뜯어와 돌로 짓이겨 쑥물을 쥐어짜서 바가지에 모으고 약쑥물로 몸뚱이를 씻으면서 몸을 깨끗이 정화합니다. 또 향을 부수어 물에 담가 두고 향물을 우려내어 향물로 몸뚱이를 씻으면서 몸과 마음을 깨끗이 정화합니다. 3일 동안 목욕재계를 하면서 기도하는 장소와 주변에도 굵은 소금을 뿌리고 청수를 뿌려서 깨끗이 도량 정화를 합니다.

이제 산(山)기도 준비가 다 되었습니다.

돌제단 위에 비바람이 불어도 촛불이 꺼지지 않도록 납작한 돌과 흙 반죽으로 좌·우·뒤·위를 막고, 앞쪽만 터놓은 촛불 방 속에 두 자루의 쌍 초를 세워놓고, 정성껏 쌀을 씻어 공양미 밥을 짓습니다.

옹달샘 물을 한 그릇 떠서 돌제단 위에 올리고, 공양미 밥을 솥째 올리고, 두 자루 쌍 초에 촛불을 켜고, 향 세 개를 사르고, 동서남북 사방으로 서서 합장을 하고 시계방향(오른쪽)으로 돌면서 절을 한 번씩하고 그리고 신(神)을 영접하는 성막인 토굴 안으로 들어옵니다.

돌제단과 마주 바라다 보이는 쪽의 커다란 투명 비닐창문을 사이에 두고 토굴 안에서 돌제단 앞에 마주섭니다.

그리고 정성껏 큰절 3번을 올리고, 일어나 서서 가슴 앞에 합장으로 두 손을 모으고 기도를 합니다.

"하늘이시여! 신령님이시여! 저는 이곳의 남쪽 산줄기 저 아래편 배나무고을에서 밀양 손씨 가문의 40대 자손으로 태어난 '손재찬'입니다.

저의 탯줄은 이 산줄기 남쪽 끝머리 마을 어귀에 묻혀있고, 할아버지 할머니 아버지 조상님도 이 산줄기 끝머리 마을 옆 산에 묻혀 있습니다.

이곳 천등산의 정기를 받고 태어난 이 몸을 이곳 고향 본향산인 천등산에

맡기고자 합니다.

지난 젊은 날은 자신의 타고난 운명과 운(運)도 모르고, 오직 야망으로 살아오다가 큰 사업을 실패하고 자살까지도 시도하였지만, 질긴 게 사람목숨이라 마음대로 죽지도 못하고 살아있습니다. 내 어릴 적의 특별한 '영적 능력'들을 이제 확인을 하려 합니다.

이제부터는 삶의 가치관을 바꾸고, 인생방향과 목표를 바꾸어 하늘과 신(神)들의 가르침에 따라 새로운 삶의 길을 가려합니다.

현재 가지고 있는 모든 것으로 정성껏 공양미 밥을 올리고 또한 정성껏 정한수를 올리고 또한 이 몸뚱이 전체를 신(神)들께 올리오니 이 정성 잘 받으시고 저희 스승님이 되어 주시옵소서!

산(山)에는 하늘의 명기(明氣)가 내리고, 신통력(神通力)이 주어지고 그리고 하늘자연의 섭리와 진리 깨우침의 도(道)가 있다고 해서 첩첩산중 이 깊고 높은 천등산에 제 스스로 들어왔습니다.

입산한 첫날밤 꿈속의 신령님 계시대로 돌제단도 만들었고, 옹달샘 주변에 돌담장도 만들었고, 산(山)속에서 평생동안 살아갈 각오로 신(神)께 기도하는 성막 겸 토굴도 만들었고, 이곳의 생활반경 내에 산길도 만들었고, 그리고 기도 장소도 깨끗이 정화를 했고, 제 몸뚱이와 정신 그리고 마음과 영혼까지도 깨끗이 정화를 끝마치고 이제 산(山)기도 준비가 다 되었습니다.

오늘부터는 입산한 첫날밤 꿈속의 신령님 계시대로 하루에 돌을 한 개씩 주어와 돌탑을 쌓으면서 산(山)기도공부 열심히 하겠습니다.

한 개씩 돌탑을 차곡차곡 쌓는 마음으로 도(道)를 닦겠습니다.

하늘이시여! 신령님이시여! 저는 아직 산(山)기도하는 방법도 모르고, 빌줄도 모르고, 신령님께서 직접 말씀을 해주시는 공수도 받을 줄 모릅니다. 그러하오니 느낌으로, 직감으로, 예감으로 가르쳐 주시고 밤에 잠을 잘 때마다 꿈속에서 예시몽으로 가르쳐 주시옵소서!

유서와 유언까지 남겨놓고 죽을 각오로 천등산을 찾아왔사오니 제발 가르침을 주시고 신통력을 내려 주시옵소서!……."

나는 계속 일방적으로 의사표시를 하면서 중얼~중얼~ 소원을 빌고 또 빌고 또 빌면서 기도를 합니다.

어느 정도 일방적인 의사전달과 소원을 다 빌고 나서 다시 큰절 3번을 올리고, 이제 마련해 둔 방석을 깔고 조심스레 자리에 앉습니다.

두 다리는 오므려 포개어 양반자세로 앉고, 허리는 쭉 펴서 똑바로 세우고, 두 손은 가슴 앞에 손바닥을 마주하여 합장을 하고, 두 눈은 지그시 감고, 마음은 편안히 하고, 호흡은 처음에는 날숨을 길게 하다가 차츰 고르게 하고, 생각은 상단전 앞이마의 중앙 명궁(命宮)을 통하여 우주공간에 두고, 4박자 리듬으로 계속 내 귀로 들릴 만큼 소리를 내어 한마음 일념으로 "산왕대신(山王大神)!"이란 신의 명호를 부르면서 신명기도 정근을 합니다.

입산하기 전, 사회생활을 할 때에 산(山)기도와 선명상을 많이 한 지인 스님의 가르침을 떠올리면서 나는 산(山)기도를 시작합니다.

신통력을 얻기 위한 대신기도(大神祈禱)는 장소에 따라서 신명기도 방법이 다르기 때문에 산에서 기도할 때에는 가장 먼저 '산왕대신'을 부르고, 호수 · 강 · 바다 등등의 물(水)에서 기도할 때는 '용왕대신'을 부르고, 집 또는 기타 장소에서는 '천왕대신'을 불러야 합니다.

또한, 신통력을 얻기 위한 대신(大神)기도는 목적에 따라서 신명기도방법이 다르기 때문에 하늘 문(天門)을 열기 위해서는 오방신장 · 백마신장 · 화엄신장 · 미카엘 등의 '신장'을 부르고, 질병을 치료할 때에는 의술을 주관하는 의술도사 · 약명도사 · 약사보살 등의 '약명신'이나 또는 라파엘 천사를 부르고, 공무원시험합격 또는 입신출세를 소망할 때는 천룡신장 · 등용신장을 부르고, 재수를 받고자 할 때에는 터줏대감 · 도깝대감 · 상업대감 · 천복대감 등의 '대감신'을 부르고, 수명이 짧은 집안의 사람이 오래 살고자 할 때에는 '칠성신'을 불러야 합니다.

이것은 우리 인류가 수십만 년 전부터 해왔던 '근본 기도'의 방법입니다.

이러하기 때문에, 산속에서 신통력을 얻고자 하는 나는 지금 '산왕대신(山王大神)'을 오직 일념으로 소리 내어 부르고 또 부르면서 소리파와 뇌파의 '주파수'를 우주하늘자연과 신(神)들을 향하여 계속 전달하고 있습니다.

첫 숟갈에 배부를 리 없는 것처럼 아무리 신명(神名)을 불러보아도 응답이 없습니다.

가슴 앞에 손바닥을 마주하여 합장으로 두 손을 모으고 들고 있는 팔이 너무도 아파서 가만히 조심스레 팔을 내리고, 손바닥을 하늘로 하여 양쪽 무릎 위에 올려놓고 조용히 '묵언 명상'을 시도해 봅니다.

오래고 오랜 시간이 흐르면서 잡념인지 환영인지 또는 신통인지는 모르지만 산 아랫마을 생가에 계시는 80살을 훌쩍 넘으신 어머님의 모습이 보입니다.

어머님께서 장독대의 커다란 장독항아리 위에 정한수로 물 한 그릇을 떠 놓고 초 한 자루에 불을 밝혀놓고 두 손을 비비면서 중얼~중얼~ 하면서 소원을 빌고 계십니다.

아마도 깊고 높은 산속으로 도(道)닦으러 입산한 이 못난 아들을 위해 하늘과 신(神)들께 지극정성 기도로 빌고 계신 것 같습니다.

어머님은 집에서 장독대에 정한수를 떠놓고 빌고 있고, 이 아들은 산속에서 돌제단에 정한수를 떠놓고 빌고 있습니다.

어머님도 빌고 아들도 빌고 있습니다.

이 무슨 기가 막힌 운명이란 말입니까?!…….

우리 어머님은 안동 김씨로 밀양 손씨 가문인 우리 집에 시집오시어 첫 아기 임신 때부터 그 아기가 태어나고 자라 장년이 된 지금까지 길고 긴 오랜 세월 동안 장독대의 커다란 장독항아리 위에 정한수를 떠올리면서 시집 온 집안과 자손을 위해 평생동안 빌어오고 계십니다.

내가 어릴 적 옛날의 시골마을에는 마을 한가운데에 공동우물이 있었고 모두가 그 공동 우물물을 길어다 먹었습니다.

우리 어머님께서는 매일 아침 새벽마다 하루도 빠뜨리지 않고 눈이 올 때나 비가 올 때나 추울 때나 더울 때나 새벽동이 틀 무렵이면 어김없이 제 시간에 일어나시어 마을 한가운데에 있는 마을 공동우물에서 물 항아리를 머리에 이고 물을 길어와 커다란 물독에 식수를 가득 채우고는 장독대에 정한수로 물 한 그릇을 먼저 떠올리고 새벽기도로 집안의 안녕을 위해 빌고 또한 자식 잘 되기를 빌고 나서야 아침밥을 짓고 집안일을 시작하셨습니다.

80살을 훌쩍 넘기신 지금까지도 수행자가 평생동안 수행을 하듯, 성직자가 평생동안 성직생활을 하듯 '전통방법의 기도'를 계속하시고 계십니다.

독자 여러분! 이 세상 어느 수도자 및 수행자가 그토록 오랜 세월동안 변함이 없이 기도발원을 계속할 수가 있을까요?!

이 세상 어느 성직자가 그토록 지극 정성스러울까요?!

이 세상 어느 종교 또는 어느 기도자가 자기 자신보다는 오직 집안과 자식을 위해서만 평생동안을 기도할 수 있을까요?!

필자는 그런 모습의 어머님께 항상 고마움과 감사함을 느낍니다.

그러한 지극 정성으로 우리 어머님은 6남 1녀의 자녀를 두셨지만 7남매 모두가 잘 성장하여 잘 살아가고 있고 또한 손자들까지도 모두 신체적으로나 정신적으로 잘못 태어나거나 잘못된 사람이 없이 건강하게 태어나고 무탈하게 잘 살아가고 있습니다.

어머님의 헌신적인 삶과 거룩하심에 저절로 숙연함을 느낍니다.

"자식은 부모님의 뒷모습과 발자취를 보면서 따라 배운다."

백 마디의 말씀보다는 그 행동을 보면서 그냥 따라 배울 뿐입니다…….

특히 필자의 어머님께서는 우리 고유의 원초적 전통신앙이며 토속신앙인 '칠성신앙'으로 아침 해·보름달·북두칠성 등을 섬겨 오셨습니다.

"모든 학문 지식과 종교들의 '근원과 본질'은 자연 섭리로부터이다."

아주 옛날부터 모든 학문과 종교들은 '자연 섭리'에 따라서 지식들이 만들어지고, 물리학·철학 그리고 종교 등이 발생을 했다가 사라지기를 계속하고, 더 좋은 '가르침'을 접하게 되면 모두가 더 좋은 쪽을 따르게 됩니다.

좌파성 마르크스공산주의 이념은 이미 실패하였고, 지금의 종교들도 집단 세뇌와 교리 및 원리주의로 거짓 구원과 전쟁이 난무하는 등 오히려 인류와 사회에 악(惡)이 되어버려서 '종교개혁'이 필요합니다.

그러나 해·달·별의 원초적 기운(氣運)은 결코 사라지지 않습니다.

원초적 자연 섭리의 '칠성신앙'을 섬겨 오신 우리 부모님의 '가르침'은 우주 만물은 모두가 그 생김새와 이름에 따른 각자 고유의 기(氣)가 작용을 하고 있으며, 해·달·별·산·물과 같은 신성한 '존재물'을 신앙으로 정성껏 잘 섬기면 좋은 기운(氣運)을 받을 수 있다고 하셨고, 크리슈나·부처님·공자·소크라테스·예수님·무함마드가 오시기 전의 아주 먼 옛날 수천 년과 수만 년 그리고 수억 년 전에도 모든 민족과 모든 나라에도 일·월·화·수·목·금·토의 요일은 모두가 있으니, 그것은 태초부터 해·달·별 우주하늘자연의 '원초적 기운(氣運)'을 의미한다고 가르쳐 주셨습니다.

기(氣)는 만물의 근원 및 본질로 작용을 하고, 해·달·별은 운(運)으로 움직이며, 만물은 각자 고유의 파장과 빛을 가지고 있다고 하셨습니다.

사람은 자기 자신의 영혼과 숭배 및 신앙으로 섬기는 존재 및 신(神)이 서로 잘 맞아야 '기도응답'을 받을 수 있다고 하셨습니다.

예를 들면, 라디오와 TV를 켤 때 주파수 파장 사이클이 서로 맞아야 소리가 들리고 화면이 보이고 하는 것처럼 말입니다.

우수하늘자연의 원초적 기운(氣運)이고 이 땅의 전통인 '칠성신앙'을 섬겨 오신 우리 어머님께서는 죽어서의 천국행이나 극락왕생을 소망하는 자기중심적인 당신 자신을 위한 기도는 하지 않고, 시집을 온 여인의 덕목으로 조상님제사(祭祀)와 명절 때의 차례를 잘 모시고, 오직 시집을 온 우리 집안과 자식을 위한 기도만 해오시면서 "하늘자연의 섭리와 순리에 따라 도리(道理)를 잘 지키라"고 늘 말씀을 해 주셨습니다.

"섭리를 알고, 순리를 따르고, 도리를 지키라!!"

필자는 하늘자연의 근원과 본질을 '모태신앙'으로 영향을 받은 것 같습니다.

모든 학문과 종교들의 '근원과 본질'은 우주하늘자연의 섭리이고, 그것과 '하나 됨'을 위한 자연숭배의 기도를 하라는 가르침을 받았습니다.

필자는 그러하신 어머니를 우리 어머님으로 인연지어서 이 세상에 태어나게 되고 또한 어려서부터 '훌륭한 가르침'을 많이 받게 되어 정말 행운이라고 생각하면서 항상 감사함을 느끼며 살아왔습니다.

우리 어머님과 제가 또 다음 생에 태어난다면 또다시 핏줄의 인연으로 태어나고 싶고, 다음 생에서는 더욱 훌륭한 아들로 태어나 어머님 은혜에 꼭 보답해 드리겠다고 이렇게 약속을 드리면서 진실한 소망을 가져봅니다.

부모님의 자기희생적 내리사랑과 자식이 부모님을 공경하는 효사랑은 자연의 섭리이고 순리이며 도리(道理)라고 생각합니다.

특히 효도는 만 가지 법도의 근본이니 효행을 잘 하는 사람은 삶이 점점 나아지고, 죽을 때 잘 죽으며 죽은 후에는 지은 대로의 '인과법칙'에 따라 스스로 하늘나라에 태어난다는 진실을 가르쳐 드리면서 이 글을 읽은 독자분들은 이제부터라도 자기 부모님께 '효도'를 하고, 영원토록 그 은혜에 감사를 하며 꼭 보답하시길 진심으로 충고를 드립니다.

특히 연로하여 병들고 어렵게 사시는 자기 부모님을 끝까지 잘 보살펴드리길 진심으로 거듭 '충고'를 전달합니다.

사람은 죽을 때의 마지막 상황이나 생각 및 마음 등이 죽은 후에까지 정신 및 영혼 상태가 '계속 유지'가 되기 때문에 큰 질병이나 큰 사고로 죽었거나 또는 너무 가난하고 원한 많게 죽었거나 등 '잘못 죽음'을 당한 부모님께는 꼭 한 번 '영혼치유 겸 해원천도재'를 올려드리길 진심 권유 드립니다!!

이 세상 80억 명의 많은 사람들 중에 부모 · 자식으로 만난 인연은 너무도 소중하고 또한 한 번 맺어진 부모와 자식의 인연은 핏줄동기감응의 '천륜법칙' 때문에 모든 사람은 죽은 후 약 100년까지는 '상호작용'을 하고 마음대로 끊을 수 없기 때문입니다.

필자의 가르침에 공감을 하신 독자분은 이 책을 다 읽은 후, 이 책을 사랑하는 가족들에게, 특히 불치병 및 난치병 환자나 가난하게 살고 있거나 말썽을 부리거나 불효하는 자식에게 인생과 세상을 잘사는 방법을 잘 가르쳐 주는 방법으로 '책선물'로 활용하시길 바라는 바입니다.

필자의 글은 모든 학교 교육과정의 책에서도, 모든 종교의 경전에서도 결코 배울 수 없는 또한 그들이 결코 가르쳐 주지 않는 더 근본적이고 더 위대한 '큰 가르침'으로 하늘자연의 섭리와 모든 학문과 종교들의 근원과 본질을 가르쳐 주면서 진짜로 잘사는 삶의 방법을 정확히 제시하기 때문에 사랑하는 사람들에게 '책선물'하기에 매우 적합할 것입니다. 이 보물책이 더욱 중요한 것은 각자의 타고난 천성적 기질과 소질 및 재능에 적합한 공부와 직업의 선택 등 '기질소질재능인간계발론'과 물질적 성공과 정신적 성공을 함께 이루는 '독수리양날개성공론'과 누구나 잘사는 방법 '운명종합검진과 업 · 살풀이' 등등을 가르쳐 주면서 함께 자본주의 사회에서 정말로 '재테크'를 잘 하는 방법과

'결혼' 잘 하는 방법과 질병의 고통 없이 누구나 100세까지 '무병장수'하는 방법과 그리고 깨우침과 깨달음을 이루고 스스로 '자기구원'으로 영혼승천과 영혼진화 등 진짜로 잘 사는 방법들과 가장 중요한 천기의 비밀 '운명정보'를 직접 가르쳐 주기 때문에 매우 중요합니다.

자식농사는 효자 · 효녀로 그리고 자립 · 독립정신으로 잘 키우는 것이 부모 입장에서는 가장 큰 투자이고 또한 보람이며, 효도와 효행은 삶의 근본도리(道理)이고 하늘의 법도이기 때문입니다.

또한 사랑하는 자녀들에게 앞날의 불확실과 혼돈의 무한생존경쟁시대에서 물고기를 스스로 잡아먹을 줄 아는 잘 사는 방법의 '삶의 기술과 지혜'를 함께 잘 가르쳐 주는 것이 가장 중요하기 때문입니다.

또한 부모들의 모든 것은 자녀들에게 '핏줄운(運)내림'이 되기 때문에 부모님 자신부터 반드시 무병장수와 부자가 되시라고 꼭 전달을 드립니다…….

혹시나, 종교들의 근원과 본질 그리고 구원방법의 진실도 제대로 모르면서 맹신적 및 추종적으로 종교를 믿는 신자들은 자기 종교만을 세뇌시키듯 가르쳐 오고 있는 자기 독선 및 배타적인 '종교고정관념'들을 꼭 개선하길 바라고, 가족간에는 어떤 경우에도 종교 때문에 갈등하거나 다투지 마시길 꼭 충고를 드립니다.

열린 마음으로 이 책을 보시면, 세상과 종교를 제대로 볼 줄 아는 안목이 스스로 생겨지고 반드시 성공을 하게 됩니다.

자기 자신의 인생도 성공시키지 못하여 가난하고 병들고 불행한 사람이 자녀 및 가족들이나 타인들에게 자기 종교를 믿으라고 권유와 강요를 해서는 결코 안 됩니다.

사람들은 누가 어떤 종교를 믿으면서 성공을 하고, 부자가 되고, 품성이 좋아지는 등 잘살게 되면 강요하지 않아도 스스로 따르게 됩니다…….

무한경쟁사회에서 경쟁은 남들과 하고, 가족 간에는 꼭 '합심과 협력'을 하면서 무슨 일이든 부모님과 자식 그리고 형제자매 등 가족이 함께하면 일이 잘 풀릴 것이라고 꼭 알려드립니다.

　또한, 무엇을 하든 정성스럽게 하고, 부모님이 하시던 일을 그 자녀들이 '후계자'로 승계 받아 계속 이어가면서 몇 대를 계속할 경우에는 유전인자적으로 또는 가족끼리 믿을 수 있는 신뢰로 또한 이미 모든 여건이 완비되어 있음으로 경쟁력에서 가장 잘 할 수 있을 것이라고 확신을 합니다.

　부모와 자식 간의 '핏줄유전성'은 중요하고, 유전자 검사는 99.99%까지 정확히 일치를 하며, 자녀들은 부모님의 운명을 점점 닮아가게 됩니다.

　핏줄은 하늘자연의 섭리로 불가사의한 '천륜법칙'입니다.

　천륜법칙은 그 어떤 종교나 신(神)들도 개입할 수 없는 영역입니다.

　핏줄유전성은 현대과학으로 그 '증명'이 확실하고, 유전성 핏줄운(運)내림은 99%까지 정확하다는 것이 사실이고 진실입니다.

　그러하기 때문에 핏줄운(運)내림을 반드시 잘 알고 살아가야 합니다.

　다음으로 이어지는 정신탐험 산(山)기도의 고행…….

제7장

두문불출 목숨 걸고 산(山)기도의 고행을 시작한다

두문불출 목숨 걸고 산(山)기도의 고행을 시작하고…….

산(山)속에서 기도명상을 하고 있는 시간이 얼마나 오랜 시간이 흘렀을까?

지난날의 일들과 부모형제들의 모습이 환상인지 또는 신통인지 주마등처럼 스쳐가고 이어집니다.

양반다리 앉은 자세로 두 다리를 오므려 포개어 오랜 시간을 앉아 있으니 다리가 저려 오고 무릎이 아파옵니다. 더 이상 무릎의 통증과 다리의 저림마비 때문에 앉아 있을 수가 없습니다.

나의 산(山)기도방법은 바른 자세로 오랜 시간 합장을 하고 가부좌로 앉아 정신을 집중하여 '산왕대신!'을 계속 부르면서 소리파와 뇌파를 우주하늘자연으로 보내고 그리고 주파수 응답의 반응으로 미세한 진동을 감지하면서 더욱 더 집중으로 우주하늘자연과 합일(合一)이 되기 위해 더욱 더 깊은 명상(瞑想) 속으로 들어가야 하는데 무릎통증과 다리 저림 마비로 오랜 시간을 가부좌로 앉아 있을 수가 없습니다.

잠시 생각을 분석하면서 가장 우선적으로, 오랜 시간을 그대로 앉아 있을 수 있는 육체단련부터 해야겠다고 판단을 내리면서 몸을 일으켜 토굴 밖으로 어기적거리며 나옵니다.

토굴 밖에서 가볍게 팔다리운동을 하고 목운동과 허리운동을 하고 숨고르기를 하면서 짧은 거리를 왔다 갔다 하며 궁리를 합니다.

정신과 의식의 집중으로 명상삼매에 깊이 들어가려면 장애와 방해가 없어야 하는데 잡념과 무릎통증이 장해가 되고 있습니다.

그렇다면 우선 장해물인 무릎통증부터 해결을 해야 합니다.

"정신수련을 하려면 육체단련을 동시에 해야 한다."

토굴 밖에서 왔다 갔다 하며 궁리를 하던 중에 문득 큼지막하고 납작한 돌멩이가 눈에 뜨입니다.

번뜩 생각이 뇌리를 스치면서 '그래, 저 돌멩이야!' 하고서는 납작한 큰 돌멩이를 토굴 속으로 안고 들어옵니다.

담요로 돌멩이 바위를 감싸서 방석 옆에 옮겨놓습니다. 그리고는 또다시 두 다리를 오므려 포개어 가부좌로 방석 위에 앉습니다. 앉은 자세로 옆에 놓아둔 담요로 감싼 돌멩이 바위를 두 손으로 들어서 무릎 위에 올려놓고 무릎부터 단련을 시킵니다. 더 이상 견딜 수 없는 고통이 오면 바위를 내려놓고 잠시 일어나 다리 운동을 하고, 또 무릎 위에 바위를 올려놓고 앉아서 견딜 수 있는 시간까지 버티다가 더 이상 견딜 수 없는 한계가 오면 바위를 내려놓고 하면서 '무릎단련'을 계속 반복하며 시간을 늘려갑니다.

하루 이틀 사흘 날짜가 지나가면서 한 달 이상이 지나갑니다.

이젠 두 다리를 오므려 가부좌로 앉아서 무릎 위에 큰 바위를 올려놓고도 오랜 시간을 앉아 있을 수 있으니, 무릎 위에 바위를 올려놓지 않으면 하루

내내라도 무릎 통증 없이 가부좌로 앉아 있을 수 있습니다.

한 달 이상의 계속된 육체단련으로 무릎통증의 장해가 해결이 되고 그 과정에서 잡념들까지도 없어집니다.

목적을 이루었으니, 바위를 본래 있던 곳에 내어다둡니다.

이제 계절이 바뀌고 초여름이 시작됩니다.

산은 푸르게 신록으로 우거지고 날씨는 점점 무더워집니다.

오늘도 돌제단 위에 정한수를 떠올리고, 촛불을 켜고, 향을 사르고, 동서남북 사방으로 절을 한 번씩 하고 신(神)을 영접하는 성막인 토굴 안으로 들어옵니다.

토굴 안에서 돌제단을 향하여 하늘과 신령님께 큰절 3번을 올리고, 조심스럽게 방석을 깔고 조용히 앉습니다.

오늘도 어제처럼 우선적으로 먼저 후! 소리를 길게 내면서 여러 차례 날숨을 최대한 길게 하면서 몸을 이완시키고, 그리고 허리를 쭉 펴고 양반자세 가부좌로 앉고, 가슴 앞에 두 손바닥을 살며시 합장을 하고, 시선과 생각을 멈추기 위해 두 눈을 살며시 감고, 의식은 가운데 이마 '명궁'을 통하여 우주하늘에다 두고, 4박자 리듬으로 "산왕대신! 산왕대신! 산왕대신!" 신명(神名)을 계속하여 오직 한마음 일념으로 소리 내어 불러봅니다.

오랜 시간이 지나면서 가슴 앞에 합장으로 들고 있는 손끝이 기(氣) 흐름의 반응으로 진동이 느껴지면서 조금씩 흔들리고 손끝에서 몸의 중심 쪽으로 가벼운 전율이 찌르르~ 하고 흐릅니다.

그리고는 무엇인가 보일 듯 말 듯하고, 무슨 소리가 들릴 듯 말 듯하고, 무슨 말이 터져 나올 듯 말 듯합니다.

그러다가 나 자신도 모르게 졸음이 옵니다.

졸다가 문득 깨어나고 또 졸다가 문득 깨어나곤 합니다.

날씨가 무더워지니 요즘은 졸음과의 싸움이 계속됩니다.

기도를 시작하면서 '오늘은 졸지 말아야지!' 하고 거듭 다짐을 해 보지만, 얼마 동안 시간이 지나면 나 자신도 모르게 꾸벅~ 졸다가 깨어나고 또 꾸벅 ~ 졸다가 깨어납니다.

세상에서 가장 무거운 것이 눈꺼풀인 것 같습니다.

더 이상 졸음 때문에 기도를 계속 할 수가 없어서 몸을 일으켜 토굴 밖으로 나옵니다.

토굴 밖에서 왔다 갔다 거닐며 궁리를 해 봅니다.

날씨는 점점 무더워지는데 어떻게 해야 졸음을 이길 수 있을까?

저만치 숲속에 싸릿대 나무가 눈에 뜨입니다.

싸릿대 나무를 보는 순간 번뜩 생각이 뇌리를 스치면서 '그래, 저 싸릿대 나무 회초리야!'라고 합니다.

낫으로 새끼손가락 굵기만큼의 싸릿대나무를 한 움큼 베어옵니다.

옛날 어렸을 적에 우리 시골집에서는 싸릿대나무를 베어 바지게로 한 가득 짊어지고 옮겨와 한 움큼씩 새끼줄로 묶어서 싸릿대 빗자루를 많이 만들어 놓고 일 년 내내 마당도 쓸고 골목도 쓸며 사용을 했었습니다.

그런데 나는 지금, 그 싸릿대나무로 회초리를 만들려고 합니다.

명상기도를 하다가 졸음이 오거나 잡념이 생기거나 또는 게을러지면 내가 내 손으로 내 몸뚱이를 때리기 위해 싸릿대나무 회초리를 만들려고 합니다.

싸릿대나무로 회초리를 만드는 중에 너무나도 서글픈 마음이 들면서 나도 모르게 눈물이 주르륵~ 흘러내립니다. 맨주먹으로 눈물을 닦으며 또 눈물을 닦으면서 어금니를 악물고 스스로 강해지기 위해 정신과 마음을 다잡아봅니다.

지금의 내 인생은 물러설 데도 없고 또한 물러설 수도 없습니다.

첩첩산중 깊고 높은 산속에서 나 홀로 살아가야 하기 때문에 스스로 강해져야 합니다. 새로운 삶의 목표를 위해 모든 수단과 방법을 다 동원하면서 의지와 신념을 더욱 강하게 굳혀 나아갑니다.

나는 지금 서글픈 마음을 쓸어안고 초라한 모습으로 앉아서 맨주먹으로 흐르는 눈물을 닦으면서 회초리를 만들고 있습니다.

싸릿대나무 회초리를 한꺼번에 여러 개를 만듭니다.

하나가 부러지면 또 꺼내서 사용을 하고, 또 하나가 부러지면 또 꺼내서 바로바로 사용하기 위해 양손 한 움큼의 회초리를 만들었습니다.

그러고 나서 실험을 해 봅니다.

어떤 물건이든 만들었으면 그 물건이 제 기능을 하는지 반드시 기능 확인의 실험을 해보아야 합니다.

만든 물건이 제대로 만들어졌는지? 아니면 잘못 만들어졌는지? 반드시 확인을 해보아야 합니다. 힘들여 만든 물건에 하자가 있으면 원인을 발견하여 제대로 고치고 또다시 완벽하게 고쳐야 합니다.

나는 내가 만든 물건인 싸릿대나무 회초리가 회초리로서 제 기능을 잘 발휘할 수 있을지를 직접 실험으로 확인해 보기 위해 오른손에 회초리를 집어 들고 팔을 머리 위로 높이 들어 올리고 내 등짝을 힘껏 내리쳐 봅니다.

눈물이 핑~ 돌만큼이나 아프고 회초리는 부러지지 않으니 회초리로서 기능 확인이 되었습니다.

그러나 한 번의 기능 확인실험은 미덥지 않기 때문에 확실한 기능 확인을 위해서 어금니를 악물고 이번에는 맨 팔뚝에 힘껏 회초리를 또다시 내리쳐봅니다.

또 눈물이 핑~ 돌만큼이나 아프고 맨 팔뚝에 뻘겋게 회초리 자국 핏발이 생겨도 회초리는 부러지지 않으니 회초리로서의 기능이 재확인 되었습니다.

양손 한 움큼의 싸릿대나무 회초리를 토굴 안으로 가지고 들어와 좌선하는 방석 옆에 가지런히 놓아둡니다.

언제라도 졸음이 오거나 잡념이 생기거나 게을러지면 오른손으로 회초리를 즉시 잡을 수 있도록 좌선하는 방석의 오른쪽에 놓아두고서 또 다시 기도명상에 들어갑니다.

그리고는 졸음이 올 때마다, 잡념이 생길 때마다, 게을러질 때마다 나는 내 손으로 내 몸뚱이 등짝을 회초리로 후려치면서 산(山)기도를 합니다.

15일쯤 날짜가 지나갑니다.

날씨는 점점 무더워지고 회초리를 사용하다 보니 내 몸뚱이의 등짝은 갈기갈기 살이 찢어져서 목욕을 할 때마다 쓰리고 아리고 너무나 고통스럽습니다.

또한, 기도 중에나 잠을 잘 때에도 회초리로 맞은 부위 상처의 통증 때문에 오히려 기도에 집중할 수가 없을 정도입니다.

지나친 고행이 수도에 오히려 방해가 되기도 함을 깨닫습니다.

지나친 것은 오히려 부족함만 못함을 스스로 깨닫습니다.

"모든 것은 지나침도 부족함도 아닌 적절함이 가장 좋다."

계절이 한여름으로 접어드니 날씨가 점점 무더워집니다.

오늘은 아침부터 토굴 밖에서 왔다 갔다 거닐며 또 다른 궁리를 합니다.

날씨는 점점 무더워지는데 고통 없이 졸음을 이길 수 있는 방법의 묘책을 찾고 있습니다.

토굴 밖에 이쪽 나뭇가지와 저쪽 나뭇가지 사이에 빨랫줄이 걸쳐 있는데, 그 빨랫줄을 보는 순간 번뜩 묘안이 또 뇌리를 스치면서 '그래, 저 빨랫줄이야!'라고 생각이 듭니다.

빨랫줄을 풀어서 손에 들고 토굴 안으로 들어옵니다.

빨래줄 한 쪽 끝을 토굴 안 천장의 높다란 대들보에 묶고, 또 다른 한 쪽 끝은 내 머리통 중앙의 머리카락 한 움큼에 묶어서 줄이 너무 팽팽하지도 않고 너무 느슨하지도 않도록 가늠해보면서 방석 위에 앉아 기도 중에 꾸벅~ 하고 고개를 숙이면 머리칼이 당겨져 몹시 아프도록 줄을 적당하게 잘 조절을 합니다.

그러고 나서 이젠 실험 삼아 가부좌로 앉은 상태에서 꾸벅~ 하고 고개를 숙여보니 줄에 묶인 머리칼 한 움큼이 통째로 뽑히는 것처럼 몹시 아프면서 정신이 번쩍 듭니다.

이제 방석 옆에는 싸릿대나무 회초리를 놓아두고, 머리칼 한 움큼을 줄에 묶어 천장 대들보에 매달고 다시 '집중기도'에 들어갑니다.

내 몸뚱이가 회초리로 매를 맞지 않으려고 긴장을 합니다.

내 머리통이 머리칼을 뽑히지 않으려고 또 긴장을 합니다.

몸뚱이가 스스로 긴장을 하니 정신이 바짝 차려집니다.

이제 졸음으로 인한 장해물이 제거되면서 모두 해결이 됩니다.

'궁하면 통한다.'는 말씀이 체험으로 실감이 납니다.

우리의 인생살이도 마찬가지입니다.

무슨 일을 하는 중에 장애물이나 방해물이 생기면, 적극적으로 그 장애와 방해물을 분석하고 연구하고 더욱 노력을 하여 극복하면서 뚫고 나가거나, 오히려 역이용하거나, 딛고 일어서는 등등 적극적이고 강인한 사람이 있습니다. 그런가 하면 그 반대로 장애물과 방해물을 핑계 구실로 삼고 책임을 떠넘기면서 중도 포기하는 소극적이고 도피적인 나약한 사람도 있습니다.

독자 여러분은 어느 쪽의 어떠한 사람이 되길 바라십니까?

오직 강자만이 살아남는 경쟁사회에서 어떻게 살아가겠습니까?

21세기는 100살까지 살아야 하는데 인생준비는 잘 하고 있습니까?

사람의 정신력과 강한 신념은 태산도 움직일 수 있고, 안 되는 것을 되게 할 수도 있고, 놀라운 기적을 이루어 낼 수도 있습니다.

혹시, 지금 이 글을 읽고 있는 독자분께서 필자보다 나이가 젊은 사람이라면, 현재 좌절과 실의에 빠져있는 사람이라면, 일을 하다가 실패를 당하고 있는 사람이라면, 장사영업과 투자손해를 당하고 있는 사람이라면, 대학을 졸업하고도 아직 취업을 못하고 있는 사람이라면, 큰 질병으로 고통받고 있는 사람이라면, 가난한 사람이라면, 그리고 반드시 성공·출세하고 부자가 되어 행복한 삶을 살고 싶은 사람이라면 그동안의 잘못된 생각과 나쁜 성격 그리고 나쁜 행동과 나쁜 습관 등을 즉시 바꾸고, 당장 오늘부터 강인한 정신력과 열정 그리고 '할 수 있다.'는 신념을 가지고 잘 살기 위한 '공부'부터 시작하길 꼭 전달합니다.

"잘 살기 위해서는 반드시 '공부'를 해야 한다."

가르침과 깨우침을 주는 필자의 이 책을 중요 부분은 '밑줄 표시'를 하면서 읽어보고, 다시금 밑줄 표시 부분을 또 읽어보시길 바랍니다.

그리고 오늘부터 자기 자신의 타고난 운명 및 운세와 능력을 알아내고, 우선순위에 따라 '선택과 집중'을 잘 하여 강인한 정신력과 열정으로 지속성을 가지고 각자 본인의 뜻한 바를 계속 실천해 나아가면 누구나 문제해결과 목적·목표 달성을 분명히 이룩해 낼 수 있습니다.

필자도 이곳 첩첩산중 깊고 높은 천등산 산속에서 강인한 정신력으로 그리고 간절함과 정성스러움으로 반드시 하늘 문(天門)을 열고 신통력과 깨달음의 도(道)를 반드시 얻어낼 것입니다.

이곳 천등산에서 반드시 신통을 하고, 그 신통력으로 내가 누구인지? 내 영혼이 누구인지? 나의 전생이 어떠했는지? 나는 어떤 운명을 가지고 태어났는지? 내가 태어나면서 무슨 업(業·Karma)을 타고났기에 이렇게 고생과 고통만 따르고 있는지? 이렇게 살다가 내가 죽으면 또 다음 생은 어떻게 될 것인지? 어떻게 해야만 모든 업장을 소멸시킬 수 있는지? 어떻게 살아야 진정한 인생 성공과 행복을 이룰 수 있는지? 등등을 나는 내 힘으로 반드시 모두 다 알아낼 것입니다.

그리고 신통력으로 진리 깨달음의 '도통'까지 이룩해 낼 것입니다.

입산할 때에 배수진으로 죽음까지도 각오를 했고, 이미 유언과 유서까지 남겨놓았으니 결코 포기하지 않을 것입니다.

"무슨 일이든 목숨을 걸고 덤비면 반드시 성공을 한다"

필자도 목숨을 걸고 새로운 '삶의 가치 실현'을 위하여 신통력을 얻기 위한 산(山) 기도로 인간계와 신령계 간의 경계의 벽을, 이승세계와 저승세계 간의 경계의 벽을 뚫고 들어가 반드시 '하늘 문(天門)'을 열고 신통력을 얻어내고 그리고 궁극적 삶의 목표인 득도 · 깨달음 · 해탈 · 대자유의 경지에 오르는 존자 · 진인 · 신인이 꼭 되고 싶습니다.

우선적으로 반드시 하늘로부터 '신통(神通)' 허락받음을······.

제8장

인간세계와 신령세계의 '경계의 벽'을 뚫는다

　반드시 인간세계와 신령세계의 '경계의 벽'을 뚫어야…….

　아침 해가 매일 떠오르듯, 오늘도 깊고 높은 산속의 기도처 성소 돌제단 위에 정성껏 정한수를 떠올리면서 간절한 마음으로 소원을 빕니다.

　"오늘은 제발 인간계와 신령계의 '경계의 벽'을 뚫게 해주시옵소서!"

　오늘도 어제처럼 첩첩산중 깊고 높은 천등산 산속에서 나 홀로 신통(神通)을 하기 위한 '집중기도'에 들어갑니다.

　먼저 준비운동으로 몸의 기혈을 풀어주고, 후! 소리를 길게 몸속의 탁기를 내보내면서 호흡의 날숨을 입으로 최대한 길게 하면서 몸을 이완시키고, 입을 다물고 옴! 소리를 강하고 길게 내면서 머리와 뇌 속에 진동을 일으켜 뇌파작동을 준비시키고, 여러 번을 반복하고, 그러고나서 조심스럽게 두 다리는 오므려 포개어 가부좌로 앉고, 허리는 쭉 펴서 똑바로 세우고, 두 손은 가슴 앞에 손바닥을 마주하여 합장을 하고, 두 눈은 지그시 감고, 마음은 편안히 하고, 호흡은 처음에는 깊고 날숨을 길게 하다가 차츰 고르게 하면서 들숨과 날숨의 호흡에 집중을 하고, 생각은 상단전 앞이마 명궁을 통하여 우주하늘에 두고, 그리고 4박자 리듬으로 계속하여 한마음 일념으로 소리 내어 가장 적합한 만트라 '산왕대신!'이란 신(神)의 명호를 부르면서 신명기도 정근을 합니다.

리듬과 파장을 맞추며 집중을 하면서 기도에 몰입해 들어갑니다.

합장을 하고 있는 손이 우주하늘자연의 기(氣)를 받으면서 서서히 진동과 떨림이 오면서 흔들거리다가 상·하로 세게 흔들리고 또한 앞가슴을 때리면서 강한 '기(氣)흐름'으로 인하여 온 몸이 요동을 칩니다.

한바탕 거세게 온 몸이 요동을 친 다음에 손끝과 발끝 그리고 머리정수리에서 몸의 중심 쪽으로 또다시 안정이 된 기(氣) 흐름의 전율이 찌르르 찌르르 찌르르 ~ 하면서 쫙~ 뻗쳐옵니다.

그리고는 머릿속에 기감이 차 오르면서 터질듯한 압력을 느끼고, 앞이마의 중앙 명궁이 멍~해지면서 무엇인가가 보이는 것 같고, 두 귀에서 휘파람소리와 함께 무슨 소리인가가 들리는 것 같고, 입술이 떨리면서 무슨 말인가를 불쑥 내뱉을 것만 같습니다.

정신의 집중과 몰입을 더욱 강렬하게 하면서 '이때다!'라고 직감을 느끼면서 의식의 관찰로 결정적 기회를 포착합니다.

죽을힘까지 사력을 다하면서 더욱 확실하게 눈감은 눈으로 보려고 하고, 귀로 들으려고 하고, 입으로 말문을 터보려고 합니다.

나는 마음속으로 처절하게 울부짖고 있습니다.

"저 벽을 뚫어야 한다! 인간계(人間界)와 신령계(神靈界) 간의 저 경계의 벽을 뚫어야 한다! 이승과 저승 간의 저 경계의 벽을 뚫어야 한다! 내가 살길은 오직 저 벽을 뚫는 것이야! 하늘이시여, 신령님이시여, 제발 저 벽을 뚫을 수 있도록 허락 좀 해주시옵소서!……."

한줄기 흰 빛이 아득한 저 멀리 우주에서 내게로 다가옵니다. 점점 더 가까이 내게로 다가오는 흰 빛은 너무 너무나 눈이 부십니다.

이대로 눈이 멀어버려도 괜찮고, 몸이 굳어버려도 괜찮습니다.

내 평생 처음 보는 신비한 흰 빛이기에 그리고 결정적인 기회포착이구나 하는 직감이기에 나는 끝까지 눈부신 흰 빛을 주시합니다.

신비하고 눈부신 흰 빛이 내 몸에 닿는 순간 내 머리는 띵~ 하고 어지럽고, 내 몸뚱이는 공중에 붕~ 뜨는 무중력을 느끼면서 너무 너무나 황홀함을 느낍니다. 그리고는 점차로 아무런 느낌이 없는 무한대의 고요정적이 되어 버립니다. 그 고요정적 속에서 하늘과 땅이 울리는 음성이 들려옵니다.

"집착을 버리거라!~~."

"마음을 비우거라!~~."

"아무생각도 하지 말거라!~~."

"우주하늘자연과 합일체가 되거라!~~"

정체불명의 하늘과 땅이 울리는 음성을 듣고, 나는 순간 깨달으면서 집착과 마음의 끈을 살며시 놓아봅니다.

마음이 너무나도 평안해지고 더욱 무한대의 고요정적이 되면서 시간도 없어지고 공간도 없어지고 나 자신까지 없어져 버립니다.

무아지경의 완전초월 상태 무한대의 엄청난 고요정적 속에서 또 하늘과 땅이 울리는 음성이 또 들려옵니다.

"벽을 뚫었느니라!~~."

"인간계(人間界)와 신령계(神靈界) 간의 경계의 벽을 뚫었느니라!~~."

"이승과 저승 간의 경계의 벽을 뚫었느니라!~~."

"신통(神通)의 첫 관문인 하늘 문(天門)을 열었느니라!!~~."

무한대의 고요정적 속에서 천지가 울리는 음성을 내 두 귀로 생생히 들으면서 결정적 기회를 포착한 이 순간이 혹시나 환청현상은 아닌지 확인을 하고자 조심스럽게 소리 내어 말씀을 여쭤봅니다.

"하늘과 땅 천지를 울리는 이 음성을 들려주시는 분은 누구시온지요?"

그러자 또 천지가 울리는 음성이 들려옵니다.

"신령님이시다!"

"어떤 신령님이신지요?"

"오방신장 백마장군 신령님이시다!"

"정녕, 신령님이시라면 그 모습을 보여 주실는지요?"

그러자 하늘에서 나팔소리와 함께 천지가 울리는 말발굽소리가 들리면서 눈부신 흰빛이 또다시 나타나고 그 빛 속에서 지난날 꿈속에서 여러 번씩 보았고 성경책 속의 대천사 미카엘의 호위를 받으면서 날개가 달린 하늘 백마를 탄 장군이 모습을 드러내시어 저~ 멀리서 이쪽을 향해 돌진을 해옵니다. 점점 더 가까이 달려오면서 점점 더 모습이 커집니다.

천지가 울리는 말발굽소리의 굉음과 함께 하늘 백마의 갈기털이 바람에 휘날립니다.

말 울음소리와 함께 날개가 달린 하늘 백마를 타고 내 앞에 멈추어 선 신령님의 모습은 쇠꼬챙이 달린 투구를 쓰고, 오색 빛깔의 갑옷을 입고, 한 손에 큰 칼을 들고, 왕방울만큼 크고 강렬한 눈빛을 하고 힘이 넘쳐보이는 장수 모습입니다.

신령님의 모습을 실제로 보니, 너무나도 신비하고 무서운 모습이지만 그렇게도 맞닥뜨려보고 싶었기 때문에 내 스스로 두려움을 인내하면서 조심스럽게 직접 말씀을 또 여쭈어봅니다.

"대천사 미카엘의 호위를 받으면서 흰색 하늘 천마를 타고 오신 오방신장 백마장군 신령님께서는 무슨 역할을 하시는지요?"

"오방의 방위를 수호관장하면서 특별한 하늘신(天神·God) 제자들에게 하늘 문(天門)을 열어주고 또한 신변을 보호해주는 신령이니라."

"신령님! 그럼 저에게도 하늘 문이 열린 것이온지요?"

"그러하도다. 경계의 벽을 뚫고 하늘 문을 열었느니라."

"신령님! 그럼 이제부터는 어떻게 공부를 해야 되는지요?"

"제자야! 이미 경계의 벽을 뚫고 신령과 직접 통신(通神)을 하였으니 눈이 열리고, 귀가 열리고, 말문이 열렸느니라. 이제부터는 깊은 명상삼매로 '천기신통초월명상'에 들어와 이렇게 직접 신령과 대화를 나누면서 신령들로부터 직접 가르침을 받으면 되느니라."

"신령님! 정녕 그러하는지요?"

"제자야! 정녕 그러하느니라."

"고맙습니다. 이제부터 신령님들께서 많은 가르침을 주시옵소서!"

"잘 알았느니라."

말씀이 끝나시자, 순간 하늘나라의 대천사와 장군신령님의 모습은 없어지고 하늘 백마의 말발굽소리만이 멀어져갑니다.

초월상태의 고요정적 속에서 환희가 막 솟구쳐 오릅니다.

의식으로 정신을 차리고, 몸을 일으켜 토굴 밖으로 나옵니다.

구슬 같은 땀으로 속옷까지 다 젖어있고, 환희의 눈물이 마구 펑펑 흘러내립니다.

해는 서산으로 기울며 노을이 찬란하게 빛나고, 가끔 날아와 친구가 되어주던 산 까마귀들이 토굴 주위의 나뭇가지에 앉아서 까악~까악~ 노래를 부르며 축하를 해 줍니다.

하늘을 올려다보며 솟구치는 환희의 큰 소리를 질러봅니다.

"벽을 뚫었다!~~."

산 메아리가 산 전체를 울리면서 하늘까지 올라갑니다.

아무도 없는 첩첩산중 깊고 높은 산(山)속에서 나 홀로 덩실~덩실~ 춤을 춥니다.

나는 환희의 눈물을 흘리면서 춤을 춥니다.

눈에서는 눈물이 흘러내리고 몸뚱이는 춤을 추면서 또 하늘을 올려다보며 큰소리를 지릅니다.

"인간계(人間界)와 신령계(神靈界) 간의 경계의 벽을 뚫었다!~~.

이승과 저승 간의 경계의 벽을 뚫었다!~~.

드디어 하늘 문(天門)을 열었다!~~."

나의 목소리는 산 하늘 메아리가 되어 하늘까지 계속 올라갑니다.

아무도 없는 깊고 높은 천등산 산(山)속에서 환희와 감격의 눈물을 펑펑 흘리면서 계속 덩실~덩실~ 춤을 춥니다.

동쪽하늘에 둥근 달이 떠오릅니다.

둥근 달이 어둠을 밝혀줍니다.

첩첩산중 깊고 높은 천등산 산(山)속에서 둥근 달이 떠있는 달밤에 나 홀로 덩실~덩실~ 춤을 춥니다.

환희의 눈물로 자축하는 나 홀로 추는 춤은 둥근 달이 머리 위에 떠 오를 때쯤에야 멈추어갑니다. 마음은 이 밤을 지새우도록 춤을 추고 싶지만 몸뚱이가 지쳤다고 그만 쉬자고 합니다.

머리 위에 떠있는 둥근 달에게 큰절을 합니다.

돌탑에도 큰절을 하고, 옹달샘에도 큰절을 하고, 토굴에도 큰절을 하고, 동서남북 사방으로 큰절을 합니다.

하늘자연의 모든 존재물께 감사함의 큰절을 올리고 또 올립니다.

도(道)닦으러 입산한지 120여 일만에 드디어 '하늘 문(天門)'을 열고 직접 하늘과 '통신(通神)'을 해내는 1차 목표를 달성했습니다. 열정을 가지고 집중과 끈기로 성공을 이루어 내었습니다…….

자기 자신의 과거 '전생(前生)'을 알아야 한다

　모든 사람은 자기 자신의 과거 '전생(前生)'을 꼭 알아야…….

　신통력의 첫 관문인 경계의 벽을 뚫고 나서부터는 신안(神眼)의 눈이 열리고, 귀가 열리고, 말문이 열려서 언제든 기도할 때마다 신(神)들과 '직접대화'를 나눌 수 있고 모습을 직접 볼 수 있게 되었습니다.

　무엇이든 의문이 생길 경우에는 기도 중에나 의식의 집중으로 직접 신령님께 질문을 드리고 또한 답을 얻을 수 있게 되었습니다.

　하늘 문(天門)을 열고 통신(通神)을 하여 '신통력'을 얻은 이후부터는 커다란 육환장 지팡이에 삿갓을 쓴 스님과 백마를 타고 큰칼을 든 장군이 매일 같이 꿈속에도 명상삼매의 기도 중에도 나타납니다.

　오늘도 어제처럼 돌제단 위에 정한수를 떠올리고, 촛불을 켜고, 향을 사르고 그리고 동서남북 사방으로 절을 한 번씩 하고 토굴 안으로 들어오면서 이렇게 마음을 먹습니다.

"오늘은 삿갓 쓴 스님과 큰칼 든 장군의 정체를 꼭 밝혀내야지!"

커다란 비닐 투명창문을 사이에 두고 돌탑과 돌제단을 향해 토굴 안에서 정성껏 큰절 3번을 올리고 조용히 방석 위에 앉습니다.

그리고 이제부터는 방법을 바꾸고 명상기도를 준비합니다.

명상기도를 할 경우에는 들숨과 날숨의 호흡을 중요시하고, 가장 먼저 들숨은 입을 닫고 코로 숨을 들이쉬고 날숨은 입을 열고 입으로 숨을 내어 보냅니다.

이러한 방법의 '심호흡'으로 날숨을 최대한 길게 2~3회를 하면 즉시 심·신이 이완되면서 안정이 됩니다.

독자분들도 지금 바로 따라 해보시면 즉시 효과를 볼 수 있고, 혹시나 불안정하거나 화가 나거나 스트레스가 많거나 등등 할 때에 '길게 날숨법'을 써먹어 보시길 바랍니다.

필자가 신(神)들로부터 배우고 터득한 날숨 심호흡법입니다.

오늘 이제부터는 명상기도를 실행합니다.

먼저 스스로 터득한 '온몸진동법'으로 가볍게 몸을 풀어줍니다.

다음으로 배가 쑥~ 들어갈만큼 후! 소리를 내면서 길게 '날숨'으로 몸속의 탁기를 내보내면서 심·신의 이완과 안정을 시키고, 입을 다물고 옴! 소리를 강하고 길게 내면서 머리와 뇌 속에 뇌파작동 준비로 진동을 주고, 그러고 나서 조심스레 두 다리는 오므려 포개어 가부좌로 앉고, 허리는 쭉 펴서 반듯하게 세우고, 이제부터 두 손은 손바닥을 위로 하여 양쪽의 두 무릎위에 올려놓고, 두 눈은 지그시 감아 눈동자를 아래쪽으로 코끝을 향하는 등 고정을 시키고, 마음은 편안히 하고, 호흡은 처음에는 깊고 날숨을 길게 하다가 차츰 고르게 하면서 들숨과 날숨에 집중을 하고, 의식은 상단전 앞이마 명궁을 통하여 우주하늘에 두고, 오늘 이제부터는 기도방법을 바꿔서 「천기신통초월명상」

을 합니다.

처음에는 이전처럼 소리 내어 산왕대신!을 부르는 만트라를 5~10분쯤 계속하다가 무엇인가를 감지하면 만트라를 멈추고, 호흡에 집중하면서 들숨 날숨의 호흡을 느끼고, 의식의 변화진행을 '관찰'하면서 점점 더 깊이 명상에 집중을 하고, 내 의식체와 하늘과의 주파수 사이클을 맞추며 몰입해 들어갑니다. 이내 하늘의 천기와 직통을 하면서 몸에 진동과 떨림이 오고, 손끝과 발끝 그리고 머리끝에서부터 몸의 중심 쪽으로 찌르르~ 찌르르~ 찌르르~ 하는 기(氣)흐름의 전율이 쫙~ 뻗쳐옴을 느낍니다. 한참동안 고감도 기(氣)흐름의 전율이 찌르르 ~ 쫙~ 하고 여러 차례 계속되면서 몸뚱이가 공중에 붕~뜨는 무중력을 느끼면서 '무아의 황홀경'이 됩니다.

고감도 기(氣) 흐름의 이 쾌감과 황홀함은 이 세상 어느 것과도 비교할 수 없을 만큼 최고의 지극 · 지고 · 지락의 상태입니다.

황홀경의 정점에서 무한대의 고요 정적이 오고, 그리고 모든 것이 정지하면서 시간과 공간이 없어집니다. 이제 서서히 하늘 문이 열리고 내 영혼체는 신(神)들의 세계로 경계의 벽을 뚫고 들어갑니다.

필자가 신(神)들로부터 배우고 터득한 이 기도와 명상법은 필요에 따라서 「신통술기도」라 하고 또한 경계를 초월할 때는 「신통술초월명상」이라 하는 등 두 개의 명칭을 사용하겠습니다.

(※ 손도사가 직접 체험하고 있는 「신통술기도」 또는 「신통술초월명상」 등의 기도방법은 훗날에 최고의 정신수련법으로 10배까지 두뇌계발 및 통찰력과 영혼진화 및 스스로 영혼구원 방법과 영생에 많은 도움이 될 것입니다.)

「신통술초월명상」 속에서 오늘도 삿갓 쓴 스님과 큰칼 든 장군이 함께하고, 머리칼과 눈썹과 수염이 기다랗고 하얀 백발노인 산신령님이 두꺼운 책을 들고 어제처럼 또 나타납니다.

책을 손에 든 백발노인 산신령님은 어제처럼 오늘도 내가 쌓아올리고 있는 돌탑 위에 걸터앉으시고, 삿갓 쓴 스님과 큰칼 든 장군은 내 곁에 앉습니다. 이 두 분의 모습을 자세히 들여다보면 나이와 의복차림새만 다를 뿐 내 얼굴과 행동 및 습성이 거의 똑같이 닮아 있습니다.

요즘에 와서는 이러한 점이 굉장히 궁금합니다.

내 나이 17살쯤부터 지금까지 오랜 세월 동안 언제나 똑같은 모습으로 가끔씩 내 꿈속에 나타나고, 결국에는 나를 산(山)으로 데리고 들어오고, 지금은 꿈속에서나 명상 중에 매일같이 나타나서 나를 돕고 또한 나를 수호해 주는 정체불명의 두 분이 정말 궁금합니다.

오늘은 이 궁금증을 꼭 풀어야 하겠습니다.

「신통술초월명상」의 기도삼매경 속에서 이제 막 책을 펼치시는 백발노인 산신령님께 먼저 질문을 여쭙습니다.

"산신령님! 공부하기에 앞서 저에게는 오랜 세월 동안의 궁금함이 있사온데 오늘은 그 궁금함을 풀게 해주실런지요?"

"제자야! 무엇이 그리도 궁금한가?"

산신령님! 평생동안 나를 따라 다니고, 지금도 제 곁에 함께 앉아있는 삿갓 쓴 스님과 큰칼 든 장군은 누구이온지요?"

"제자야! 운때가 되면 가르쳐 줄 것이니라."

"산신령님! 궁금함이 오히려 기도공부에 방해물이 되니, 지금 가르쳐 주실는지요?"

"제자야 산(山)기도공부는 순서가 있고 또한 모든 것은 운때가 있다고 하였느니라."

"산신령님! 기도공부의 방해물은 즉시 없애버려야 한다고 생각되옵니다."

"제자야! 운때에 따른 공부 순서가 있는데, 별도의 과외공부를 하겠다고 약속을 하면 가르쳐 줄 수 있느니라.”

“산신령님! 그렇게 할 것을 약속드립니다.”

“제자야! 잘 들을지니, 또 다른 신분의 너 자신이니라.”

“산신령님! 제 자신은 따로 여기 있사온데 제 자신이라니요?”

“제자야! 과거 또 과거 전생(前生) 때의 또 다른 신분의 너 자신이니라.”

“산신령님! 좀 더 상세히 가르쳐 주실는지요?”

“제자야! 잘 들도록 하여라!”

“예, 잘 들도록 하겠습니다.”

“너는 본래부터 하느님의 왕심부름꾼 ‘천사장 Archangel’이었고, 과거 1,000년 전에는 ‘천왕승’이라는 하늘나라 도솔천궁의 최고 높은 신승(神僧)이었고, 또한 과거 600년 전에는 이곳 천등산 탑사골에 있었던 탑사(塔寺)의 최고 어른 방장 큰스님이었고, 이곳의 옹달샘은 그때에 네가 물마시던 그 약천샘이었느니라.

지금은 불에 타서 없어지고 그 흔적으로 석상들과 돌기둥만 남아 있지만 과거 600년 전, 너는 이곳 천등산 탑사에서 최고 어른 방장 큰스님으로 있을 때에 굉장한 법력을 얻고 도승(道僧)으로 열반하였느니라. 그리고는 또다시 하늘나라 천상세계로 올라가 ‘제석천궁’이란 하늘궁전의 제석천왕 오른팔 역할 겸 백마신장 중의 우두머리 역할인 ‘칠성장군(별이 7개)’으로 500년 동안 천상세계의 ‘천사장 Archangel’ 역할을 또 하다가 하늘의 특별한 사명과 함께 더 도(道)를 닦아 초월해탈 자유자재를 이루겠다고 스스로 원을 세우고 또다시 인간세계로 환생(還生)을 하여 내려왔느니라.

다시 사람 몸으로 ‘환생’을 한 너는 네 영혼의 진짜 바람이나 운명을 모르고 다른 길로만 가더구나. 자기 영혼의 바람과 자신의 타고난 운명도 모르고 인생길을 걸어가니, 가장 나쁜 운때에 하늘의 계획에 휘말려서 큰 사업을 또 실패하고 자살까지도 시도하더구나.

예를 들어, 몸뚱이는 하나뿐인데 그 몸뚱이 속에 주인공으로 들어와 있는 자기 영혼의 바람과 그리고 현실적인 자신의 인생추구가 각각 다른 길을 선택할 경우에 하나뿐인 몸뚱이는 과연 어느 길로 갈 것인가?를 한 번쯤은 깊게 정말로 깊이 생각해 볼 필요가 꼭 있느니라.

자기 영혼의 바람과 자기 현실의 인생추구가 '서로 다른 길'을 택한 사람은 결코 성공적인 삶을 이룩할 수가 없느니라.

네 몸뚱이의 주인으로 들어와 있는 과거 전생 너의 영혼의 바람은 최고의 깨달음으로 해탈자유를 이루고, 다이아몬드 같은 정신과 의식체가 되어 무엇으로도 깨부술 수 없는 '존재신(神)'으로 등극하는 것이 목표이고, 너의 현실적인 인생추구는 보통 사람들처럼 성공출세를 하고 부자가 되어 잘 먹고 잘 입고 잘 쓰고 하면서 물질적으로 잘 사는 것이었으니, 그동안 너무나 귀중한 삶을 헛고생만 하였느니라.

제자야! 너의 운명은 소년 때부터 하늘의 '전령자' 역할을 하면서 사람들을 도와주고, 동시에 큰 영성 공부를 잘해서 전생 때보다 더 위대하고 더 큰 하늘의 권세를 누리는 신(神)으로 올라서야 하는 운명이었건만, 소년 때에는 능력도 없는 가짜목사를 찾아가고, 가짜무당을 찾아가는 등 하면서 신통능력을 없애려고 하더구나.

인간은 스스로 또는 하늘로부터 선택을 받아 특별하게 타고난 특별한 사명과 운명은 결국 따르게 되어 있고 또한 따라야 하느니라.

영혼들은 사람 몸속에 들어와 있을 때의 삶의 질에 따라서 더 나아지는 '영혼진화'가 되기도 하고, 반대로 더 나빠지는 '영혼퇴화'가 되기도 하느니라.

이제라도 깨닫고 스스로 제 길로 들어섰으니 잘되었느니라.

지금, 네 옆에 함께 앉아있는 삿갓 쓴 '천왕승'과 큰칼 든 '칠성장군'은 과거 또 과거 전생 때의 너 자신이었느니라.

　과거 전생 너의 영혼들과 함께 이곳 천등산에서 한 10년 정도만 도(道)를 닦으면 과거 전생 때의 최고 상근기가 있으니, 삼천대천세계 우주하늘자연의 섭리와 진리를 다 터득하고 깨달아 너의 영혼의 바람인 초월해탈 자유자재를 이룩할 수 있을 것이니라. 잘 알아들었는가?"

　"예, 잘 알아들었습니다. 하지만 하나 더 궁금함이 있사온데 가르쳐 주실는지요?"

　"물어보도록 하여라!"

　"저의 과거 전 전생까지 모두 알고 계시는 산신령님은 대체 누구이시고, 또한 저와는 어떤 인연이 있는지 가르쳐 주실는지요?"

　"제자야! 운때가 되면 다 알게 될 것이니라."

　"산신령님! 기왕 말씀이 나왔으니 지금 가르쳐 주실는지요?"

　"제자야! 잘 듣도록 하여라!"

　"예, 잘 듣도록 하겠습니다."

　"네가 이미 알고 있다시피 나는 이곳 천등산의 산신령이고 너하고는 특별한 인연이 있으니, 너와 나는 과거 600년 전에 이곳 천등산 탑사에서 함께 수도했던 도반 친구였느니라.

　너는 최고 높은 도승까지 되어 영적으로 거듭나서 천계 천상의 하늘궁전으로 올라가 하늘신(天神)이 되었고, 나는 또 다른 인연법에 따라 이곳 천등산의 산신령이 되었느니라.

　과거 전생의 도반 친구가 이곳 천등산을 인연으로 하여 인간계의 사람으로 다시 '환생'을 한다고 해서 기다렸고, 그동안 타고난 운명의 길을 잘못 가길래 염려는 되었으나 너의 운명이 반드시 이곳 천등산으로 또다시 입산하도록 되어 있기에 지금껏 너를 기다렸느니라.

옛날 옛적에 함께 수도했던 도반 친구여! 내가 친구의 우주하늘자연과 합일체가 될 수 있는 「천기신통초월명상」 산(山)기도공부를 힘껏 도와주겠노라. 하지만 꼭 한 가지 지켜주어야 할 것이 있으니 인간계와 신령계와는 엄연한 구분과 규칙이 있는 법이니라.

도반 친구는 지금 사람의 몸으로 그리고 수도수행자의 몸으로 다시 환생을 하고 또한 입산을 했으니, 철저히 배우는 자세의 마음가짐과 태도를 갖추어야 하느니라. 잘 알아들었는가?"

"예, 잘 알아들었습니다."

"그럼, 이제부터 책을 펴도록 하여라!"

"예……."

나는 나이가 600살이나 된다는 백발노인 천등산 산신령님과 옛날 옛적의 탑사(塔寺 – 오래전에 화재로 불타 없어지고 현재는 절터의 흔적으로 돌기둥과 석상만 덩그러니 남아 있음)에서 함께 수도 수행했던 도반 친구였다는 것이 믿어지지 않지만, 그 말씀들을 받아들여 믿기로 합니다. 왜냐하면 ① 탑사의 흔적으로 절터와 함께 돌기둥과 석상들이 현재까지 남아있고 ② 약천샘 옹달샘이 그대로 존재하고 있고 ③ 삿갓 쓴 스님과 큰칼 든 장군이 나이와 의복 차림새만 다를 뿐 행동과 얼굴이 내 모습과 똑같이 닮았고 ④ 내 운명을 정확히 맞추고 ⑤ 내 영혼이 내 몸속에서 그러하다고 대답을 해주고 ⑥ 천등산 아랫마을 사람들은 옛날 절 '탑사'를 모두 알고 있고 ⑦ 현재 산기도공부를 배우는 입장이기 때문에 이곳 주인인 천등산 산신령님의 말씀들을 그대로 믿기로 합니다.

나는 신통력(神通力)으로 내 영혼의 과거 전생(前生)들을 알게 되었고, 타고난 나의 운명과 내 몸뚱이 속에 주인공으로 들어와 있는 내 영혼의 바람을 모두 알게 되었습니다.

그렇기 때문에 나는 앞으로 어떻게 살아야 할지 그리고 무엇을 해야 할 지 삶의 목표와 방법이 확실해짐을 스스로 깨닫게 됩니다.

지금, 이 글을 읽고 있는 독자분께 질문을 드립니다.

"당신의 몸 속에 들어와 있는 당신의 영혼은 전생에 무엇?이었고, 현생은 어떻게 살다가 몇 살? 나이에 어떻게? 죽게 될 것이며, 죽어서는 또다시 무엇?이 되어 또 어디로? 가게 될 것인가……."

필자는 당신과 당신의 영혼에게 직접 이 '질문'을 드리는 것입니다.

영적인 존재 혼(魂)이 사람 몸속에 들어와 있으면 영혼(靈魂)이라 부르고, 사람 몸속에서 빠져나가면 혼령(魂靈)이라 부르며, 혼(魂)이 인과의 법칙과 인연법에 따라 이승과 저승을 왔다 갔다 할 뿐이고, 탄생과 죽음은 또 다른 세계로 들어가는 '출입문'일 뿐입니다..

"인생은 모두 영혼들의 나그네 길이다."

당신의 몸속에 주인공으로 들어와 있는 당신의 영혼이 누구?인지 꼭 알아야 함을 진심으로 충고합니다.

최면요법으로 전생체험을 해보든 또는 최고의 신통술로 운명점(運命占)을 보든 어떤 방법을 통해서든 당신의 '과거 전생'을 꼭 알아보시길 바랍니다~.

당신의 영혼을 알면 전생을 알게 되고, 전생을 알면 '인과의 법칙'으로 타고난 현생의 운명을 정확히 알 수 있게 되기 때문입니다.

자기 자신의 전생 및 영혼과 타고난 운명을 꼭 알아야…….

제10장

세상만물과 사람들은 생긴 대로 살아간다

세상만물에게는 생긴 대로 기(氣)흐름과 운(運)이 따르고……

겨울 동안의 매서운 추위 속에서 죽은 듯하던 나뭇가지 끝에 새움이 트기 시작하고 산수유 꽃이 피고 진달래꽃이 또 피어납니다.

진달래 꽃이 시들고 앵화 벚꽃이 온누리에 활짝 피었습니다.

하늘자연의 섭리와 법칙은 참으로 오묘하고 또한 정확합니다.

4계절의 변화가 뚜렷한 대한민국 한반도 우리 땅은 참으로 섭리와 진리 깨달음공부를 수도(修道)하기에 좋은 곳이라 생각합니다.

4계절 변화의 자연현상이 생로병사, 성주괴공, 생주이멸의 자연 법칙인 '참 섭리'를 잘 가르쳐 주고 깨닫게 해 줍니다.

4계절의 뚜렷한 변화가 말 없는 말과 들리지 않는 소리로 우주하늘자연의 섭리 및 진리의 도(道)를 가르쳐 주기 때문입니다.

개소리 닭소리 사람소리가 전혀 들리지 않는 첩첩산중 깊고 높은 이곳 천등산 산(山)속에도 또다시 봄이 시작됩니다.

앞으로 오랜 세월을 이 산(山)속에서 나 홀로 살아가야 하기 때문에 내 스스로 채소를 가꾸어보기로 합니다.

"모든 생물체는 스스로 환경적응을 잘 해야 한다."

사람은 그 어떤 어려운 환경에 처할지라도 반드시 '적응'을 할 줄 알아야 하고 또한 스스로 자립심을 길러 반드시 '자주독립'의 자존을 할 줄 알아야 세상살이 삶을 당당히 주인으로 살아갈 수 있습니다.

나는 스스로의 생존을 위해서 잠깐씩 운동 삼아 토굴 아래편의 산비탈을 텃밭으로 사용하기 위해 개간을 합니다.

괭이로 땅을 파고 또 땅을 파고 또 땅을 파 나아갑니다.

여러 날 동안 계속하여 괭이로 산비탈을 텃밭으로 개간을 합니다.

나무뿌리와 풀뿌리를 골라내고, 돌멩이를 골라내고, 두렁과 이랑을 만들면서 산속에 나의 작은 텃밭을 만듭니다.

물이 흐르는 옹달샘 아래편의 습지에는 자연 야생의 산미나리가 자라고 있으니, 내가 만든 텃밭에는 배추·무우·당근·오이·옥수수 그리고 토마토·고구마 등등 비상식량 겸 생식으로 먹을 수 있는 것으로 여러 가지의 씨앗들을 심어 놓습니다.

비닐봉지로 물을 길어와 물을 뿌려 주면서 잘 보살피니 싹이 나고 줄기와 잎이 나면서 내 작은 텃밭에 채소 등이 자라고 있습니다.

나는 텃밭을 만들고, 씨앗을 심고, 물만 주었는데 자연이 스스로 농부가 되어 채소 등을 길러 줍니다.

산속의 작은 텃밭에 푸른 채소 등이 탐스럽게 잘 자라고 있습니다.

산새들이 몰래 뜯어먹고 산토끼도 몰래 뜯어 먹습니다.

싸릿대나무를 베어오고 칡넝쿨을 베어와 울타리를 만들어봅니다.

싸릿대나무로 울타리를 만들어 빙~둘러쳐 놓으니 산토끼 녀석들은 막을 수 있으나, 산새들은 공중으로 침투하니 막을 수가 없습니다.

산새들은 조금만 뜯어먹으니 그냥 내버려둡니다.

그러면서 내년에는 텃밭을 더 크고 넓게 만들고 더 많은 채소 등을 가꾸어 산토끼와도 함께 나누어 먹어야겠다고 '큰마음'을 내어봅니다.

사람의 마음은 작게 쓰면 한없이 작아지고, 좁게 쓰면 한없이 좁아지고, 크고 넓게 쓰면 한없이 크고 넓어집니다.

"인생살이 일체유심조(一切唯心造) 마음작용이라."

나는 도(道)를 닦으니 진실한 가슴과 큰마음으로 살려고 합니다……

이제 계절이 바뀌어 또다시 신록의 초여름입니다.

깊고 높은 산(山)속에서 나 홀로 도(道)를 닦으며 하루 한 개씩 돌을 주워와 쌓고 있는 돌탑의 높이가 이제 조금씩 올라갑니다.

산 아래편에 피어있는 아카시아 꽃향기가 바람을 타고 이곳까지 올라오니 산 전체가 아카시아 꽃향기로 너무나 향기롭습니다. 야생초의 풀 향기도 너무나 싱그럽습니다.

요즘은 풀 향기와 아카시아 꽃향기 속에서 백발노인 천등산 산신령님께 한창 신나게 사람의 얼굴과 손금을 보는 '관상학'을 배워보니 정말로 사람의 운명과 운세가 얼굴과 손금 그리고 몸통 각각 부위의 생김새와 기색에 따라서 운(運)이 다르게 흐르고 또한 정확하게 나타나고 있음을 확인합니다.

사람은 태어날 때 각각의 전생(前生) 삶의 질에 따라서 '유유상종'의 영혼들끼리 조상과 후손으로 만나게 되고, 조상핏줄의 유전자와 함께 자기전생과 조상의 업(業)이 '인과 법칙과 인연 법칙'에 따라서 운명(運命)이라는 것을 타고나고, 또한 삶을 살아가면서 기운(氣運)이라는 것이 각각의 '음양오행 법칙'에 따라서 정확하게 작용을 하기 때문에 자기 자신의 타고난 '평생운명'을 종합적으로 반드시 알아둬야 한다고 생각합니다.

"영혼들의 전생업(業)과 사람들의 DNA 유전은 99% 작용을 한다."

귀중한 인생살이 성공을 위한 '시띠지기 방법'으로 자기 자신을 포함하여 각각 사람의 '생김새'에 따른 운(運)을 살필 줄 알아야 더욱 잘 살게 됩니다.

"전생(前生) 때의 인과응보와 습성 등이 다음 생에 '그에 어울리는 모습'으로 다시 태어나고, 사람 개인들의 얼굴 모습은 개인식별과 개인운명을 정확하게 나타내 준다."

어떤 경로를 통하든, 세상의 수많은 책들 중에서 '운명정보'를 가르쳐주는 귀중한 이 책을 접하고 있고 지금 이 글을 읽고 있는 독자분께서는 삶을 살아가면서 '행운(幸運)'을 만난 것입니다.

지금, 필자의 글을 읽고 있는 행운의 당신께 한 번 배워서 평생동안 써먹을 수 있는 '삶의 지혜'를 좀 가르쳐 드릴까 합니다.

이 부분은 책 제목에 상관없이 책 본문의 글 속에 숨겨서 '가르침'을 드리는 것이니 반드시 잘 배워두길 진심으로 바라는 바입니다.

이제부터 자기 자신과 배우자 및 가족들 그리고 친구의 얼굴모습을 떠올리면서 또한 밑줄을 그으면서 천천히 이해를 하면서 읽어보시길 바랍니다.

그럼, 사람의 각각 얼굴 생김새에 따른 타고난 천성 및 성격분석과 소질 재능 및 운세와 운수 등 '얼굴 관상풀이'를 해 드리겠습니다.

더 정확한 세계인 공통적용의 '손금풀이'는 《손도사 손금풀이》 책을 보시거나 또는 이 책의 맨 뒷장 특별부록으로 실어놓을 예정입니다.

사람 얼굴의 생김새는 상·하·좌·우가 반드시 '균형과 조화'를 이루어야 합니다.

만약, 사람 얼굴의 어느 한 부위에 특징이 있으면 그 부위를 의미하는 특징적 운(運)이 반드시 나타나고 또한 작용을 하게 됩니다.

사람 얼굴의 생김새가 사각형인 사람은 대체로 실행력이 있고, 둥근형이면 원만하고, 역삼각형이면 머리가 영리합니다.

사람은 이마가 잘 생겨야 복과 운이 따릅니다.

이마 위쪽의 양끝이 벗겨지면 두뇌가 명석하고, 이마가 직선으로 각이 지면 실행력이 강하고, 이마의 중앙이 튀어나오면 오만하고, 이마의 하부와 눈썹 뼈가 튀어나오면 투지력이 강합니다.

이마에 주름살 한 개가 수평으로 기다랗게 생기면 고집과 의지가 강하고, 이마에 주름살 세 개가 길고 가지런하게 생기면 정신력이 풍부합니다.

이마가 너무 낮거나, 너무 좁거나, 잔주름살이 헝클어져서 못생기면 대체로 복과 운이 안 따르고 고생이 많게 되니, 이렇게 생긴 사람을 사무직원이나 또는 남편감으로 선택하지 마세요!

복과 운이 나쁜 사람을 곁에 두면 결국에는 함께 망하게 됩니다.

여성의 이마가 남성처럼 잘 생기면 기가 강해서 팔자가 사납게 되고, 여성의 이마에 흉터가 생기면 운이 나빠지고 남편 복이 없게 됩니다.

특히 관료와 공직자로 출세하려면 이마가 잘 생겨야 합니다.

눈썹은 눈보다 길고 가지런하고 청수해야 귀상이며 길상이고, 반대로 눈썹이 너무 짧거나, 중간에 끊어진 듯하거나, 헝클어져 있거나, 혼탁하면 천상이고 흉상입니다.

자연적으로 생겨있는 눈썹이 길면 정이 많고, 눈썹이 짧으면 고독합니다. 눈썹이 일자형은 강직하고, 초승달형은 총명하고, 삼각형은 지략이 뛰어나고, 눈썹 끝이 치켜 오른형은 용맹하고, 눈썹 끝이 내리처진 형은 나약합니다. 양 눈썹 사이가 넓은 사람은 마음이 느긋하며 속이 넓고, 양 눈썹 사이가 좁은 사람은 마음이 조급하며 속이 좁습니다.

특히 두 눈썹의 높이가 크게 다르면 가정환경과 육친의 운이 나쁘고 자기

본위적이고 처신의 태도가 나빠서 인생 중년에 큰 실패와 고생이 따르게 되니, 그렇게 생긴 사람을 배우자감으로 선택하지 마세요!

눈빛이 살아있어야 생명력과 정신력이 강하고 성공운이 따르게 됩니다.

눈은 맑고, 빛나고, 크기가 적당하고, 균형이 잡히고, 흑백이 분명하고, 안정감이 있어야 길상입니다. 반대로 눈이 혼탁하거나, 빛이 없거나, 힘이 없거나, 너무 크거나, 너무 작거나, 너무 움푹하게 들어가거나, 균형이 없거나, 흑백이 분명치 않거나, 살(殺) 기운이 흐르거나, 흰자위가 너무 많이 보이거나 등등은 흉상입니다.

눈이 쌍꺼풀형이면 사치하고, 외꺼풀형이면 내실합니다.

눈 꼬리가 치켜 오르면 기가 세고, 내리처지면 기가 약합니다.

눈에 흰자위가 많이 보이면 성질이 나쁘고 흉액을 당하게 됩니다.

다툴 때에 눈을 까뒤집어 흰자위가 많이 보이거나 또는 평소에도 흰 자위가 많이 보인 사람은 그러하지 않도록 꼭 '충고'를 합니다.

특히 눈빛이 힘이 없거나 혼탁한 사람을 중요 직책자 및 동업자 그리고 배우자감으로 선택하지 마세요!

정신력이 약하고 운까지 나쁘면 결국에는 함께 망하게 됩니다.

아래 눈꺼풀이 팽팽하게 부풀어 오른 모양은 성격이 좋고 또한 이성적 성감이 좋으니, 이러한 여성이나 사람을 애인 삼으면 좋습니다.

위 눈꺼풀에 주름살이 많으면 성욕이 강하고 바람끼가 많습니다.

눈 꼬리 주름살이 뚜렷하게 상·하 두 갈래로 갈라지면 마음씨는 착하지만 95% 확률로 부부별거 또는 사별운이 따르니 꼭 '대비'하길 바랍니다.

특히 타고난 사주에 도화살과 끼가 들어있는 여성이 쌍꺼풀 수술을 하면 도화살과 끼 그리고 사치 허영심이 더욱 발동을 해서 결혼운이 치명적으로 나빠질 수 있으니, 여성들은 쌍꺼풀 수술을 하기 전에 반드시 운명전문도사를 찾아가 꼭 '운명검진 겸 상담'을 받아보고, 쌍꺼풀 수술 여부와 운(運)을 좋게 하는 '개운관상 쌍꺼풀 성형수술'을 하도록 꼭 충고합니다!!

눈에 붉은 핏줄이 한 가닥으로 기다랗게 눈동자를 꿰뚫으면 99% 확률로 큰 사고를 당하거나 죽음이 따르니 꼭 '조심'하길 바랍니다.

눈빛이 흐트러지면 영혼이 떠날 준비를 하니 '죽음'이 따릅니다.

특히 눈 꼬리 근처에서 옆으로 머리털이 나있는 곳까지의 부위에 손톱크기만큼의 '거무스레한 반점'이 생기면 95% 확률로 청춘에 홀아비가 되고 청상과부가 되어 인생살이가 고독하고 고생이 많게 되니 꼭 '대비'하길 바랍니다 (※ 이 '거무스레한 반점'은 젊을 때 생기기 때문에 늙어서 생기는 저승반점하고는 뚜렷하게 구별이 됩니다).

귀가 잘 생겨야 성품이 좋고 수복운이 따르게 됩니다.

귀가 크면 마음이 넉넉하고, 귀가 작으면 변덕이 많습니다. 귀가 단단하면 활동적이며 적극적이고, 얇으면 소극적이며 정서적이고, 가운데 부분이 튀어나오면 개성과 자기주장이 강합니다. 귀가 윤택하면 명예와 귀운이 따르고, 거무튀튀하고 어두운 색이면 빈천운이 따르고, 귓불에 주름살이 생기면 건강이 나쁩니다.

특히 귀 아래편 귓불의 살집이 두툼하고 엷은 홍색으로 윤택하면 건강과 운세가 좋으니 귓불이 잘생긴 사람을 배우자감으로 선택하면 좋고, 그러나 귀 고리구멍을 여러 개 뚫은 여성은 '사치허영심'이 강하고 나이가 들어가면서 점점 수명운·재물운·남편운을 나쁘게 하니, 이러한 여성을 아내감으로 선택하지 말 것을 꼭 '충고'합니다.

광대뼈가 솟으면 기력이 강합니다.

광대뼈가 앞으로 솟으면 양성적으로 기력이 강하고, 광대뼈가 옆으로 뻗치면 음성적으로 기력이 강합니다.

특히 광대뼈가 살집이 없이 너무 튀어나오면 빈천운이 따르고 여성은 과부가 되기 쉬우니, 이러한 사람을 배우자감으로 선택하지 말 것을 꼭 '충고'합니다.

(※ 얼굴 관상풀이에서 나쁜 운이 딱 들어맞은 사람들은 '종합운명검진 겸 상담'이 꼭 한 번 필요함을 전달합니다.)

코가 잘 생겨야 명예와 재물운이 따릅니다.

코는 적당한 크기로 반듯하고 깨끗하고 윤택해야 좋습니다. 그러나 코가 너무 크거나, 너무 작거나, 너무 높거나, 너무 낮거나, 너무 길거나, 너무 짧거나, 콧등이 움푹 꺼지거나, 코끝이 뾰족하거나, 콧날이 옆으로 휘거나, 콧등의 중간이 튀어 오르거나, 콧등에 흉터가 생기거나, 콧방울이 너무 빈약하거나, 코가 지저분하거나 등등은 나쁘고 흉상입니다.

코가 높으면 자존심이 강하고, 코가 낮으면 자존심이 약하고, 코가 길면 고지식하고, 코가 짧으면 대충적이고, 코끝이 둥글면 소탈 원만하고, 코끝이 뾰족하면 고상 예민하고, 그리고 코가 너무 작거나 또는 움푹 꺼지면 자존심과 주체의식이 약하고 결혼운이 나쁩니다.

콧등의 중간이 튀어 오르면 상충하여 다툼이 많고, 콧날이 옆으로 휘거나 또는 콧등에 흉터가 생기면 재물운과 결혼운이 나쁘게 됩니다.

특히 코끝이 둥글고 윤택하고 콧방울에 살집이 좋고 힘차게 잘 생기면 의지력과 재물운이 따르니, 이러한 사람을 배우자감으로 선택하면 좋습니다. 그러나 반대로 콧날이 옆으로 휘거나, 콧등에 흉터가 있거나, 콧등이 튀어 오른 사람을 배우자감으로 선택하지 말 것을 꼭 '충고'합니다.

또한, 특히 타고난 천성의 성질과 성격이 강한 여성과 고집이 센 여성이 코 성형수술로 코를 잘못 더 높이면 오히려 운명이 나빠질 수도 있으니, 코 성형수술을 하기 전에 반드시 운명전문 도사를 찾아가 꼭 '운명검진 겸 상담'을 받고나서 코성형수술 여부와 운(運)을 좋게 하는 '개운관상 코성형수술'을 하도록 거듭하여 꼭 '충고'합니다!!

인중이란 코밑의 도랑을 가리키고, 이곳에 가로 주름살이나, 흉터나, 점이 없이 단정하고 적당히 길게 생기면 좋습니다.

또한 인중 도랑이 너무 짧거나, 너무 가늘거나, 옆으로 휘거나, 거슬린 듯 굽거나, 흉터가 생기거나 등등은 나쁘고 흉상입니다. 인중이 길면 호인이고 두령운과 장수운이 따르고, 인중이 짧으면 빈천하고 수명이 짧고, 인중 도랑이 옆으로 굽으면 거짓말을 잘 하고 부부 이별운이 따르고, 인중에 검은 기색이 나타나면 99% 확률로 죽음이 따릅니다.

법령주름살이란 콧방울의 위쪽 부위에서 시작하여 입 양쪽 옆으로 뻗어 내린 주름살을 가리키고, 이 주름살은 나이가 들면서 점점 뚜렷하고 기다랗게 생겨야 합니다.

어른의 법령주름살이 넓고 기다랗게 잘 생기면 의지가 강하고 생활력과 사회 직업운이 좋음을 나타냅니다. 그러나 반대로 어른의 법령주름살이 좁고 짧게 생기면 생활력과 사회 직업운이 나쁨을 나타냅니다. 어른의 법령주름살이 너무 짧거나, 너무 좁거나, 희미하거나, 끝이 입으로 들어가는 모양으로 생기면 흉상입니다.

법령주름살이 이중으로 생기면 일 고생이 많고 생활력이 강합니다.

특히 법령주름살이 넓고 기다랗게 잘생긴 어른은 의지가 강하고, 근면 성실하고, 직업운이 좋고, 수명도 장수하니 믿어도 좋습니다.

나이 들어서 '재혼'을 하고자 할 때는 법령주름살이 넓고 기다랗게 잘생긴 사람을 남편감이나 맞벌이 아내감으로 선택하길 바랍니다!

입이 큰 사람은 생활력이 강하고 일복이 많고, 입이 작은 사람은 세심하고 소심합니다. 그리고 입술이 두툼하면 정이 많고, 입술이 엷으면 냉정합니다.

양쪽 입끝이 미소 지을 때처럼 항상 위쪽으로 올라간 모양으로 잘생긴 사람은 처세와 처신을 잘 하고 운을 좋게 만들어갑니다. 그러나 반대로 양쪽 입 끝이 아래쪽으로 내리처진 모양으로 생긴 사람은 고집이 강하고, 처신이 나쁘고 또한 천복을 흘려버리니 다툼과 실패가 따르고 부부이별운이 따르게 됩니다.

특히 입이 삐뚤어지거나 또는 양쪽 입 끝이 아래쪽으로 내리쳐진 모양으로 생긴 여성을 아내감으로 선택하면 함께 망하게 되니 꼭 '조심'하길 바라고, 이러한 여성은 자신의 입 모양을 '스마일형'으로 반드시 빨리 바꾸기를 진심으로 꼭 '충고'합니다.

볼은 적당히 두툼하고 윤택해야 부하운과 재물운이 따릅니다.

그러나 너무 두툼하게 생기면 고집불통이 되고, 움푹하게 들어가거나 또는 주름살이 생기면 전반적으로 기력과 운세가 약합니다.

특히 볼이 움푹하게 들어간 모습으로 생긴 사람을 윗사람으로 모시거나 또는 배우자감으로 선택하지 말 것을 꼭 '충고'합니다.

턱이 잘 생겨야 생활의 안정과 말년운이 좋습니다.

턱은 적당히 둥그스름하고, 튼튼하고, 균형이 잡히고, 깨끗해야 길상입니다. 그러나 턱이 너무 뾰족거나, 너무 내밀거나, 너무 들어가거나, 너무 짧거나, 좌우 균형이 틀어지거나, 빈약하거나 등등은 흉상입니다. 턱이 둥그스름하면 성격도 둥글며 원만하고, 턱이 네모형으로 각이 지면 실행적이고, 턱이 뾰족형은 예민하며 소심하고, 턱이 내민형은 적극적이며 정열적이고, 턱이 깎인형은 소극적이며 감정적이고, 턱 끝이 패인형은 집념과 정력이 강하고, 턱 끝이 울퉁불퉁형은 고집이 세고, 좌·우 균형이 많이 틀어진 형은 인생후반에 큰 변화운이 따르고, 턱이 튼튼하게 생기면 체력과 의지력이 강하고, 이중 턱 모양으로 생기면 생활의 안정이 따릅니다.

턱은 적당히 둥그스름하면서 잘 생겨야 성격이 좋고 생활의 안정과 말년운이 좋게 됩니다.

특히 턱 모양이 너무 뾰족하거나, 너무 짧거나, 좌·우 균형이 많이 틀어진 사람을 배우자감으로 선택하지 말 것을 꼭 '충고'합니다.

또한 특히 체력이 약한 사람과 의지력이 약한 사람이 양악수술 등 턱 성형수술로 턱 뼈를 깎아내어 턱을 작고 가늘게 만들면 더욱 허약해지고 가난하게 되고, 말년운이 나쁘게 되고 또한 죽을 수도 있으니, 양악 수술 또는 턱 성형수술을 하기 전에 반드시 운명전문도사를 찾아가 꼭 '평생운명'을 먼저 감정부터 받고, 그리고 양악수술 및 턱 성형수술 여부와 운(運)을 좋게 하는 '개운관상 턱성형수술'을 하도록 거듭하여 꼭 '충고'합니다!!

예쁘게만 고친다고 반드시 운이 좋아지는 것은 결코 아닙니다!!!

술집에 다니는 화류계 여성들은 모두가 예쁘지만 결혼운이 나쁘다는 현실적 진실과 사실을 분명히 깨달아야 합니다.

얼굴 성형수술을 잘못해서 인생 망치는 사람들을 정말로 많이 봤습니다.

얼굴 성형수술을 하려고 계획을 세우고 있는 사람들은 가장 먼저 자기 자신의 타고난 평생운명을 사주+손금+얼굴+전생을 함께 볼 줄 아는 종합운명검진 전문도사를 꼭 한 번 찾아가 '운명검진 겸 상담'을 받고나서 '개운관상 성형수술'을 해야 얼굴 성형수술로 운(運)까지 함께 좋은 쪽으로 바꿀 수 있다는 진실을 분명히 가르쳐 드리면서 거듭 강조합니다!!

이제부터 여성들은 미용성형수술을 할 경우에는 예쁨과 함께 운(運)까지 좋아지게 하는 관상학적 '개운관상성형'을 더 중요시해야 할 때입니다.

그리고 의료사고 예방 및 보상을 위해서 수술 전 모습 및 상담내용녹음과 수술비용 입금증 및 영수증 등을 꼭 '보관'해 두시길 바랍니다. 무슨 문제가 발생하게 되면 '증거물'이 꼭 필요하기 때문입니다.

사람의 얼굴을 볼 때에는 미(美)와 추(醜)를 보기보다는 '복(福)과 운(運)'을 더욱 중요하게 보아야 하고, 사람을 선택할 경우에는 '복운(福運)'이 좋은 사람을 선택해야 함을 꼭 가르쳐 드립니다.

또한 사람은 타고난 천성이 결코 안 바뀌니, 기질 · 성격 · 마음씨 · 행실 · 습관 그리고 두뇌가 좋은 사람을 잘 '선택'해야 함을 꼭 가르쳐 드립니다.

결혼과 행복 그리고 자식운까지 고려한다면 정말로 가장 중요합니다.

또한 남성들이 여성을 선택할 경우에는 얼굴보다는 몸매를, 몸매보다는 피부를, 피부보다는 마음씨를, 마음씨보다는 복(福)이 있는 여성인지 또는 운(運)이 좋은 여성인지를 잘 보고 '선택'을 잘 해야 합니다.

평생동안 전용으로 성생활을 해야 하고 또한 믿고 함께 살아가야 할 배우자를 선택할 경우에는 정말로 신중 또 신중해야 함을 진심으로 거듭 '충고' 드리는 바입니다.

또한, 남편과 부인일지라도 사랑을 할 때는 불타오르는 연인이 되어 상대에게 온전히 몸을 내맡기고 사랑에 몰입을 하면서 심장박동과 하나의 리듬으로 온몸이 진동과 떨림의 전율을 느끼면서 서로의 몸 안으로 녹아들어 오르가슴의 무아지경에까지 이르러야 비로소 영혼끼리의 만남이 되는 '완전한 사랑'이라 할 수 있습니다…….

모든 사람들은 얼굴의 기색을 항상 잘 살펴야 합니다!

얼굴을 살필 때에 누르스름하게 뜬 황색이 생기면 '큰 질병'이 따르고, 어두운 암청색이 생기면 '큰 근심'이 따르고, 어둡고 붉은 암적색이 생기면 '큰 사고'가 따르고, 하얗게 뜬 백색이 생기면 '큰 슬픔'이 따르고, 어둡고 검은 암흑색이 생기면 반드시 '죽음'이 따르게 됩니다.

이러한 기색(氣色)이 얼굴의 어느 부위에 나타나면 그 부위와 그 기색에 해당하는 운(運)이 반드시 따르게 되니, 항상 세면을 할 때나 화장을 하고 지울 때는 자기 자신의 '얼굴색'을 잘 살피는 지혜가 꼭 필요함을 가르쳐 드리고, 얼굴의 생김새가 나쁘게 생겨있거나 또는 살아가면서 운(運)이 나쁜 사람들은 '운명검진 겸 상담'을 꼭 한 번 받아보시길 이 책을 읽는 독자들께만 특별히 가르쳐 드리는 바입니다……

필자는 첩첩산중 깊고 높은 천등산 산(山)속에서 스스로 터득한 「천기신통 초월명상」으로 도(道)를 닦으면서 신(神)의 계시와 가르침으로 사람의 얼굴 관 상법을 배우고 있습니다.

신(神)의 계시와 가르침 등을 메모와 기록을 남겨두고 그리고 이 글을 쓰고 있고, 이 책의 맨 뒤쪽 특별부록 편에는 신(神)의 계시와 가르침으로 「세계인 공통적용 손금풀이」를 실어놓을 예정입니다.

오늘은 기도발이 너무나 잘 받아 공부 진도가 많이 나아갑니다.

기도공부를 끝마치고 명상삼매 상태인 「천기신통초월명상」에서 깨어나는데 몸이 굳어서 꼼짝할 수가 없습니다. 너무 오랜 시간을 가부좌로 앉아 있어서 몸뚱이가 그대로 굳어 버렸습니다.

그대로의 상태에서 의식으로 팔의 혈을 눌러 팔을 풀고, 그리고 서서히 팔을 움직여 가부좌로 굳어 있는 다리를 내 손으로 다리의 혈을 눌러 다리를 풀고, 서서히 허리를 풀고 몸을 움직여봅니다.

그리고 나서 막 일어서려는데 이게 웬일입니까?!

가랑이 사이 사타구니와 엉덩이가 축축하게 젖어 있습니다. 하도 오랜 시간을 명상삼매 상태로 앉아 있어서 생리현상으로 자신도 모르게 오줌실례를 했 나 봅니다.

찝찝한 기분으로 엉거주춤하며 일어서는데 이번에는 뱃속에서 꾸르르~ 하고 배고픔의 천둥소리가 납니다.

아랫도리만 발가벗은 모습으로 어색하게 걸으며 옹달샘으로 갑니다.

우선 물 한 바가지를 떠서 벌컥~ 벌컥~ 들이키며 굶주린 배를 물로 채웁니다.

옹달샘 물로 시장끼부터 달래고, 아랫도리를 씻으면서 명상삼매에 들어있던 시간을 어림잡아 계산해보니, 이틀 동안을 꼼짝도 않고 절구통 바위처럼 가부좌로 앉아 있었던 것입니다. 아마도 기도발이 잘 받아서 명상삼매에 너무 깊이 들어갔나 봅니다.

신통력을 얻으면서 스스로 터득한 최고의 명상삼매 기도방법인 「천기신통초월명상」에 깊이 들어가면 '초월의식'이 되어 시간과 공간의 벽이 없어지고, 또한 '무아지경'이 되어 나 자신까지도 없어져버립니다.

이것이 무아의 상태이고 우주하늘자연과의 합일체가 되는 경지입니다.

"최고의 정신수련법은 「신통술초월명상」이다."

라고 선언하면서 이 책을 읽고 있는 독자분들께만 '위대한 가르침'을 전수해 드릴 것입니다.

초월명상을 해보지 않은 사람은 무아경지의 초월의식과 우주의식 및 순수의식을 통한 '대적정'을 결코 느껴보지 못하고, 「신통술초월명상」을 통달하지 못한 사람은 결코 우주합일체가 될 수 없다고 선언합니다.

대적정의 초월명상삼매에 깊이 들어가면 바로 곁에서 대포를 쏘고 천둥이 쳐도 그 소리가 안 들리고, 잠시 동안이라고 생각하는데도 10시간, 20시간이 금세 지나가 버립니다.

이 글을 읽고 있는 독자분 중에도 재미있는 게임이나 놀이 등등의 무슨 일에 깊이 몰두하여 푹 빠져있을 때는 다른 생각이 안 나고, 다른 소리도 안 들리고, 배고픈 줄도 모르고 등등 경험들을 한두 번쯤은 겪은 적이 있었으리라 생각합니다.

이처럼 명상삼매에 깊이 들면, 무아지경의 절대 고요정적 속에서 모든 것이 정지가 되고 시간과 공간의 개념이 모두 없어져 버립니다.

아주 깊은 명상삼매로 선정에 들어가면 무아지경이 되어 우주하늘자연과 내가 '합일체'가 되어 버립니다.

최고의 명상기술인 「신통술초월명상」으로 내 자신이 우주합일체가 되면, 우주공간과 세상의 모든 진실과 상황을 스스로 다 알아버리게 됩니다.

내 자신이 심층의식으로 들어가고 초월의식 · 우주의식 · 순수의식이 될 때 비로소 내 의식체는 곧 신(神)의 경지로까지 이르게 되고, 스스로 '육체를 가진 신(神)'이 될 수 있는 것입니다…….

독자 여러분께 「신통술초월명상」이 왜 중요한지에 대해 설명을 드리겠습니다.

사람들이 믿고 숭배하는 존재 신(神)들께 기도를 할 때에 응답으로 가르쳐 주는데도 그 말씀을 듣지 못할 경우에는 어떻게 해야 할까요?

신(神)들과 전혀 의사소통을 못할 경우에는 어떻게 해야 할까요?

대학병원에서도 못고치는 천성적인 나쁜 습성, 각종 빙의, 귀신병, 불치병 등은 어떻게 해야 할까요?

그러할 경우에는 '신통의술'이 꼭 필요하고, 「신통술초월명상」으로 직접 신(神)이나 천사들로부터 가르침을 전수받아야 한다는 결론이고, 이러한 특별한 능력은 신(神)들로부터 선택과 사명을 받은 극소수의 '특별한 사람'만 가능하고, 이것이 계시종교이고 깨달음종교이며 심층철학입니다…….

필자는 첩첩산중 깊고 높은 천등산 산(山)속의 토굴 속에서 깊은 명상삼매 기도의 「신통술초월명상」으로 인간계와 신령(神靈)계간의 경계의 벽을 뚫고 들어가 영적 가르침의 방법으로 '관상술'과 '관심법'을 전수받았습니다.

이렇게 신(神)들로부터 영적으로 얼굴 및 손금보는 법을 직접 전수받은 관상법을 '신통관상술'이라 합니다.

풍수지리학도 관상법의 범주에 들기 때문에 '신통관상술'의 능력을 지니면 투시력으로 땅속까지 볼 수 있고, 용도에 가장 알맞은 '명당자리'를 최고로 정확하게 가려낼 수도 있습니다.

천기공부의 한 과목으로 들어있는 관상법의 '얼굴 관상과 손금풀이'는 세상과 인생살이에서 활용범위와 실용가치가 매우 높다고 생각합니다.

우리의 삶은 처음부터 끝날 때까지 사람을 만나고 또한 사람과 거래를 하는 '대인관계' 속에서 살아가야 합니다. 그러하기 때문에 성공출세를 하고 싶거나 부자가 되고 싶은 사람들은 사람과 사물을 제대로 볼 줄 알아야 하고, 또한 우리의 삶은 태어날 때부터 죽을 때까지 운(運)이 작용하기 때문에 '얼굴관상과 손금풀이'로 사람 개인들이 타고난 각자의 개성 및 특성과 기질 및 소질과 성격 및 재능과 운(運)을 잘 판단할 줄 알아야 하고, 앞날의 예측을 잘 할 줄 알아야 합니다.

어느 개인의 정확한 운명검진 또는 운명 예언을 점(占)칠 경우에 객관적 판단기준의 자료가 될 수 있는 것이 바로 얼굴과 손금 그리고 사주에 나타나 있는 '암호해독'의 운(運) 분석 · 판단입니다.

특히, 사람 개인들의 지문과 손금은 '데이터 과학'으로 개인식별 및 운명이 100억 분의 1 오차확률만큼이고, 99%까지 맞출 수 있습니다.

성경책과 경전책 그리고 모든 예언서 등에도 "얼굴과 손금에는 생김새의 부호 및 암호로 표식을 주었다."라고 기록이 되어 있습니다.

개인들의 타고난 사주와 손금에는 '운명표시'가 다 나타나 있고, 사주+얼굴+손금+전생을 함께 점(占)을 보면 100%까지 맞출 수 있습니다.

동양학의 '주역'은 점술서이고, 점(占)술은 최고의 통찰이고 엄청나게 방대하고 어려운 학문이며 3천년 이상 연구와 활용이 계속 되어 오고 있습니다.

3천년 전 구약성경시대에는 영매성 능력을 가진 예언가들이 많았고, 특히 이사야 · 예레미야 · 에스겔 · 다니엘과 짜라투스트라 · 무함마드 등도 예언가이며, 고대 이집트와 고대 인도의 찬란한 고대문명시대에는 마법사와 점술가들이 신통력으로 오히려 '시대의 지도자'이기도 했습니다.

옛날이나 지금이나 '신통력과 예언'은 정말로 중요합니다!!

우리는 현재, 약 2~3천년 전의 종교들을 믿고 있습니다. 각종 예언서 및 점(占)술서와 운명천기누설 등을 현대사회에 잘 적용시켜 '실용지식'으로 활용을 잘 해야 한다고 생각합니다.

필자는 이 책으로 우주하늘자연의 섭리 '운명작용법칙'에 따라서 태어날 때 각 사람의 타고난 천성적 기질과 소질 및 재능 · 체질 · 개성과 생김새와 운(運)에 알맞은 ① 기질소질재능인간계발론 ② 인생양날개성공론 ③ 인생3단계론 ④ 영혼진화론 ⑤ 스스로 자기 구원론 등을 주장하면서 점차로 그 '증명'을 해 나아갈 것입니다.

사람 개인들의 본성과 천성은 결코 바뀌지 않습니다. 기질과 소질은 타고난 천성이고, 성격은 어린 시절 성장과정에 형성이 된 것입니다.

우주하늘자연의 오묘한 섭리의 '운명작용법칙'으로 사람 개인들의 얼굴과 손금에 나타난 천성적 기질 및 소질과 재능 및 성격과 여러 가지의 운(運) 및 운세 등은 학생들의 공부 및 진로선택과 어른들의 직업 및 배우자 선택을 하는 데 정말로 중요하다는 진실을 분명히 전달합니다…….

주역과 운명학의 근원과 본질은 우주하늘자연의 섭리이고 법칙이며 진리이고 진실이지만, 지금까지 너무나 많은 비밀에 쌓여있었습니다.

지금 이 책을 읽고 있는 독자분들은 나이가 몇 살이든 또는 직업과 신분이 무엇이든 또는 사상과 이념 및 종교가 무엇이든 간에 지금까지의 잘못 오해하고 있는 지식들로 인하여 생긴 '편견과 고정관념' 등의 구속으로부터 마음을 활짝 열고서 평생 단 한 번뿐이고 귀중한 기회인 하늘과 신(神)의 비밀을 밝히는 '운명천기누설 이야기' 속으로 계속 따라오시길 바랍니다.

이 책은 정신탐구와 운명천기누설의 전무후무한 보물책입니다.

우주하늘자연과 신(神)들의 비밀작용을 학문적으로 접근하는 것이 3천년 이상 학문적 역사를 가지고 있는 주역학이고, 명리학이며 점술학입니다. 오늘날에는 모든 대학 및 평생교육원에서 학문으로 가르치고 있고, 최고 지성인들은 우주하늘자연의 근본원리인 주역과 명리 등 '동양철학'을 공부하고 있습니다. 따라서 동양철학과 명상을 반드시 알아야 합니다!!

필자는 우주하늘자연의 섭리작용을 학문적 접근과 초학문적 접근 등으로 독자분들이 이해하기 쉽도록 서술에 노력을 하면서 세상과 인생에서 가장 중요한 '운명천기누설'을 계속 펼쳐나가겠습니다.

이야기식으로 펼치는 운명천기누설을…….

보이지 않는 기운(氣運)들이 세상을 다스린다

동양철학과 운명작용의 '비밀법칙'을 많이 알아야……

첩첩산중 깊고 높은 천등산 산속에서 산(山)기도 공부를 하며 신(神)들로부터 직접 학문적으로 '천기운명학'을 배우고 있습니다.

신(神)의 계시를 받으며 나이가 600살인 산신령님으로부터 「신통술초월명상」 속에서 영적으로 관상학을 배우고 또한 명리학을 배우고 있습니다.

천간 · 지지 · 음양 · 오행 · 상극 · 상생 · 삼합 · 육합 · 삼형 · 자형 · 상충 · 상파 · 상해 · 원진 · 귀문관 · 역마 · 화개 · 도화 · 백호 · 12신살 · 대장군 · 상문 · 조객 · 삼살 · 생기 · 복덕 · 천의 · 유혼 · 절체 · 절명 · 귀혼 · 화해 · 천록 · 안손 · 식신 · 징파 · 오귀 · 합식 · 진귀 · 퇴식 · 관인 · 복단 · 공망 · 주당 · 용신 · 격국 · 대운 · 육갑 · 육효 · 육임 · 팔괘 · 구궁 · 둔갑술 등등을 배우고 또 배워 나아갑니다.

무극 및 태극에서 음 · 양으로 나누고, 음 · 양에서 5행(화 · 수 · 목 · 금 ·

토)을 적용하고, 5행에서 22행과 64괘 및 384효로 풀이하는 명리학과 통변술 및 방편술을 배워 나아갑니다.

시간을 잊고, 날짜를 잊고, 계절을 잊고, 세월을 잊고 살아갑니다.

세상은 시간과 공간으로 구성되지만, 「신통초월명상삼매」 속에서는 시간과 공간이 없어지고, 산속의 신선(神仙)에게는 시간개념이 없습니다.

토굴 밖 숲속의 나무를 보면서 계절의 변화를 알고 세월의 흐름을 짐작할 뿐입니다.

계절이 바뀌고 또 바뀌고 서너 번 바뀌어 추운 겨울이 되었습니다.

겨울철은 '생로병사 · 생주이멸 · 성주괴공' 우주하늘자연의 섭리에 따라 사 · 공 · 멸에 해당하니 겨울철이 되면 모두가 사(死)하고, 멸(滅)하고, 공(空)하게 됩니다. 즉, 우주자연의 만물은 태어나면 자라고, 늙고, 죽는다는 것이고, 만들어지면 사용되고 닳고 소멸된다는 이치입니다.

우주하늘자연의 만물과 만사가 다 이러할진대, 사람도 죽을 때가 되면 당연히 죽어야 하고 또한 죽게 됩니다.

그리고, 죽을 때는 잘 죽어야 다음 생(生)이 좋아지게 됩니다.

"인생은 잘 살아야 하고 성공을 해야 하고 잘 죽어야 한다."

사람과 모든 생명체는 우주하늘자연의 섭리에 따라야 합니다.

사람은 ① 젊은 나이 때와 30세까지는 잘 살기 위한 배움의 단계를, ② 어른이 되거나 30세쯤이 되면 사회 경제활동의 단계를, ③ 60세 이상쯤의 노년이 되면 다음 생(生)을 위한 죽음 준비를 잘하는 단계를 등 사람은 인생3단계 과정을 잘 따라야 합니다.

필자는 '인생3단계론'의 마지막 단계에서 그동안의 욕심과 집착을 버리고, 자연으로 돌아가는 방법과 명상수련을 권유하고 또한 가르치고 있습니다.

명상은 고요히 눈을 감고 깊이 생각함이고, 생각들 중에서 잡생각들의 멈춤이고, 머릿속의 비움이며 '호흡'에 집중을 합니다.

잠깐씩 5분이라도 생활 명상을 하면서 호흡을 느껴보길 바랍니다.

들숨과 날숨을 느끼면서 호흡을 하게 되면, 모든 잡생각들이 순간 사라지고 머릿속과 마음이 안정이 잘 됩니다.

사람의 삶과 호흡은 가장 중요하고, 들숨과 날숨의 호흡을 잘하는 것은 고도의 기술이며 호흡만 제대로 잘 활용을 하면 즉시 효과가 나타납니다.

만약에 몹시 화가 나거나 흥분이 될 때에 심호흡으로 날숨을 입으로 길게 2~3회를 해보면 금세 차분해지고, 만약에 몸이 가라앉고 무기력할 때에는 입을 닫고 코로 들숨을 아주 강하게 2~3회를 해보면 금새 기운이 차려짐을 곧바로 확인해 볼 수 있습니다.

명상을 할 때는 호흡을 중요시하고, 날숨을 최대한 길게 2~3회로 심·신의 이완과 안정을 하고, 점차로 깊이 명상 삼매가 되면 호흡을 의식 안 하게 됩니다…….

첩첩산중 깊고 높은 겨울철의 산속에서 앙상한 나뭇가지를 바라보며 우주 하늘자연의 원리와 섭리 그리고 순리를 깨달으면서 우리 사람과 인간의 죽음을 생각해 봅니다.

"세상에서 가장 확실한 진실은 누구나 죽는다는 것이다."

'죽음'이란 것 때문에 세상의 많은 종교와 철학이 생겨난 것입니다.

살아있는 사람은 누구나 우주하늘자연의 섭리가 작용하는 '운명의 법칙'에 따라 운때가 되어 저승사자가 명부를 들고 데리러오면 누구든지 따라가야 하고, 또한 하늘의 명부에서 이름을 빼버리면 곧바로 죽을 수밖에 없거나 또는 죽어야 합니다.

그러할 때, 그 사람 한평생 인생살이의 성공과 실패의 기준은 죽음을 잘 준비한 사람과 죽음을 준비하지 못한 사람으로 나눌 수 있습니다.

"가장 성공적인 삶이란 죽을 때 가장 잘 죽는 것이다."

인생을 의미있고, 보람있고, 가치있는 삶을 살았거나 또는 깨달음을 얻은 사람은 편안한 마음과 편안한 모습으로 잘 죽을 수 있습니다.

원한이나 미련이 없이 편안하게 잘 죽어야 그 사람의 영혼이 '좋은 곳'으로 갈 수가 있고, 영혼이 좋은 곳으로 잘 돌아가야 그 자신과 남아있는 가족들 모두가 함께 좋게 되는 것입니다.

우주하늘자연의 오묘한 섭리 '운명작용윤회환생법칙'에 따라서 금생에 사람 몸을 빌려 사람으로 태어났으면, 모르는 것은 배우고 깨우쳐서 의식을 각성하여 반드시 잘 살아야 하고 그리고 어떻게 살든지 간에 죽을 때에는 절대로 원한이나 미련이 없이 편안하게 '잘 죽어야 함'을 분명히 가르쳐 드립니다.

그러나 꿈속에서라도 저승사자를 무서워하는 사람 또는 저승사자에게 안 끌려가려고 하는 사람 또는 삶에 미련을 가진 사람과 죽음에 억울함을 느끼는 사람 그리고 죽음이 두려운 사람 등등은 분명히 죄를 지었을 것이고, 인생을 잘못 살아온 사람들입니다.

그리고 그렇게 나쁘게 죽음을 맞이한 사람들의 죽음이나 또는 죄를 많이 지은 사람의 죽음, 또는 익사사고 · 교통사고 · 화재사고 등등의 각종 사고로 비명횡사를 당하고 죽는 죽음, 또는 각종 암으로 죽거나 또는 뇌사상태 · 각종 불치병 등등 눈을 뜨고서 서서히 한(恨) 많게 죽는 죽음, 또는 귀신병과 정신병으로 특별 격리되었다가 죽는 죽음, 또는 상문살 · 동토살 · 주당살 · 급살 그리고 사람들의 원망과 저주의 입살[口煞] 그리고 원한을 품고 스스로 목숨을 끊은 자살 등등으로 죽는 죽음은 그 모두가 전생의 삶과 현생의 삶을 잘못 살아서 그 '인과응보'로 벌을 받아서 죽음을 당한 나쁜 죽음들이고, 나쁜 죽음을 당하거나 또는 마음공부를 전혀 하지 않고 의식 없이 되는대로 막살아가는 사람들은 섭리에 따라서 '영혼퇴화'가 진행되어집니다.

그렇게 전생의 삶과 현생의 삶을 잘못 살아 '인과응보'로 벌을 받아 죽는 죽음들은 또다시 다음 생(來生)으로 이어지니, 그렇게 한 많은 죽음을 당한 그 영혼들은 영혼등급이 낮아지고 죽은 후 '귀신(鬼神)'으로 전락되어 불쌍한 혼령으로 구천세계를 떠돌게 된다는 사실과 진실을 꼭 알아야 합니다.

이 대목에서 필자는 천기운명학으로 전생·현생·래생의 '업(業)내림'과 영혼·혼령 및 조상과 후손간의 현대과학적인 'DNA와 핏줄운(運)내림'의 운명작용을 공개하면서 이 글을 읽는 독자분들께만 '운명정보'를 가르쳐 드리고자 하니 다음 글들은 이해를 하면서 천천히 읽어보시길 바랍니다.

독자분들의 집안과 가족을 떠올리면서 또는 잘 알고 있는 친척 및 친구의 집안을 떠올리면서 읽어보시길 바랍니다.

아래의 내용들은 모든 학교에서나 또는 모든 종교에서는 결코 가르쳐 주지도 않고 배울 수도 없는 중요한 '사실적 진실'의 가르침입니다.

태어날 때 신체적 불구자로 태어나거나 또는 간질병과 자폐증·조현병·귀신들림 등 각종 정신병에 걸리거나 또는 소아마비·뇌성마비 등등에 걸리거나 또는 어릴 때 죽는 죽음과 비명횡사 날벼락을 당하는 등등의 큰 불운과 큰 불행 등은 자기 영혼의 '전생업보'와 핏줄 내림의 '조상업보' 때문이라는 사실적 비밀진실을 가르쳐 드립니다.

또한 어릴 때 죽은 영혼이나 젊어서 죽은 영혼은 본래 수명의 나이가 될 때까지 일정기간의 세월 동안은 절대로 저승세계를 못 들어가고 중음세계의 끝없는 기다림상태나 구천세계를 떠돌게 되며, 특히 10살쯤이나 20살쯤의 어린 나이 또는 젊은 청춘에 교통사고, 화재사고, 익사사고 등등의 객사 및 비명횡사로 죽음을 당하거나 또는 자살로 죽게 되면 약 40~50년 이상 오랜 세월동안 그 영혼은 저승세계를 못 들어가고 중음세계의 기다림 상태나 또는 유령과 좀비로 구천세계를 떠돌아다니다가 본래 수명의 나이가 되어야 저승세계로 들어갈 수 있게 된다는 비밀진실입니다.

한편, 사람으로 태어나서 나이가 육십갑자 60살 이상 70·80·90·100살 이상 수명장수를 누리다가 편안히 죽는 죽음을 맞이한 영혼들은 저승세계의 순리에 따라 곧바로 저승세계로 잘 들어갈 수 있으니, 이렇게 잘 죽은 영혼에게는 49재·천도재·진오기굿·씻김굿·추도식 등등 그 어떤 종교의식도 필요 없다는 비밀진실입니다.

혹시, 이 글을 읽고 있는 독자분 중에는 무녀(巫女) 또는 법사나 스님에게 조상점(祖上占)을 쳐보거나 또한 천도재·진오기굿·씻김굿·조상굿 등등의 굿이나 재를 올리는 경험을 해본 사람도 있을 것입니다.

조상을 풀어주는 조상굿 또는 천도재를 여러 번 해 주었는데도 조상문제? 등의 나쁜 얘기가 또 나오는 현상들은 어린나이 때 또는 젊은 나이 때 또는 억울하고 한 많게 죽은 영혼들은 본래 수명의 나이가 될 때까지 그리고 원한이 풀릴 때까지는 아무리 조상굿이나 조상천도재를 해주어도 저승세계를 못 들어가고 해원천도가 안 된다는 '하늘의 법칙'이 있기 때문입니다. 질병 및 사고나 자살로 죽은 원한 많은 영혼들은 신통도술법력으로 영혼에게 법문 및 영혼치유와 천도재를 함께 해주는 '특수조상해원천도재'로만 해원천도를 시킬 수 있는 것입니다.

이러한 사실적 비밀진실과 비밀진리적 이론과 법칙에 관하여 여러 번씩 필자가 세계 최초로 연구 발표한바 있고, 이 책에도 또다시 글자로 적시해서 '공개발표'를 하면서 진심으로 가르쳐 드리는 것입니다.

달을 가리키는 손가락에 불과한 모든 종교들의 경전책 또는 성경책 글자 공부을 하는 성직자들은 그냥 '추종자'일 뿐입니다.

신(神)을 믿고, 숭배하고, 찬양을 하고, 선교를 하고, 교단을 이끄는 종교들의 성직자들이 직접 신(神)과 대화도 할 줄 모르고 볼 줄도 모르면 자격이 없는 것입니다.

이 글을 읽고 있는 독자 여러분 중에는 잘못 알고 있을지라도 지금까지 자기가 배워서 알고 있는 것만 또는 눈으로 볼 수 있는 것만 믿으려고 할 것이고 또한 많은 사람들도 그러할 것입니다.

초등학교 수준에서는 그만큼의 지식으로 세상을 바라 볼 뿐입니다.

"귀머거리와 소경이 사람들을 인도하면 함께 수렁에 빠진다."

세상은 아는 만큼 보이기 때문에 '신통능력'을 가진 필자가 이 책으로 스스로 존재하는 신(神), 인격신(人格神), 정령(精靈) 그리고 요정과 하늘의 천사들의 존재까지도 모두 가르쳐 줄 것인바, 이 책을 끝까지 읽으면서 스스로 잘 판단해 보시길 바랍니다!!

생명과 영혼을 가지고 태어난 사람과 인간은 각 사람 개인의 운명(運命)이라는 것을 가지고 태어나고, 운명이라는 눈에 보이지 않는 작용은 반드시 우주하늘자연의 섭리에 따르고, 각각의 사람은 ① 자기 영혼의 전생업작용 ② 자기 핏줄의 조상업작용 ③ 조상과 후손 간의 동기감응작용 ④ 풍수지리의 기운작용 ⑤ 음양오행의 역리작용 등등 인과법칙과 관계성 법칙에 따라서 '정확히 작용을 한다'는 것입니다.

하늘법칙에 따른 섭리와 진리는 변할 수도 없고 변해지지도 않습니다.

사람 각 개인의 생각과 이념 및 사상과 종교 믿음 등은 자기 자신의 가치관과 시대변화에 따라서 바뀔지라도, 해와 달 그리고 별이 존재하는 동안 섭리와 법칙은 결코 바뀌지 않습니다…….

특히, 핏줄은 천륜적 하늘법칙으로 조상님과 후손 또는 부모님과 자식 간에 DNA 유전인자가 '천륜 핏줄 운(運)법칙'으로 항시 작용을 하고, 부모와 자식 간의 유전자검사는 99.99%까지 정확히 일치한다는 '과학적 진실'을 알아야 합니다.

이러한 천륜 핏줄의 운(運)법칙을 DNA 유전인자 '핏줄내림법칙'이라 하고, 조상혼령과 자식영혼간의 '핏줄동기감응법칙'이라 하며, 특히 '핏줄동기감응법칙'이 가상 강하게 작용하는 분야는 핏줄내림유전병과 풍수지리학의 음택인 조상 산소 묘터입니다.

좋은 땅 명당자리에 조상님 산소 묘를 잘 쓰면 신기하게도 '즉시 발복'을 하게 되니 풍수지리학을 믿는 사람들은 대복(大福)과 대운(大運)을 잡으려고 지금도 좋은 땅 명당자리를 찾아다니고 있고, 특히 고위직의 관료와 정치인 그리고 재벌 기업인과 부자들은 '명당터' 작은 땅 몇 평에 수천만 원 또는 수억 원의 비밀거래를 하기도 합니다.

다이아몬드가 크기는 작아도 그 '가치성' 때문에 값이 비싸듯, 좋은 땅 명당터는 작아도 그 가치성 때문에 값이 비싸고 매우 귀중하게 여기는 사실과 진실들을 상류사회에서는 상식으로 되어 있습니다.

경제논리에서 명당터 몇 평에 수천만 원 또는 수억 원을 투자해서라도 그이상의 복과 운을 만들어내면 더욱 '큰 이득'을 보기 때문입니다.

그러나 불효자와 무식한 사람 및 보통의 자손들은 아무곳에나 조상묘를 쓰고 또한 부모님을 공원묘원이나 납골함에 방치를 해 버립니다.

조상부모와 형제 및 자식을 그렇게 해 놓고 운(運)이 좋아질까요???

그런 분이 계시다면, 곰곰이 돌이켜 생각을 좀 해 보시길 바랍니다!!

"오늘 자기 자신의 모든 행동은 그림자가 되어 평생동안을 따라다닌다."

정신세계 기(氣)와 운(運) 연구의 전문가인 필자는 어떻게 했을까요?

필자는 집안 식구 및 가족들의 운(運)을 살피고, 운때를 잘 맞추어 수년 전에 우리 조상님의 묘소를 고향 생가가 있는 마을 옆 '삼태봉 와우형'의 천하명당 자리로 새로이 이장을 해서 잘 모셔드렸습니다.

약 1만 평의 임야를 사들이고, 선영을 조성하면서 후손 가족들의 운(運)을 살피고 산소 이장 후의 '산소 탈' 예방까지 하면서 자식 된 도리와 숙제를 잘 마무리했습니다…….

"동티와 산소 탈은 3년 동안을 조심해야 한다."

혹시나, 동티와 산소 탈로 인하여 집안과 가족들에게 나쁜 일이 생기면 지체하지 말고 천도재와 액풀이를 해주면 됩니다.

이러한 천륜 핏줄 운(運)법칙이 두 번째로 강하게 작용하는 쪽은 질병 및 불운과 수명 등등의 핏줄 대물림운(運) 현상'이라는 것입니다.

핏줄적으로 아버지 할아버지 조상 중에서 간암 · 폐암 · 위암 · 췌장암 · 대장암 등등의 '불치병 암'으로 죽은 조상이 있으면 그 후손이나 살아있는 가족 중에서 똑같은 현상의 질병이 또 나타납니다.

핏줄적으로 아버지 할아버지 조상 중에서 뇌혈관 질환 · 심장병 · 고혈압 · 중풍 · 당뇨병 · 각종 정신질환 · 폐질환 · 신장질환 · 각종 희귀병 등등의 '난치병이나 불치병'으로 죽은 조상이 있으면 그 후손이나 살아있는 가족 중에서 똑같은 현상의 질병이 또 나타납니다.

핏줄적으로 아버지 할아버지 조상 중에서 두 집 살림 · 난봉꾼 · 사기꾼 · 도박꾼 또는 마약 · 술 등등의 '중독자'가 있으면 그 후손이나 살아있는 가족 중에서 똑같은 현상이 또 나타납니다.

핏줄적으로 어머니 할머니가 자궁암 · 난소암 · 유방암 · 췌장암 · 혈액암 · 신장질환 · 가슴앓이 · 치매 등등의 난치병이나 불치병에 걸리거나 또는 암으로 죽거나 또는 몸을 파는 창녀 및 화냥끼 · 바람끼가 있으면 그 딸이나 손녀 중에서 똑같은 현상이 또 나타납니다.

핏줄적으로 어머니 할머니가 청상과부가 되거나 또는 별거녀 · 이혼녀 · 세컨드가 되거나 소박을 당하는 등 결혼운이 나쁘거나 남편복이 없으면 그 딸이나 손녀 중에서 똑같은 현상이 또 생겨납니다.

핏줄적으로 어머니 할머니가 점쟁이 무녀(巫女)였으면 그 딸이나 손녀 및 후손 중에서 또 무녀나 법사 등 점쟁이가 생기고, 또한 평생동안 신(神)끼 때문에 삶의 고통과 불행을 계속 죽을 때까지 당하게 됩니다.

현재 무녀 중에는 '핏줄내림'이 99%이고, 과부 또는 이혼녀가 많습니다.

핏줄적으로 조상이나 가족 중에서 교통사고·익사사고·화재사고·집 나가 죽은 객사 등등의 각종 사고로 '비명횡사 죽음'을 당했거나 또는 술·마약·도박 등등의 '중독자'가 있었거나 또는 '자살' 등으로 원한 많게 죽은 사람이 있었으면 그 후손이나 살아있는 가족 중에서 똑같은 현상의 사고와 중독자 및 자살이 또 생기게 됩니다.

특히, 자살사망·옥중사망·정신병사망·비명횡사사망·뇌사사망·암질병사망·치매·중풍·술중독·마약중독·홀아비와 과부·이혼·신(神)끼 등은 '유전인자적 핏줄운(運)내림'이 가장 강하게 나타납니다.

조상과 후손 또는 부모와 자녀 간의 '나쁜핏줄운내림' 현상은 10가정 중에서 9가정이 들어맞으며, 그리고 형제 자매 중에서 억울하게도 '가장 운(運) 나쁜 사람'에게 걸리게 됩니다.

또한 부모형제자식 중에서 원한 많게 죽은 그 '시점이 가까울수록' 남아있는 가족 및 후손들에게 강하게 나타납니다.

독자분들께서는 지금 즉시! 자기 자신과 집안을 잘 살펴보시길 바라고, 부모님께 물어서라도 꼭 확인해 보시길 진심으로 바랍니다!!

특히, 병들어 죽은 영혼들은 가족 및 자손들 몸속의 장기들 중 췌장·심장·폐·간·콩팥·위장 그리고 자궁과 유방에 가장 많이 '빙의'가 되어 똑같은 질병을 만들고, 각종 사고로 비명횡사한 영혼들은 똑같은 사고와 우환 등을 만들기 때문에 자기 자신과 가족들에게 큰 질병 및 우환이 생기면 '영혼분리 및 영혼치료' 등으로 반드시 해결을 해야 합니다!!

"병 걸려서 죽은 망자의 영혼치료와 영혼분리는 가장 중요하다."

특히, 조상 및 타인의 영혼이 뇌 속에 빙의가 되면 100% '정신질환'이 따르게 되고, 불면증 · 망상증 · 우울증 및 자살충동 등이 나타나게 됩니다.

나쁜 핏줄운(運)내림과 나쁜 영혼 빙의 등은 자손과 사람들에게 가장 큰 '고통과 불행'을 초래하는데 등한시할 수 있겠습니까?!

특히, 부모님이 잘못된 그 자녀들은 지금 즉시 '종합운명검진 겸 상담'으로 '나쁜핏줄대물림'을 꼭 확인해보시길 진심으로 전달합니다.

이러한 현상들은 'DNA 유전인자성 핏줄운(運)내림법칙' 때문입니다.

그리고, 위의 '운명작용'에 따라서 핏줄적으로 아버지 어머니가 사업가이면 그 후손 중에 또 사업가가 생겨나고, 아버지 어머니가 법조인이면 그 후손 중에 또 법조인이 생겨나고, 아버지 어머니가 연예인이면 그 후손 중에 또 연예인이 생겨나고, 아버지 어머니가 교육자이면 그 후손 중에 또 교육자가 생겨나게 됩니다.

그리고 핏줄적으로 아버지와 어머니 등 조상님이 장수(長壽)한 집안은 그 후손도 장수하는 사람이 많게 되고, 아버지와 어머니 등 조상님이 단명(短命)한 집안은 그 후손도 단명하는 사람이 많게 됩니다.

가끔씩 핏줄운보다 전생운이 더 강하게 작용할 경우에는 '돌연변이'가 생길 수도 있습니다.

그리고 핏줄적으로 남자는 아버지계(父系)를 따라서 대체로 나타나고, 여자는 어머니계(母系)를 따라서 대체로 나타납니다.

또한 자기 자신의 유전자 반쪽인 어머니계(母系) 외갓집도 '핏줄운(運)내림'이 작용을 하니 잘 살펴야 합니다.

핏줄운(運)내림은 대체로 90~100% 확률이고, 10집 중에서 9집이 들어맞으며 부자 집안은 대대로 부자로 살고, 가난한 집안은 가난이 계속 상속이 되기 때문에 서민층들은 개운법으로 '집안 기운(氣運) 바꿈'을 꼭 한 번 시도해 보시길 전달합니다.

이처럼, 핏줄대물림현상과 핏줄동기감응현상은 정도의 차이만 있을 뿐 거의 정확하고, 전생업작용보다 핏줄업작용을 더 많이 타고난 사람은 99%까지도 '조상 핏줄운(運)내림 현상'이 나타날 수 있다는 진실을 가르쳐 줍니다.

물질과학과 AI 기술이 아무리 발전을 해도 과학으로 영혼을 만들 수는 없고, 나쁜 상속의 전생업내림과 핏줄업내림을 막아낼 수가 없습니다.

현대의술의 최고인 대학병원에서 빙의치료 및 귀신을 떼어내거나 또는 각종 살풀이 · 업장소멸과 나쁜 운(運) 등을 결코 치료할 수는 없습니다.

(※ 대학병원에서 현대 의술로 영혼치료 및 조상천도와 살풀이 · 빙의 · 귀신병 및 업내림 등을 해결할 수 있으면 필자가 '1억 원 현상금'을 내걸겠습니다.)

전생업내림과 핏줄업내림은 본인이 자가치료를 할 수 없습니다!!

몸이 아프면 병원이나 약국을 찾아가는 것처럼, 아무리 거리가 멀지라도 운명점(運命占) 전문가를 직접 찾아가야 합니다.

이러한 것들은 진실이고, 필자는 정신세계와 심령세계의 전문가로서 홍익정신으로 저술책을 통하여 '위대한 가르침'을 펼치고 있습니다.

운명정보를 가르쳐 주는 이 책은 '귀중한 학술자료'가 될 것입니다!!

이 글을 읽고 있는 독자분과 모든 사람들은 일반과학과 초과학 그리고 정신과학 및 심령과학 등을 '구별'할 줄 알아야 합니다.

AI 기술 등이 아무리 발전을 할지라도 물질과학으로는 그 증명을 해낼 수도 없고 또한 할 수도 없는 초과학분야 신비학의 기(氣) · 살(煞) · 업(業) · 영혼(靈魂) · 혼령(魂靈) · 신(神) · 운명(運命)작용 등등은 실제로 존재하고 작용하고 있다는 '비밀진실'들과 그리고 운명검진 · 운명치료 · 영혼진화 · 영혼퇴화 · 영혼승급 · 정신의 다이아몬드 등의 용어들은 30년 전부터 필자 손도사의 저술책에서 '최초사용'되었음을 기록해 둡니다.

필자는 마음과 영혼을 연구하는 심령세계와 신학 · 종교학 · 운명학 등을 연구하는 정신세계에서는 실력과 능력을 갖추고 있는 신통도술의 도사(道師)이고 영적스승의 영사(靈師)입니다.

박사학위는 인간이 수여하지만, 도사학위는 하늘이 수여를 합니다.

특히 신(神)을 믿는 종교에서는 단순 성직자인 목사 · 신부 · 스님보다는 신통도술의 특별능력을 겸한 영적인 스승 '영사(靈師)와 도사(道師)'가 가장 높고, 살아있는 '신(神)의 대행자'임을 가르쳐 드립니다.

티베트 불교의 달라이라마는 14대째 환생을 하고 있고, 필자의 전생(前生)은 하늘신(天神)으로 다시금 환생을 했던 것입니다.

이 책은 독자분의 '영적 수준'에 따라서 받아들임의 차이가 생길 수 있으나 크리슈나 · 공자 · 노자 · 부처님과 예수님 · 무함마드 등의 생존 당시의 삶과 인류에게 남긴 '정신적 영향의 업적'을 생각해 보시길 바랍니다.

부처님과 예수님도 본래 신(神)이 사람으로 '환생'을 했던 것입니다…….

이 책은 세상의 진리 및 섭리와 진실을 가르쳐 주는 좋은 책입니다.

이 책은 운명작용이론과 법칙들을 사람들의 실생활에 이롭게 도움을 주려고 하는 하늘의 가르침이고 '실용철학'의 귀중한 보물책입니다.

사람은 태어날 때에 복(福)을 못 타고 태어나고, 인생을 살아가면서 운(運)까지 나쁘면 아무리 공부를 잘한들, 아무리 욕심을 부린들, 아무리 노력을 한들, 안 되는 사람은 계속 평생동안 안 되는 것입니다.

그렇기 때문에 '운명작용이론'의 비밀법칙들을 모두가 알고 살아야 합니다.

물리학의 법칙 · 화학의 법칙 · 수학의 법칙 · 운명천기학의 법칙 등 법칙과 진리는 바꿀 수도 없고 바뀌어 지지도 않는 것입니다.

일·월·화·수·목·금·토 그리고 산·물은 우주하늘자연에너지의 근원이고, 해·달·별이 존재하는 동안 하늘과 자연의 섭리는 계속 존재할 것이고, 하늘과 자연의 섭리를 이론화하는 것이 주역이며, 필자가 독자적으로 더욱 연구한 것이 필자 「손도사운명작용이론」입니다.

필자는 이 책으로 '운명작용이론'을 공개 발표하면서 인연 닿은 독자분들께만 삶의 가장 중요한 잘 사는 방법의 '실용철학'을 그리고 기존의 일반종교들에서는 결코 가르쳐 주지 않고 배울 수도 없는 스스로 '영혼진화와 영혼구원' 방법까지 비밀전수로 가르쳐 드릴 것입니다.

이 책을 읽은 후, 많은 사람들이 올바로 깨우쳐서 지금까지의 잘못된 편견과 고정관념들을 과감히 깨부수어 '달걀 속에서 병아리가 나오듯' 또는 '누에꼬치에서 나방이 나오듯' 스스로 각성들을 하여 '의식개혁과 정신혁명'을 일으키고 반드시 성공출세로 부자가 되시고, 물질적으로 정신적으로 풍족하고 자유롭고 행복하시길 바랍니다.

필자는 실제체험의 대서사 자전구도 이야기를 계속 펼쳐 나아가면서 이 책에 사실과 진실 그리고 진리만을 기록할 것이며, 이렇게 책으로의 만남도 귀한 '인연'이라 생각하고, 이 글을 읽고 있는 독자분 모두를 반드시 성공·출세시켜드리고, 부자가 되게 해드리고, 무병장수 100세 이상 잘 살게 해드리고, 그리고 행복함과 영혼진화와 구원까지 해드릴 것입니다.

필자와 '인연'이 닿은 사람은 반드시 그렇게 해드릴 것입니다…….

마지막 방법으로 '죽음'을 각오하면 뜻을 이룬다

진짜 승부를 걸 때는 '죽음'까지도 각오를 해야…….

다시 천등산 산(山)기도의 상황현실로 들어갑니다.

첩첩산중 깊고 높은 산(山)속에서 '집중기도'로 도(道)를 닦고 있습니다.

계절이 바뀌고 또 바뀌고 여러 번 바뀌어갑니다.

오늘도 깊은 명상삼매에 들어가는 「신통술초월명상」으로 인간세계와 신령세계 간의 경계의 벽을 뚫고 신령계의 세계로 들어갑니다.

오늘도 어제처럼 나의 전생 영혼체인 삿갓 쓴 스님과 큰칼 든 장군이 백발노인 산신령님을 모셔옵니다.

두꺼운 책을 손에 들고 계신 백발노인 산신령님께서는 어제처럼 오늘도 내가 쌓아올리고 있는 돌탑 위에 높이 걸터앉으시고, 삿갓 쓴 스님과 큰칼 든 장군은 나와 똑같이 하여 내 곁에 앉습니다.

한창 신나게 우주하늘자연의 섭리 천기공부를 하는 중에 산신령님께서 목이 마르다고 하시기에 나는 물을 뜨러 옹달샘으로 갑니다.

옹달샘으로 걸어가다가 무심코 뒤를 돌아보니 내가 그대로 토굴 안에 '초월명상삼매'로 앉아있는 것입니다.

나는 순간 놀라고 하도 신기해서 토굴 안에 앉아 있는 나를 보기도 하고, 옹달샘으로 물을 뜨러 걸어가고 있는 또 다른 나를 보기도 하며, 둘이 된 나를 번갈아 보면서 갸우뚱거리며 바가지에 옹달샘 물을 떠 옵니다.

둘인 나를 번갈아 보며 물을 떠오다가 한눈을 팔고 발이 돌부리에 걸려 넘어지려는 순간, 장군이 나를 부축을 하고 물바가지는 이미 백발노인 산신령님의 손에 들려있습니다.

이 모든 상황을 가부좌로 앉아 깊은 초월신통명상 속에서 삼매경에 들어있는 또 다른 내가 모두 '주시'로 지켜보고 있는 것입니다.

"나도 이제 유체이탈을 하는 건가?!"

"나도 이제 신통술과 도술을 부리는 건가?!"

나는 방금 전의 상황을 분석하면서 돌이켜 생각을 해 봅니다.

개소리 닭소리 사람소리가 전혀 들리지 않는 첩첩산중 깊고 높은 천등산(天登山)의 산속 토굴(성막)에서 한 번도 산(山) 밖을 나가지 않은 두문불출로 한 5년쯤 집중기도로 도(道)를 닦으니 내 모습은 머리칼이 길게 자라서 등허리까지 내려오고, 수염도 길게 자라서 앞가슴까지 내려오고, 다 헤진 누더기 옷차림을 하고 있습니다.

처음에는 기도를 하였지만, 이제는 고요히 명상을 합니다.

기도는 무언가를 바라는 욕심이지만 명상은 비움입니다.

명상은 고요히 눈을 감고 잡생각을 하지 않으면서 '알아차림'을 위한 주의깊은 관찰이고 관조이며 초연하게 '주시'를 합니다.

산(山)속에서 한 5년쯤 두문불출을 하고 기도와 명상으로 도(道)를 닦으니 앉아서 만 리를 보고, 서서 구만리를 볼 수 있는 등등 신통력과 함께 별의별 신기한 일들이 일상처럼 벌어지고 있습니다.

지금은 수도(修道)생활 7단계의 시험까지 통과를 하고 명상기도공부에 가속도가 붙어서 진도가 잘 나아가고 있습니다.

하지만 처음 산(山)기도를 시작할 때는 신령세계와 인간세계 사이 경계의 벽을 뚫어 천문(天門)을 열고, 직접 신(神)들과 통신(通神)을 하기까지의 고통과 그 후 단계 단계의 모든 장해와 시험을 통과하면서의 엄청 힘든 고행이 계속되어 왔습니다.

오랜 세월 동안 인적이 끊겨 개소리 닭소리 사람소리가 전혀 들리지 않는 첩첩산중 깊고 높은 산(山)속에서 오직 나 혼자만 살고 있는데 기이한 여러 가지 일들이 벌어지곤 합니다.

캄캄한 어두운 밤중에 토굴 밖의 숲속에서 부스럭~부스럭~ 거리는 정체불명의 소리와 소쩍~소쩍~ 하고 울어대는 소쩍새의 울음소리는 머리칼이 쭈뼛쭈뼛 거꾸로 서는 무서움과 애간장을 녹이는 구슬픔을 느끼게 하고, 또한 한밤중 저승세계가 가장 많이 열리는 시간 때 밤 12시 경에 천신(天神)기도를 하기 위해 옹달샘으로 정한수 물을 뜨러 갈 때, 또는 50m 거리쯤 멀리 떨어져 있는 화장실 뒷간을 캄캄한 어두운 밤중에 다녀올 때에 머리카락을 풀어헤치고 하얀 소복차림의 여자 귀신이 불쑥불쑥 나타나면 정말로 머리칼이 거꾸로 섭니다.

그리고 신안(神眼)과 영안(靈眼)이 열리면서부터는 밤낮 구분이 없이 어느 때고 귀신과 혼령들의 모습이나 또는 숲속의 정령이나 신(神)들의 모습이 보이니 시도 때도 없이 섬뜩섬뜩합니다.

죽은 혼령들의 모습은 사람으로 살면서 ① 가장 성공할 때의 모습 ② 평상시 삶의 모습 ③ 마지막 죽을 때의 모습 등등으로 상황과 필요에 따라 달리해서 보여지고 또한 나타나기도 합니다.

혼령과 귀신들의 모습을 실제로 보면 목이 잘려 피가 철철 흘러내리는 목 없는 귀신, 대나무 죽창에 찔려서 피를 흘리고 다니는 귀신, 총 맞은 자리에 구멍이 뻥 뚫리고 피를 흘리고 다니는 귀신, 농약을 마시고 구역질을 하면서 흰 거품을 흘리고 다니는 귀신, 목에 밧줄을 매달고 혀를 늘어뜨리고 다니는 귀신, 온몸에 불이 훨훨 타서 뜨겁다고 소리소리 지르며 뛰어다니는 귀신, 춥 다고 덜덜 떨고 다니는 귀신, 배고프다고 손을 벌리고 다니는 귀신, 시집 못 가서 발가벗고 다니는 처녀귀신, 따돌림 받고 너무나 슬퍼 보이는 할멈 귀신, 히죽거리며 돌아다니는 미친 귀신, 하얀 소복차림에 눈에 쌍심지를 켜고 다 니는 원한 귀신 등등으로 불쑥불쑥 보이고 또한 나타납니다.

또한 신령님의 모습도 실제로 보이고 불쑥불쑥 나타납니다.

눈이 하나뿐이거나, 머리가 두 개이거나, 다리가 세 개이거나, 팔이 여러 개 이거나, 머리에 뿔이 생겨있거나, 눈이 왕방울만큼 크거나, 키가 하늘 높이만 큼 커다랗거나, 어깻죽지에 날개가 달려 있거나, 머리는 사람이고 몸통은 짐 승의 모습 등등 기이한 모습들을 하고 있기도 합니다.

그리고 천둥·번개·폭풍·회오리가 칠 때 신(神)들의 성난 모습과 큰 나무 와 바위에도 신(神)들과 정령들이 생생히 직접 보이기도 합니다.

때로는 하늘의 신령님들께서 귀신들에게 명령을 내려 나의 산(山)기도 공부 를 시험하기도 합니다.

오랜 세월 동안 수많은 여러 가지 시험들 중에서도 '외로움'의 시험이 가장 힘들고 고통스럽습니다.

집중기도 또는 산(山)속에서 도(道) 닦는 공부는 100일을 넘기기가 힘이 듭 니다. 그러나 나는 벌써 5년 동안을 버텨내고 있습니다.

이처럼 한 사람의 도사(道士)가 만들어지기까지는 엄청난 하늘의 시험과 오랜 세월의 고통과 인내가 따르는 '수행수도 생활'을 반드시 거쳐야 합니다.

산(山)속에서 집중기도 도(道) 닦는 공부는 단계 또 단계의 별의별 장해와 시험을 다 겪으면서 반드시 이겨내고 또한 통과를 해야 합니다.

단계 단계의 장해를 이겨내고 시험을 통과하면서 공부와 도(道)의 정도가 점점 높아가면서 이 몸 이대로 '우주하늘자연과 합일체'가 되어 갑니다.

보통 사람들은 무의식상태로 일상생활을 하지만, 명상수행 및 도(道)를 닦는 사람들은 무의식에서 의식으로 그리고 점점 의식의 각성으로 깨어나게 되고, 더욱 진행을 하여 올라가면 심층의식 · 초월의식 · 우주의식 · 순수의식 등이 되어 가고, 신통술이 저절로 생겨서 신통술을 방편으로 깨달음의 대각(大覺)을 이루고 해탈의 '대자유'를 얻게 됩니다.

아주 먼 옛날의 신선(神仙)들과 성자들처럼 요가명상의 크리슈나와 또한 도(道)의 교조인 노자와 석가모니 · 달마대사 · 소태산 · 상월처럼······.

계절이 바뀌고 또 계절이 바뀌어 나아갑니다.

오늘도 하루가 그냥 지나갑니다.

요즘 며칠 동안은 계속 명상삼매에 깊이 들지를 못하니 산신령님으로부터 영적 공부 개인교습을 받지 못하고 있습니다.

자만심과 교만함의 정신해이로 인한 마장(魔障)과 상승운이 가로막혀서 7번째 단계의 시험에 걸리고 말았습니다.

마음속으로는 명상삼매에 들어가야 한다고 하면서도 정신이 해이해져 잘 되지가 않습니다. 내 스스로 내 점(占)을 쳐보니 신(神)들의 시험 마장에 딱 걸려들었습니다.

이쯤에서 신(神)들의 시험마장에 걸리면 대부분 미쳐버리거나, 병신 또는 폐인이 되어 버리기도 하는 등등 엄청난 고생을 치러야 합니다.

내 삶을 이렇게 두 눈 뻔히 뜨고 또다시 실패를 할 수는 없습니다.

몸부림을 치고 울부짖으며 잘못과 실수의 원인을 분석하면서 맨 처음의 초심으로 다시 되돌아갑니다.

처음 입산했을 때처럼 다시금 약쑥을 뜯어와 씻이겨 쑥물을 만들어 약쑥물 목욕을 하고, 향을 부수어 물에 담그고 향물을 우려내어 향물 목욕을 합니다. 또한 기도처 주위에 약쑥을 태워 약쑥 연기를 피우고, 굵은 소금을 사방으로 뿌리고, 맑은 물 청수를 사방으로 뿌립니다.

매일 여러 번씩 몸을 씻고 매일 기도처를 깨끗이 정화(淨化)합니다.

다시금 싸릿대나무 회초리를 준비합니다.

회초리를 손에 들고 팔을 머리위로 높이 들어 올려 내 등짝을 내 손으로 내리치면서 자만과 교만으로 해이해진 마음과 정신을 다잡아보려고 무진 애를 씁니다.

혹시나 부정이 타서 그런가 하면서 부정풀이도 해 봅니다

또다시 내 스스로 내 점(占)을 쳐보니 역시 신(神)들의 시험마장에 단단히 걸린 것을 알겠습니다.

운이 좋을 때는 아무리 딴 짓거리를 해도 잘 나아가지만, 운이 나쁠 때는 아무리 노력을 해도 잘 안되고 오히려 더 꼬이고 엎친 데 덮치기도 합니다.

하늘이 벌을 내리거나 또는 시험과 시련을 줄 경우에는 꼭 '나쁜 운때'를 고르니, 대부분 나쁜 운때에 손해 · 실패 · 사고발생 · 이혼 · 구설수 · 망신살 · 관재수 · 좌천 · 명퇴 · 큰 질병 · 죽음 등등을 당하게 됩니다.

그렇기 때문에 운세와 운수 그리고 운때를 미리 알고서 사전에 그 준비 및 대비와 대응을 잘 해야 합니다.

그러나 나는 지금 하늘공부중이라 어쩔 수 없는 신(神)들의 계획에 따른 시험마장에 걸려서 정말 미쳐버릴 만큼이나 괴롭고 고통스럽습니다.

해이된 정신과 마음을 다잡아 보려고 내 팔뚝을 내 이빨로 물어뜯으며 몸뚱

이에 긴장을 주어 봅니다.

삼사일 간격으로 오른쪽 팔뚝을 물어뜯고, 왼쪽 팔뚝까지 물어뜯으면서 몸뚱이에 긴장감을 점점 가중하다가 결국에는 내 이빨로 내 팔뚝의 살점을 뜯어내고야 맙니다.

양쪽 팔뚝을 메리야스 속옷을 찢어서 감싸고 묶어놓으니, 무더운 여름날 자기 이빨에 살점이 뜯겨나간 상처는 덧이 나서 퉁퉁 붓고 짓무르기 시작합니다.

나는 지금 신(神)들의 시험 마장으로 인해 너무나 지쳐있습니다.

하루 한 끼니씩 생식으로 먹는 음식까지 끊고 금식을 합니다.

나쁜 운때에 신(神)들의 계획된 마장의 시험에 걸려들었기 때문에 이런 방법을 써보고 저런 방법을 써보지만 제대로 통하지가 않습니다.

"오! 내 인생이 여기서 끝나버리다니, 유서까지 써놓고 산(山)기도를 들어왔는데…….."

이제 나로서는 최후의 방법을 쓸 수밖에 다른 방법은 없습니다.

최선의 노력을 하는 것은 잘 살려고 하는 것이고, 잘 살려고 하는 것은 행복하기 위해서이며, 궁극의 행복은 깨달음을 이루어 마음과 영혼의 해탈과 구원이니 이제 절차의 방법을 바꾸어 버립니다.

우주하늘자연의 이치는 무상(無常)하여 모두가 '변화의 법칙'을 따라서 화려한 꽃들도 시들어가고, 뭇생명들도 죽음은 피할 수 없으니 '덧없음'을 받아들이고, 섭리와 순리를 따라 공(空)으로 돌아가려 합니다.

"그래, 깨달음을 많이 얻었으니 차라리 생사초월을 해 버리자!"

죽음이란? 영혼들이 또 다른 세계로 들어가는 '출입문'일 뿐이고, 생로병사와 생주이멸 등 하늘자연의 섭리와 순리에 따를 뿐입니다.

기진맥진한 육신을 이끌고 기어가다시피 하여 옹달샘으로 갑니다.

깨끗한 옹달샘 물로 마지막 목욕을 하고, 빨아두운 새 옷으로 갈아입고, 길게 자란 머리칼과 수염을 정갈하게 쓰다듬고, 평안한 마음과 얼굴 표정을 짓고, 그리고 가부좌의 명상할 때 모습으로 앉아서 내 영혼을 가장 좋은 곳 하늘나라의 '하늘궁전'으로 인도하고자 스스로 의지적 '존엄 죽음'의 의식을 나 홀로 쓸쓸히 시작을 합니다.

"모든 생명체와 사람은 죽을 때의 감정과 생각 등 정신이 죽은 후에까지 '상태 지속'이 되고, 먼저 육체가 죽은 후 3일부터 7일이 중요하고, 49일 이내로 다음 생(生)이 또다시 시작된다."

라고, 신(神)의 가르침을 받았으니 실행을 합니다.

나는 신(神)의 가르침으로 이러한 비밀진실을 알고 있기 때문에 '존엄한 죽음'의 의식을 치르려고 합니다.

나는 해탈열반경과 함께 최고 높은 등급의 하늘천국행 극락왕생 주술진언을 계속 외우고 또한 내 영혼을 스스로 달래면서 직접 내 영혼에게 안내지시를 시작합니다.

"내 영혼아! 내 영혼아! 삶과 죽음을 초월해 버리자. 영원한 해탈열반 대자유로 가자꾸나. 하늘나라 7단계의 최고 높은 33천 천국행 극락왕생을 하자꾸나. 천년왕국 만년왕국 하늘궁전으로 올라가자꾸나. 하늘천국극락왕생진언~ 옴 마리 다리 훔바탁 사바하! 옴 마리 다리 훔바탁 사바하! 옴 마리 다리 훔바탁 사바하!……."

(※ 독자분들은 꼭 기억해 두었다가 자기 자신이 죽을 때나 가족이 죽음에 임박할 때에 '옴 마리 다리 훔바탁 사바하!' 진언을 꼭 외워보시길 바랍니다.)

이렇게 가부좌로 앉아서 내 영혼을 내 의지에 따라 하늘나라 33천의 천국과 천당 중에서도 가장 좋은 '하늘궁전'으로 극락왕생을 시킬 수만 있다면, 내 영혼을 영원한 '대자유와 자재'를 누리는 하늘나라 높은 등급의 신(神)으로 올라서게 할 수만 있다면, 그렇게만 죽을 수 있다면 가장 성공하는 삶이려니 또한 정말로 가장 멋스럽게 죽음을 맞이하는 것이려니 생각하면서 해탈열반경과 하늘궁전 천국행 극락왕생 주술진언을 계속 외웁니다.

나는 나의 자유의지에 따라서 '존엄한 죽음'을 선택하고 그리고 좌탈입망(座脫立亡) 방법의 가부좌로 앉아 경문과 진언을 밤낮으로 외우면서 스스로 가장 잘 죽는 죽음을 실행하고 있습니다.

이제 서서히 나의 의식이 가물가물해집니다.

나는 신(神)들의 마장에 걸린 지 21일 만에 명상할 때의 자세 가부좌로 앉아서 최고의 죽음의식 '좌탈입망'의 모습으로 스스로 죽어버립니다…….

내 영혼은 몸뚱이를 빠져나가 길을 떠나갑니다.

다른 사람들은 죽을 때 저승사자가 데리러 오기도 하고, 또는 조상님이 마중을 나오기도 한다는데, 나에게는 저승사자도 나타나질 않고 조상님도 나타나지 않습니다.

이윽고 커다란 강이 눈앞에 나타납니다.

(※ 죽음 직후의 저승길은 살아있을 때의 삶의 질과 종교신앙의 영적 수준과 정신 활동 등에 따라서 모두가 다르게 나타납니다.)

내 영혼체는 '저 강만 건너면 되는구나!' 하고 생각하면서 강을 막 건너려고 하는 순간 하늘에서 눈부신 흰빛이 내 앞으로 쭉~ 뻗어옵니다[※ 신령세계의 빛은 ① 흰색 빛 ② 파란색 빛 ③ 붉은색 빛 등으로 크게 나누고, 빛의 색깔과 밝고 어두움에 따라 구분을 할 수 있으니 눈부시게 밝은 강렬한 '흰색 빛'을 최상급 신령의 빛이라 합니다].

내 영혼체는 하늘에서 내게로 비춰온 눈부신 흰 빛 속으로 들어갑니다.

'이 눈부신 흰 빛은 극락 천국 하늘나라로 인도하는 빛이구나!'라고, 생각하면서 흰 빛을 타고 하늘나라로 올라갑니다.

12궁의 천당·천궁과 33천의 천국 하늘나라로 올라가니 금은칠보로 장식한 궁궐이 나타납니다. 궁궐을 바라보니 궁궐 앞에 '제석천궁(帝釋天宮)'이란 현판이 황금색 빛깔로 빛나고 있습니다.

죽어서 내 영혼체가 하늘나라로 올라가보니 '하늘궁전'들이 실제로 존재함과 강렬한 흰색 빛이 가장 좋은 빛임을 '증언'으로 기록해 둡니다.

황금색으로 빛나는 궁궐 현판을 유심히 바라보니 언젠가 본 듯한 모습입니다.

내가 전생(前生) 때에 살던 하늘나라의 하늘궁전 '제석천궁'입니다.

반가운 마음으로 제석천궁의 궁전대문을 확~ 밀치고 들어섭니다.

하늘궁전 안 맞은편 정면의 높은 자리에 앉아 계시는 '제석천왕(帝釋天王)'님께서 뇌성 같은 큰 소리로 호통을 치십니다.

"그대는 천등산으로 다시 돌아가도록 하라! 10단계까지의 시험을 통과해서 인류의 위대한 성자들처럼 그러한 존재가 꼭 되도록 하라! 아직, 하늘나라에 올 때가 아니니라! 그대의 몸뚱이에 악령이 들어가기 전에 속히 천등산으로 다시 돌아가도록 하라! 호위천사는 천등산까지 잘 인도하도록 하라!~~."

내 영혼체는 하늘나라 제석천궁까지 올라갔다가 제석천왕님의 호통소리만 듣고, 다시 수도처인 천등산으로 되돌아옵니다.

아직도 내 몸뚱이는 토굴 안에서 명상할 때의 자세 가부좌로 앉아 있습니다.

악령과 귀신들이 몸뚱이에 들어가지 못하도록 하늘의 신장들이 갑옷을 입고 창검을 들고 내 몸뚱이를 지키고 서 있습니다.

내 육신의 모습은 기다란 머리칼과 기다란 수염에 다 헤져 꿰맨 누더기 옷을 입고, 메리야스 천으로 양쪽 팔뚝을 감싸 묶고, 기진맥진한 모습으로 앉아 있습니다.

내 영혼은, 최고의 '깨달음'을 완성하기 위해서는 반드시 사람의 몸뚱이가 필요하기 때문에 또다시 몸뚱이 속으로 쑥~들어갑니다.

또다시 삿갓 쓴 스님과 큰칼 든 장군이 나타납니다.

삿갓 쓴 스님이 처음 보는 약초를 손에 들고 보여주면서 약초가 있는 곳의 지형을 가르쳐 줍니다.

큰칼 든 장군이 나를 부축하고 산신령님도 나를 부축하여 일으켜줍니다. 나는 삿갓 쓴 스님과 큰칼 든 장군 그리고 산신령님과 신장들의 부축과 도움으로 기진맥진한 몸을 이끌고 가서 약초를 뜯어옵니다. 뜯어온 약초를 짓이겨 팔뚝 상처에 싸매고 그리고 약초 즙을 몇 모금 마시면서 기운을 차려봅니다.

깊은 산(山)속의 수많은 요정들과 정령들이 모두 지켜보고 있습니다.

하늘의 시험에 내 스스로 '의지적 죽음'이란 배수진을 치고 최후방법의 초강력 대응법을 쓰니 또 한 단계의 시험을 통과시켜줍니다…….

이처럼, 마지막 방법으로 죽을힘을 다하여 덤비거나 또는 죽음을 각오하고 버티면 안 되는 것이 없습니다.

값비싼 댓가의 죽음을 몸소 체험하면서 세상과 인생살이에 자만심과 교만함이 얼마나 나쁜가를 뼈저리게 후회하며, 이제부터는 마음을 더욱 다잡아 철저히 경계를 합니다.

값비싼 댓가를 치르면서 계속 정진과 겸손을 깨우치며 나아갑니다.

우리들 주변을 살펴볼 때도 한때는 화려하게 잘 나가던 정치인과 연예인들이 한순간 게이트나 스캔들을 일으켜서 구설수와 망신살을 당하고 감옥을 가기도 합니다.

이처럼 자만심과 교만함 등은 시기질투의 대상이 되기도 하고, 신(神)들로부터 경책으로 벌을 받기도 합니다.

높은 곳에서 떨어질 때는 날개없는 추락을 합니다. 잘 나갈수록 자만심과 교만함을 철저히 경계하길 꼭 '충고'합니다.

실력 및 능력이 뛰어나고, 돈을 잘 벌고, 권력이 생기고, 유명해지고 등 할 때일수록 스스로 '자기절제'를 하면서 겸손과 검소를 꼭 당부합니다~.

제13장

깊은 산(山)속에서 신선(神仙)처럼 살아간다

천등산(天登山) 속에서 신선(神仙)처럼 살고…….

계절이 바뀌고 또 바뀌고 또 바뀌면서 세월이 흘러갑니다.

시간 개념을 잊어버리고 살아가니 자연의 변화를 보면서 세월의 흐름을 짐작할 뿐입니다.

하루 한 개씩 돌을 주워와 쌓고 있는 돌탑이 이제는 내 키의 두 배 높이까지 올라갑니다.

돌탑을 쌓기 위해 가까운 곳에 있는 돌은 다 주워와 버렸으니, 돌 한 개를 주워오려면 이제는 멀리까지 가서 주워 와야 합니다.

쌓고 있는 돌탑이 높이 올라갈수록 나의 신통력 및 도술과 깨우침 및 깨달음의 도(道)도 함께 올라갑니다.

신령님으로부터 직접 개인교습을 받는 '영적 가르침'은 명상삼매로 들어가 「신통술초월명상」 속에서 이루어지고, 신(神)들의 계시와 공수는 어느 때고 주어지며, 평상시가 명상이고 명상이 평상시로 되면서 평상시와 명상의 구분이 없어지고 행주좌와가 매일 똑같이 일여합니다.

필자는 처음 입산(入山)을 할 때는 집중기도로 산도(山道)를 닦아서 신통과 도통을 이루어 초인 · 진인 · 신인이 되고 싶었습니다.

「신통술초월명상」으로 도(道)를 닦으면서 신통술을 방편삼아 의식의 계속된 각성으로 대각(大覺)을 이루고, 원각 및 본각을 이루어 '아뇩다라 샴막 삼보리' 최상의 깨달음을 이루어 이제 도사(道士)가 되었고, 그리고 신선(神仙)이 되어 하늘과 자연의 섭리와 순리에 따르며 무위로 살아갑니다.

"홀로 도(道)를 닦아 신통력으로 깨우침과 깨달음을 얻는 것은 위대하다."

특히 신통력(神通力)은 여러 가지가 있고 특별히 하늘이 내려줍니다.

신통력은 먼저 천안통이 있고 '천안통'은 의식의 집중으로 보이지 않은 것을 볼 수 있고, '천이통'은 들리지 않은 소리를 들을 수 있으니, 모든 존재물의 참모습과 운(運)을 다 알아낼 수 있습니다.

'신족통'은 축지법을 쓰고 유체이탈을 할 수 있고, '타심통'은 관심법으로 상대를 꿰뚫어 볼 수 있고, '숙명통'은 먼 옛날의 과거도 볼 수 있고 또한 먼 훗날의 미래도 볼 수 있습니다.

'약신통'은 모든 질병을 알아낼 수 있고 또한 치유도 할 수 있고, '누진통'은 스스로 모든 번뇌와 망상을 끊고 대자유가 되는 것입니다.

필자는 이것을 '7신통'이라 명칭을 합니다.

지금까지 불교에서는 2천년 이상 6신통이라고 해 왔지만, 필자가 초월명상 기도 중에 약사불과 하느님과 예수님께서 '신(神)의 계시'로 질병을 고쳐주는 '약신통'을 꼭 넣으라고 말씀해 주시어 필자는 이제부터 '7신통'이라고 호칭을 합니다.

7신통이란 명칭은 세계 최초로 손도사가 '처음 사용함'을 기록해 둡니다.

사람이 도(道)를 닦고 7신통력을 지니면 '전지전능자'가 됩니다.

나는 이제 석가모니불처럼 독성으로 7신통을 이루고 깨달음까지 이룬 도(道)의 7단계까지 올라서니 산(山)속에서 신선(神仙)처럼 살아갑니다.

요즈음 나의 모습은 꼭 신선(神仙)의 모습입니다.

머리칼은 길게 자라서 등허리까지 내려오고, 수염도 길게 자라서 앞가슴까지 내려오고, 다 헤진 누더기 옷에 눈빛만 신비하리만큼 빛을 내고 있습니다.

자연인 또는 신선처럼의 기이한 모습을 하고, 그냥 그대로의 자연 속에서 자연과 함께 살면서 나 홀로 도(道)를 닦아 이제 독성(獨成)을 이루고 지존(至尊)으로 나아갑니다.

① 옛날옛적에 석가모니께서 힌두교의 요가 명상을 본받아 6년 동안의 고행과 신통초월명상으로 깨달음을 이룬 것처럼…….

② 옛날옛적에 페르시아의 자라투스트라가 여섯 천사의 계시와 가르침으로 현자 겸 예언자가 되었던 것처럼…….

③ 옛날옛적에 아브라함과 모세가 신(神)의 계시와 언약을 충실히 이행하고, 엘리아 · 엘리사 · 이사야 · 예레미아 · 에스겔 · 다니엘 등 예언자와 사도바울처럼…….

④ 옛날옛적에 지브릴 천사의 계시로 사라센제국을 건설하고 이슬람을 일으킨 예언자 무함마드처럼…….

어릴 때부터 하늘 음성과 수없이 많은 계시와 천등산에서 신(神)의 계시를 많이 받았지만, 나는 좀 더 지켜보면서 '큰 계시'가 있을 때까지 천등산에서 신선(神仙)처럼 살고 싶습니다.

이제 계절이 바뀌어 이곳 깊은 산(山)속에도 수확의 가을철입니다

요즈음은 하늘자연의 섭리에 따라 새벽에 일찍 일어나고, 산꼭대기에서 동쪽을 향하여 명상자세로 앉아 솟아오르는 찬란한 태양의 기운을 받는 '아침태

양명상'을 매일처럼 하고 있습니다. 태양과 우주하늘자연의 '생명 에너지'를 듬뿍 받아들이고 나서 하루 일과를 시작합니다.

오늘은 망태기를 짊어지고 산열매를 따러갑니다.

오랜 세월 동안 나 홀로 천등산 깊고 높은 산(山)속에 살면서 기도처를 중심으로 생활반경 이내의 산중턱 마당바위까지 산길을 만들어 놓았는 바, 모든 생활반경에는 길을 잘 만들어 놓아야 합니다.

산꼭대기까지도 산길을 만들어 놓았고, 저쪽 작은 봉우리들, 수리봉 · 월각봉 · 딸각봉 · 벼락봉까지도 산길을 만들어 놓았습니다.

이곳 천등산은 한반도의 남쪽 땅 끝 전라남도 고흥(高興)에 위치하고 남해바다 해안가에 해발 555m 높이로 불쑥 솟아 있습니다.

한반도의 백두대간이 남쪽으로 뻗으면서 지리산 노고단에 기(氣)를 뭉치고, 한 줄기 기맥(氣脈)이 남쪽으로 흐르면서 송광사가 있는 조계산을 만들고, 더 남쪽으로 고흥반도까지 따라 내려오면서 남해바다 바닷물을 만나 용호(龍虎)가 합작으로 이곳 천등산(天登山)을 만들어놓으니 엄청난 기(氣)가 하늘로 솟구치고 있습니다.

천등산(天登山)이란 이름은 '하늘로 오르는 산'을 의미합니다.

하늘로 오르는 산이기 때문에 엄청나게 기(氣)가 강하게 느껴지고 기도발이 잘 받습니다…….

필자는 이 책을 통하여 풍수지리학계와 모든 이들에게 지금까지 숨겨진 비밀 한 가지를 공개하고자 합니다.

이곳 천등산(天登山, 하늘로 오르는 산)의 바로 앞에는 또 하나의 높은 산인 유주산(楡朱山, 전라남도 고흥군 도화면 구암리 소재)이 남해 바다 해안가에 나란히 우뚝 솟아 있습니다.

그 유주산의 산꼭대기에는 축성 연대를 알 수 없는 높이 3m 가로 3m 세로

3m 정도의 커다란 돌탑이 납작한 자연 돌만 사용하여 정사각형 모양으로 신비하게 만들어져 있다는 것입니다.

이 고을에서는 이 돌탑을 한반도 중심선의 가장 남쪽에 위치한 봉화대라고 합니다. 하지만 필자가 신(神)들께 확인을 해보니, 이 돌탑은 본래가 바다신(海神)들께 제사를 올리는 신단(神壇)이라고 합니다.

한반도 우리나라에는 신단(神壇)이 많습니다. 대한민국의 첫 번째 신단은 강화도 마니산의 첨성단, 두 번째는 강원도 태백산의 천제단, 세 번째는 전라도 지리산의 노고단이고, 약 10개 이상의 신단(神壇)이 존재하고 있습니다.

한반도는 영적 기운인 신끼가 가장 센 땅이고, 우리나라는 세계 1등으로 신점(神占)을 잘 치는 무당이 가장 많은 나라이기도 하고, 본래부터 배달민족은 하늘의 천손이라고 하였습니다.

배달민족의 신끼가 시절 인연이 되었으니 예술과 노래와 점술로 세상 만백성을 지배하게 될 것입니다…….

한반도 중심선의 남쪽 땅 끝 남해바다 해안가 높은 유주산 봉우리에 우리나라에서 자연석으로 쌓아올린 신단이 왜 고흥에 있을까?

우리나라에 하나뿐인 나로우주선 발사대가 왜 고흥에 생겼을까? 우리나라의 가장 아래쪽 땅 끝에 위치한 이곳의 지명이 왜 고흥(高興)일까? 등등 관심이 있는 분들은 천등산의 기(氣) 흐름과 유주산 꼭대기 봉우리에 납작한 돌로 쌓아올리고 축성연대는 알 수 없는 신비한 '333신단(神壇)'을 꼭 한 번 답사하여 직접 확인해보시길 바랍니다…….

오늘은 가을철의 쾌청한 날씨에 경치도 구경할 겸 망태기를 짊어지고 천등산 산꼭대기로 올라갑니다.

천등산 봉우리 산꼭대기에 올라와 사방을 한 바퀴 둘러봅니다.

산꼭대기 위에서 남쪽을 바라보니 유주산 너머로 망망대해의 남해바다와

다도해 해상국립공원이 보이고, 서쪽을 바라보니 녹동[도양]항구와 녹동-제주를 매일 왕래하는 카페리호 큰 배가 보이고, 그리고 남서쪽 사이로 바다 위에 소록도와 거금도·금당도·시산도 등등의 섬들이 보이고, 푸른 바다 위에 소록연륙교와 거금 연도교의 교각이 우뚝 솟아 보이며, 북쪽을 바라보니 고흥읍과 봉황산·말봉산이 보이고, 동쪽을 바라보니 산봉우리가 나란히 8개 솟아있는 팔영산과 고흥 나로우주발사대 시설이 저 멀리 보입니다.

전라남도 고흥군 남해바다 다도해의 가장 큰 섬 거금도의 가장 높은 산봉우리 해발 590m '적대봉'과 녹동항구 앞의 국립 특수시설 관광지로 유명한 '소록도'와 '녹동활어시장' 그리고 '나로 우주발사대'는 우리나라의 유명한 관광명소이기도 합니다.

적대봉 등산길은 네 갈래가 있고, 누구나 가볍게 산을 오를 수 있으며 산 아래 한가로운 시골 어촌에는 해산물이 풍부하고, 거금대교 끝지점 전망대 아래의 금진항에서 출항하여 소록도 및 거금도 바다유람을 할 수 있는 '거북선 유람선 나로호'는 꼭 한 번 타볼만 합니다.

또한 녹동항구에서 제주도의 제주항까지 사람과 자전거 및 자동차를 함께 태우고 매일 왕복으로 운항하고 있는 (주)남해고속회사의 6,266톤급 대형카페리 '아리온제주호'는 고흥녹동항에서 매일 오전 9시에 출발하고, 제주항에서는 매일 오후 4시에 출발하며 3시간 30분쯤 소요되는 바다여행길은 아름다운 추억과 함께 몸과 마음의 힐링이 되어 줄 것이라 생각하고, 또한 녹동항구 여객선 대합실에서 300m쯤 거리의 '녹동용궁사' 방문과 2층 법당에서의 잠시 기도는 소원성취까지 할 수 있는 귀중한 시간이 되어 줄 것이라고 생각하면서 꼭 한 번 추천을 드리고, 천등산·팔영산·유주산·적대봉·소록도·녹동항·녹동용궁사 등을 한 번씩 검색해 보시길 바랍니다.

다도해 남해바다와 섬들의 경치가 너무나 아름답게 보입니다.

천등산 산꼭대기에서 사방을 한 바퀴 빙~ 둘러 경치를 구경하고, 저쪽 작은 봉우리로 향하면서 산길을 따라 걸어갑니다.

7년 동안의 오랜 세월을 이곳 산(山)속에서 살다보니 능선과 골짜기의 지형을 손바닥 들여다보듯 구석구석까지 모두 알고 있습니다.

어디에 가면 무슨 열매가 있고 또 어디에 가면 무슨 약초가 있는지 모두 다 압니다.

저쪽 작은 봉우리를 향하여 산길을 따라가면서 지난해에 그곳 골짜기에서 산머루와 산다래 그리고 으름 열매를 많이 따와서 잘 먹었기 때문에 올해도 또 그쪽으로 갑니다.

칡넝쿨이 이리저리 얽혀있고 머루넝쿨과 으름넝쿨 그리고 다래넝쿨이 나뭇가지 사이에 얽혀 있습니다.

망태기에 작은 포도송이처럼 생긴 산머루 열매를 따서 담고, 작은 바나나처럼 생긴 으름 열매를 따서 담고, 산다래 열매도 따서 망태기에 담습니다. 산 열매를 사나흘 먹을 만큼만 잘 익은 것으로 골라 따서 망태기에 담아 짊어지고 토굴로 돌아옵니다.

토굴로 돌아오는 길에 휘파람소리와 함께 나이가 200살이나 된다는 그 산신동자(山神童子)가 또 불쑥 나타납니다. 이번에는 선재동자와 요술동자 그리고 산속의 많은 요정들까지 따라 왔습니다.

"형아! 가르쳐 줄까? 말까?"

"동자야! 무슨 일인데 선택을 하라는 거냐?"

"형아가 사탕 사준다고 약속을 하면 또 한 가지 중요한 것을 가르쳐 줄 텐데."

"그래, 사탕 사줄 테니 말을 해 보거라!"

(※ 어린아이 동자는 사탕을 좋아하고 어른 신(神)과 신장들은 술과 고기를

좋아하며, 모든 신령님은 떡·과일 그리고 생화(生花) 꽃을 좋아합니다. 그리고 모든 신(神)들과의 약속은 반드시 지켜야 합니다.)

"형아! 약속을 했으니 이쪽으로 따라와 봐!"

동자들과 요정들이 나를 따라오라고 하더니 저만치 보이는 우거진 숲속의 작은 바위 쪽으로 데리고 갑니다. 앞서 걸어가고 있는 산신동자가 바위 아래에서 멈춰 서더니 또 말을 건네옵니다.

"형아! 이 근처에 보물이 있는데 그것이 뭐~게?"

"동자야! 사탕을 사준다고 약속했으니 그냥 가르쳐 주거라!"

"형아! 보물이 있는 장소까지 왔으니 뚝딱 점(占)을 쳐봐!"

산신동자가 자꾸 보물이 있다고 해서 나는 의식을 집중하여 신통술로 신안(神眼)을 열고 주위를 살펴봅니다.

서서히 신통술 신안(神眼)으로 주위를 살펴보니 양지 바른 곳에 산삼(山蔘)이 보입니다.

의식의 집중을 풀고 산신동자한테 보물을 찾았노라고 말을 합니다.

"동자야! 그 보물이라는 것이 산삼이 맞지?"

"형아! 산신할아버지께서 오늘 일러주라고 해서 가르쳐 준 거야."

"동자야! 항상 고맙구나."

"형아! 사탕 사준다는 약속은 꼭 지켜야 해!"

할 말이 끝나자 산신동자는 함께 온 선재동자와 요술동자 그리고 많은 요정들을 데리고 순간 뿅 ~ 하고 사라집니다.

조금 전에 신안으로 보았던 지점에서 빨간 열매가 달려있는 산삼을 발견합니다. 주위를 자세히 둘러보니 5그루나 자라고 있습니다.

그 중에서 가장 큰 것으로 하나만 조심스레 캐어 산열매가 담겨있는 망태기에 함께 넣고 토굴로 돌아옵니다.

이곳 깊은 산속에는 나 혼자만 오랜 세월 동안 살고 있고 또한 산삼이 있는 곳의 위치도 나 혼자만 알고 있으니, 가끔 필요할 때 하나씩 캐먹기로 하고 나머지 4그루는 그냥 그대로 놔둡니다.

나는 이곳 천등산에 살면서 야생으로 자란 산삼을 캐 먹고 산더덕·잔대 등을 많이 캐 먹습니다.

가끔씩 산신동자가 불쑥 나타나서 식물도감과 동의보감에도 없는 약초를 가르쳐 주고, 생약초 사용법도 가르쳐 줍니다. 모든 것이 언젠가는 필요할 테니 나는 신(神)들이 가르쳐준 것들을 모두 기록을 하면서 잘 배워 둡니다.

가을철의 산(山)은 온갖 산열매가 무르익으니 먹을 것이 풍성합니다.

옹달샘이 있는 토굴 주위의 산 아래쪽 숲속에는 자생하고 있는 밤나무가 많습니다. 밤알을 따러 나무에 올라가지 않아도 익으면 밤송이가 저절로 벌어지면서 잘 익은 알밤이 땅에 떨어지니 그냥 주워오기만 하면 됩니다.

낙엽 사이에 숨어버린 알밤은 다람쥐와 산동물들 몫으로 내버려두고, 눈에 보이는 것만 주어와도 충분히 먹고도 남습니다.

나는 산속에서 도(道)를 닦으며, 생식(生食)을 하기 때문에 요즘처럼 가을철에는 산속에 있는 온갖 산열매로 늘 끼니를 해결하고 있습니다.

가을철의 산은 온갖 열매가 풍성하고 온갖 단풍이 울긋불긋하니 몸도 마음도 여유롭고 풍족함을 느낍니다.

우리의 삶이 가을철의 산(山)만 같으면 좋으련만 하고 작은 소망을 가져 봅니다.

진실한 삶의 소박한 작은 소망을…….

제14장

예정된 운(運)을 알아내고 '방편도술'로 바꾸어준다

예정된 운(運)을 알아내고 '방편도술'로 운(運)을 바꾸어 주고……

처음 입산(入山)할 때 산신령님께서 산(山) 기도 기간을 10년 정도라고 말씀하시더니 8년 전에 해주시던 그 말씀이 주변 환경변화를 볼 때 적중할 것 같습니다.

미래운명은 우주하늘자연의 '오묘한 섭리'로 수십 년 전에 또는 수백 년 전에 또는 수천년 전에 이미 모두 예정이 되어있고 '예정된 운명의 프로그램대로 진행되고 있다'는 신령님의 가르침이 점점 더 신뢰가 갑니다.

세상만사는 모두 '예정'이 되어있기 때문에 예정된 하늘 문서를 들여다보거나 개인의 운명은 소우주인 얼굴과 손금을 상세히 보면서 암호해독을 하면 예정된 운명프로그램을 다 알아낼 수 있습니다.

병원에서 제왕절개수술로 태어난 사람의 사주풀이는 날짜와 시간이 앞당겨진 섭리를 거스른 사주이기 때문에 절반도 못 맞추지만, 하늘자연의 섭리에 따라서 '자연분만'으로 태어난 사람의 사주는 타고난 운명과 앞날운(運)을 정확히 맞출 수 있고, 개인들의 사주+얼굴+손금+전생과 영혼을 함께 동지에 보면 100%까지 타고난 운명과 앞날운(運)을 맞출 수 있습니다.

모든 예언자와 점(占)술가들은 '예정된 운명'이란 것이 있기 때문에 앞날운(運)을 점(占)칠 수가 있고, 어떤 수단이나 방법을 써서라도 앞날운(運)을 잘 맞추면 되는 것입니다.

그중에서도 직접 신(神)의 계시가 가장 중요하고 정확한바, 지금까지 천등산(山) 신령님의 가르침은 모두 다 들어맞고 있습니다.

나는 신령님의 가르침에 따라 섭리와 운명작용을 공부하면서 모든 존재물의 생긴 모양들과 이름들에 따른 기운(氣運)작용을 배웠습니다.

내가 산(山) 기도공부를 하고 있는 이곳 천등산(天登山)의 이름을 풀이하면 '하늘로 오르는 산'이란 좋은 의미와 기운을 나타내고 있습니다.

이처럼, 세상의 만물과 이름에는 거기에 걸맞은 '기(氣)가 형성이 되고 운(運)이 작용한다.'는 것은 진실입니다.

그렇기 때문에 기업·회사·빌딩·상품·가게 등등의 이름을 짓는 '상호작명'과 사람의 이름을 짓는 '성명작명'은 매우 중요합니다.

이름은 처음 지을 때 정말로 잘 지어야 하고, 잘 지은 이름은 평생동안의 기운(氣運)을 좋게 만들어갑니다.

이름을 지을 경우에는 유명한 학원의 1타 강사처럼, 자기가 저술한 책이 있고, 실력 및 능력과 부자 자산가인 선생에게서 이름을 지어야 합니다.

그 선생의 실력 및 능력검증은 직접 저술한 책으로 검증을 할 수 있고, 실제 재수운은 그 선생이 살고 있는 형편으로 검증을 할 수 있는바, 저술 책도 없고 가난한 선생에게서는 결코 이름을 지어서는 안 됩니다.

또한 인생을 살아가다가 '운(運)'이 안 좋은 사람들은 반드시 타고난 사주 및 손금과 이름풀이를 해 보아야 하고, 이름이 나쁠 경우에는 즉시 '개명(改名)'을 해주어 좋은 이름으로 바꾸어줘야 합니다.

요즈음은 개명과 개명신고가 잘되고 있습니다.

모든 이름은 처음 지을 때에 잘 짓는 것이 가장 중요하고, 별명·아호·예명·세례명·법명 등등 함께 불러주는 이름도 정말로 중요합니다.

이름을 들어보면 그 사람의 지식수준과 정신상태 및 인생 가치관과 운명 및 운세 등을 정확히 알 수 있습니다.

특히, 장사재수운과 직결된 가게이름 '상호'는 아주 중요하고, 인기운과 직결된 연예인의 '예명'은 정말로 중요하니 반드시 잘 지어야 합니다.

(※ 필자는 그동안 수많은 사람들의 운명감정과 이름감정을 해주면서 수많은 상호와 가게이름을 700개쯤 지어주었고, 그리고 수많은 작명으로 사람들의 이름을 1,000개쯤 지어주었으며 유명 예술인들과 연예인 심ㅇ진, 김ㅇ수, 김ㅇ아, 김ㅇ희, 박ㅇ진, 이ㅇ연, 이ㅇ희, 송ㅇ아, 전ㅇ연, 최ㅇ지, 고ㅇ라 등 수많은 연예인들 약 50명쯤 '예명'을 지어주었고, 영화배우 손예진의 예명도 필자가 직접 지어주면서 당시 연예기획사 'MS팀' 김사장에게 최고 유명 연예인이 될 것이니 잘 키우라고 정확한 앞날의 '예언과 개운'까지 직접 해주었음을 증명하고, 또한 필자는 유명하고 능력있는 SM·YG·JYP·빅히트·카카오엔터·칸스타·K스타 등 엔터테인먼트 사장들을 많이 알고 있고, 천재적 끼 많은 '연예인 지망생'을 발굴하면 연결도 해줍니다.)

특히, 연예인들은 '인기운과 재물운'이 좋아야 하니, 연예인이 되고 싶은 사람이나 지금 현재 활동을 하고 있는 연예인들은 가장 먼저 자기 자신의 타고난 사주+얼굴+손금+전생을 동시에 함께 보는 방법으로 정확한 '종합운명검진 겸 상담'을 꼭 한 번 받아야 하며, '예명'을 잘 지어야 함을 전달합니다.

연예지망생이나 연예인들이 '인기운과 재물운'을 좋게 만들면 유명한 가수 등 '연예인'으로 성공출세를 하게 되고, 금세 10억, 100억, 1,000억을 벌 수도 있고, 연예인재벌까지도 될 수 있음을 전달합니다. 가장 먼저 개인의 '종합운명검진 겸 상담'으로 자기 자신의 천성적 기질과 소질 및 재능발견을 정확히 해야 하고, 운때를 맞추고 운(運)을 좋게 만들면 10% 가능성을 100%까지 끌어올릴 수 있다는 비밀진실을 전달합니다.

연예기획사 엔터테인먼트 회사들은 연예 지망생을 발굴하면 손도사에게 데리고 와서 가능성의 '운명검진'을 꼭 확인받고 예명까지 지어갑니다.

이러한 것처럼 개인들의 타고난 운명과 이름은 정말로 중요합니다.

유명한 상품 또는 상호와 유명한 사람 또는 유명한 지명 등등의 이름을 분석해보면 신비하리만큼 정확함을 알 수 있습니다.

그렇기 때문에 모든 이름을 지을 때는 '운명전문가'에게 작명하시길 진심으로 꼭 전달드리는 바입니다…….

특히, 오래된 옛 지명은 이미 그 이름에 따른 기운이 계속해왔기 때문에 필자는 이곳 천등산(天登山)에서 산(山) 이름처럼 최고의 신통술과 득도 해탈을 이루고 반드시 하늘로 오르게 될 것입니다.

"천등산(天登山)에서 도(道)를 닦으면 하늘로 오르게 된다."

지금 이 글을 읽고 있는 독자분 중에 혹시 도(道)를 공부하는 사람이나, 신(神)을 공부하는 사람이나, 신(神)을 대상으로 깊은 신앙생활을 하고 있는 종교인들은 이 책의 이야기 현장이고 또한 필자가 산(山) 기도 공부를 한 대한민국 한반도 남쪽 땅 끝 전라남도 고흥군에 위치하고 있는 '천등산(天登山) 답사'를 꼭 한 번씩 해보시길 전달합니다.

고흥반도의 남쪽 남해안에 위치하고 있는 천등산(天登山)은 고흥군의 도화면·풍양면·포두면 등등 3개 면으로 나뉘어져 있고 산꼭대기가 그 분기점이되고 있습니다.

그런데 이곳 천등산(天登山)이 산불예방과 철쭉꽃 관광 및 등산로 개발이란 명분으로 도화면 신호리 탑사골과 풍양면 사동리 뱀사골 사이에 자동차가 통행할 수 있는 임도 산길이 뚫리고 있습니다. 현재는 공사를 하고 있는 모습이 직접 눈의 시야에는 보이지 않지만, 앞쪽 산골짜기 저 멀리 능선 너머 아래편과 뒤쪽 산 고개 너머 저 멀리 반대쪽 아래편의 양쪽 끝에서부터 중장비들에 의해 나무들이 베이고 땅이 파헤쳐지는 모습들이 신안(神眼)으로 다 보입니다.

이로 인해 이곳 천등산(天登山) 산신령님께서 엄청 진노하고 계십니다.

나무들도 쓰러지면서 비명소리를 지릅니다.

산짐승들이 자기들의 생활터전을 침범한다고 시위를 합니다. 온갖 생물들이 일방적인 파괴의 괴력에 총궐기로 저항을 합니다.

그렇지만 사람들은 이를 보지 못하고 듣지를 못하고 있습니다.

나는 너무나도 안타까움을 느끼고 있습니다.

이곳 천등산(天登山)도 다른 지역의 관광지 산(山)들처럼 개발바람이란 못된 바람이 불어 닥쳐 개발계획의 예정된 운명에 따라 자연훼손이 진행되고 있습니다.

천등산 임도 산길을 뚫는 공사가 여러 달을 지나니, 이제 저 멀리 산골짜기 아래편에서 공사하는 모습이 시야에 보이기 시작합니다.

산신령님께서 나에게 잠시 산 아래편 공사현장에 내려가 기왕에 공사가 진행 중이니 산길의 방향이라도 다른 쪽으로 설계변경을 요구하라고 하십니다.

나는 산신령님께서 시키시는 대로 산 아래편 공사현장까지 내려갑니다.

한창 임도 산길을 뚫는 작업을 진행 중인 공사현장 사람들은 인적이 없는 깊은 산속에서 원시인처럼 모습을 하고 나타난 내 모습을 보고는 기겁을 하고 작업을 모두 멈추는 것입니다.

나는 공사현장 책임자에게 나의 신분을 밝히고, 임도 산길의 설계도면과 설명을 부탁하니 산신령님의 말씀대로 임도 산길이 옹달샘을 관통해서 산고개를 넘어가게 되어 있음을 확인합니다.

공사현장 책임자에게 산신령님의 말씀을 전달하면서 설계변경을 요구하니 이미 결정이 되어 공사가 진행 중이기 때문에 설계변경은 불가능하다고 합니다.

나는 산신령님의 진노와 옹달샘이 훼손되어 없어지게 되는 것을 어떻게든 해결하려고 궁리를 하면서 이런저런 얘기를 꺼내며 지혜를 발휘합니다.

'즉석에서 기적을 보여주면 관계기관과 공사시행자에게 보고가 들어가게 되고 또한 중간 설계변경도 가능하겠지'라고 생각을 하면서 공사현장 책임자와 공사진행 앞날의 사고발생을 정확히 점(占)을 쳐줍니다.

"내가 사람의 운명을 좀 볼 줄 아는데 한마디 해도 되겠습니까?"

"예, 말씀해 보시지요!"

"공사현장 책임자 당신의 얼굴을 보니, 당신 아버지는 술병으로 죽었고, 자녀는 2명이고, 당신도 지금 술병에 걸려있구먼. 혹시 맞습니까?"

"예! 맞습니다요, 그러면 앞으로 어떻게 살아야 잘 살겠습니까?"

"당신의 얼굴 관상만으로 간단히 운명을 볼 때에 현재하고 있는 기술자 직업이 가장 적합하고, 당신의 수명은 59세까지이고 결국 술병으로 죽게 될 것입니다. 아버지가 술병으로 죽었고 당신도 술병으로 죽으면 당신 아들도 술병으로 죽게 될 것입니다. 당신의 운명은 그렇게 예정되어 있기 때문에 당장 생명보험이라도 가입을 해두고, 이제부터는 의지를 좀 강하게 하여 술을 끊고 선행을 베풀어야 합니다. 그렇게 할 수 있겠습니까?"

"예! 그렇게 하겠습니다. 그러나 술을 워낙 좋아해서 알코올중독까지 되면서도 끊지를 못하고 있으니 어떻게 하면 되는지요?"

"그것은 술병으로 죽은 당신 아버지의 핏줄업(業)내림현상과 핏줄동기감응작용으로 나타나기 때문이니, 당신 자신이 강한 의지로 당장 술을 끊든지 또는 술병으로 죽은 당신 아버지 혼령을 해원천도와 영혼치료를 동시에 해주든지 양자택일을 꼭 해야 해결이 될 것입니다. 자기 자신과 자식을 위한다면 나쁜 핏줄업(業)내림현상은 반드시 해결을 해야 할 것입니다."

"예! 잘 알았습니다. 꼭 그렇게 하겠습니다."

공사현장 책임자와의 얘기를 듣고 있던 건설 중장비 포클레인 기사가 곁에서 간단하게 자기 운명도 좀 봐달라고 부탁을 해옵니다.

나는 중장비 포클레인 기사의 나이만 물어보고 신안(神眼)으로 그 사람의 얼굴을 보면서 아주 짤막하게 점(占)을 쳐줍니다.

"포클레인 기사 당신의 얼굴을 보니, 당신 아버지도 기술자이고 핏줄운내림으로 손기술과 기계를 잘 다루는 기술을 타고나고 역마살을 타고났으니 돌아다니는 직업과 중장비 포클레인 기사 일이 잘 맞으나 전생업살 때문에 나쁜 습성과 성질이 너무 강하여 인간 덕이 없고, 토목공사하러 다니면서 죽은 이들의 묘와 땅을 함부로 마구 파헤쳐서 동토살을 맞아 3년 전에 외동아들이 죽고 부인은 집 나가버렸구면. 혹시 맞습니까?"

"예! 딱 맞습니다요. 그럼 앞으로 제 인생은 어떻게 되겠습니까?"

나는 포클레인 기사의 이름을 한 번 물어보고 신안(神眼)으로 그 사람의 얼굴을 보면서 또 답을 해줍니다.

"당신의 운명은 앞으로 혼자 독신으로 살게 되고, 수명은 68세까지이며, 욕심과 재물운은 가지고 태어나서 집문서를 3개씩이나 소유하게 되지만, 외롭고 쓸쓸한 죽음을 맞이하게 될 것입니다."

"앞날의 예정운명이 그렇게 되어 있다면 어떻게 하면 좋은지요?"

"당신은 전생업살 때문에 외로이 혼자가 되고 또한 나쁜 습성과 성질이 강해서 그렇다고 했으니, 당장 나쁜 습성과 성질머리부터 고치고 항상 동토살을 조심하고 반드시 업장소멸을 꼭 해주어야 할 것입니다."

"전생업살이 그렇게도 무서운 것입니까?"

"모든 사람과 만사는 지은 대로 되받고, 운명은 자가치료가 안 되기 때문에 전생업살을 타고난 사람은 현생을 마칠 때까지 평생동안 '업살작용'으로 고통과 고생을 당하게 되니 정말 무서운 것입니다. 이것이 바로 '인과응보'의 정확한 법칙인바, 반드시 업(業)과 살(殺)을 풀어주고 당장 성질머리를 고치고 선행을 많이 베풀어야 할 것입니다."

"예! 잘 알았습니다. 꼭 그렇게 하겠습니다."

나는 그 자리에서 즉석으로 공사현장 사람들의 운명을 짤막하게 봐주면서 포클레인의 포크 삽에 검은 혼령 군웅(軍雄)이 붉은 피를 흘리고 앉아 있는 모습을 신안(神眼)으로 보면서 우락부락하게 생긴 포클레인 운전기사에게 조심하라는 경고를 해줍니다. 그러면서 공사현장 책임자에게 결정적 쐐기를 박는 공사진행의 앞날 사고발생을 예언해 줍니다.

"오늘로부터 3일 훗날 사시경에 포클레인이 뒤집히고 운전하던 기사는 몸을 크게 다치는 부상을 당하게 될 것입니다. 지금까지의 내 점(占)이 맞고 또한 3일 후의 사고발생 예언이 맞거든 당장 공사를 중지하고 관계기관과 공사시행자에게 그대로 보고를 해서 설계변경을 하도록 하십시요!"라는 말을 남기고 다시 산(山)을 올라옵니다.

그로부터 3일 후가 되었습니다.

산신령님께서 다시 산(山) 아래편의 공사현장에 내려가 보라고 하십니다.

나는 신안(神眼)을 열고 산 아래편을 우선 살펴봅니다.

미리 앞날운(運)을 예언해주었던 그대로 사고가 발생을 했습니다.

나는 산(山) 아래편의 공사현장으로 다시 내려갑니다.

공사는 중지가 되었고, 양복차림의 사람들이 5~6명 와있습니다.

공사현장 책임자가 나를 보자마자 허겁지겁 뛰어오더니 급하게 말을 합니다.

"도사님이 예언을 해 주신 대로 중장비 포클레인이 큰 사고가 나서 운전자는 몸을 크게 다쳐 고흥병원으로 급하게 후송되었습니다. 그래서 모든 상황보고와 함께 공사시행이 군청이기 때문에 군수님께서 직접 현장조사를 나오셨습니다."

나는 군수님과 인사를 나누고 나서 확실한 믿음을 확인시켜 주고자 즉석에서 군수님의 운명을 한마디 말해줍니다.

"군수님의 얼굴을 보니, 당신의 전생은 학자선비였고 또한 조상님 중에 관직을 지낸 분이 있으니 관록을 타먹는 공직이 잘 맞고, 고흥군 최초로 3선까지 군수를 해먹을 것입니다. 하늘문서에 '3선 군수직'이라고 벼슬이 쓰여 있으니 고흥군수 선거에 계속 출마해 보시길 바랍니다."

하늘문서에는 그 사람의 빈·부·귀·천에 따라서 '사회적 신분'과 최고 성공 출세의 '벼슬 직명'이 기록되어 있습니다.

군수님은 내 손을 덥석 잡더니 눈빛을 내면서 말을 합니다.

"도사님 말씀이 족집게처럼 꼭 맞습니다. 금번 지자체장에 또 출마를 하면 틀림없이 당선이 되겠습니까?"

"틀림없이 당선이 됩니다."

"도사님! 무엇이든 말씀을 해주십시요. 도사님의 청원은 다 들어드리겠습니다."

"천기의 비밀은 운때까지 또는 목적과 목표를 이룰 때까지 반드시 감추어 비밀을 유지해야 합니다!! 당신에게 가르쳐 준 당신의 비밀적 미래운(運)은 당신 혼자만 알고 있어야 하고, 철저한 준비와 대비를 잘 해야 합니다. 그렇게 할 수 있겠습니까?"

"예! 꼭 그렇게 하겠습니다."

그러자 군수님을 따라온 수행원들이 자기들의 운명도 한마디씩만 간단히 봐달라고 부탁을 해옵니다.

나는 이렇게 만나는 것도 인연법이거늘 하고 생각을 하고 또한 운명예언천기공부의 정확성도 스스로 점검해 볼 수 있는 실습공부라고 생각을 하면서 신안(神眼)으로 얼굴 관상을 보면서 한마디씩만 간단히 그들의 '타고난 운명'을 가르쳐 줍니다.

그들은 개인들 각 사람이 태어날 때 타고난 특성과 기질 및 소질 재능과 직업적성을 정확히 맞추고, 진급운과 결혼운 및 가정운과 출세운 등을 정확히 맞춰주니 계속 감탄을 하고 또 감탄을 합니다.

나의 점(占)치는 능력에 감탄을 하고 있는 그들을 보면서 나는 객관적인 나의 신통력을 체크를 하고 확인하면서 다시금 삶의 보람을 느낍니다.

나는 오랜 세월만에 사람으로서의 삶의 보람을 느껴봅니다…….

그리고 그 후, 천등산(天登山)의 자동차 임도 산길은 산 능선과 산골짜기를 구불구불하게 휘감아서 옹달샘 옆 작은 능선 저쪽 편으로 약 100m 거리를 두고 지나가게 되었습니다.

이로써 천년 동안 유지되어온 천등산(天登山) 산속의 옹달샘을 지키게 된 것입니다.

천등산의 운명 속에는 이곳 옹달샘이 훼손되어지게 되어 있었습니다. 그러나 나쁜 쪽으로의 운명을 미리 알아내고, 진행중에 설계변경과 공사변경을 하도록 해서 옹달샘을 지키게 된 것입니다…….

우리 사람들의 운명과 인생도 마찬가지입니다.

예를 들면, 활시위를 떠난 화살은 쏘는 방향으로의 운명을 진행하면서 분명히 공중을 계속 날아가게 됩니다. 그러나 공중을 날아가고 있는 그 화살에 정확하게 어떤 힘을 작용시키면 화살의 진행방향을 바뀌게 할 수 있다는 것입니다.

이처럼, 사람의 운명은 자기 자신의 전생습성 및 업살(業煞)과 DNA 유전성 및 조상핏줄운내림으로 사주와 얼굴 및 손금의 생김새에 따라 타고나고 또한 예정대로 진행이 되지만, 왜 그런가?의 원인을 알아내고 해결방법을 잘 찾아내면 바꾸어 낼 수도 있다는 것입니다.

전생(前生) 때의 나쁜 습성들이 현생의 삶에 그대로 나타나는 돌아다니는 습성, 욱하는 습성, 난폭질 습성, 도둑질 습성, 거짓말 습성, 성 자위하는 습성 등등 나쁜 습성들도 개인들의 '전생업풀이와 살풀이'로 깔끔히 해결을 할 수 있고, 고독살 · 고립살 · 격정살 · 방탕살 · 역마살 등도 해결을 할 수 있고, 감옥살 · 개인파산살 · 수명단명살 등도 해결할 수 있습니다.

운명을 좋은 쪽으로 바꾸려면 가장 먼저 개인들의 타고난 사주와 얼굴 및 손금에 나타난 운명과 운(運)들을 미리 정확히 알아내야 합니다.

타고난 사주와 얼굴 및 손금에 나타난 운명과 운(運)들을 '종합운명검진 겸 상담'으로 정확히 알아내면 태어날 때 타고난 운명과 나쁜 운(運)들은 개선시킬 수 있고 고칠 수 있다는 것을 확신합니다.

이 글들은 모두 사실이고 진실이며 또한 진리입니다.

필자는 이 책에 사실과 진실 그리고 진리만을 이야기 형식으로 기록하면서 진심 어린 마음으로 많은 사람들에게 잘 사는 방법의 '위대한 가르침'을 알려주고자 하는 것입니다.

지금, 필자의 이러한 글 「신비학의 실용철학」을 읽고 있는 독자분들은 정말 '행운'을 만난 것이고 또한 한평생을 살아가면서 필자를 꼭 한 번 직접 만나게 되면 인생 최고의 '가르침'을 얻게 될 것입니다…….

제15장

우리나라 국민들에게 간절히 호소를 한다

우리나라 국민들에게 간절히 호소를 하고…….

계절이 바뀌고 다시 봄이 되니 도 닦는 공부가 9년째로 접어듭니다.

천등산 탑사골 깊고 높은 산(山)속에서 나 홀로 도(道)를 닦으며 무위자연법으로 살아가고 있습니다.

신선(神仙)처럼 우주자연의 생명 에너지 생기(生氣)를 먹고 살아가니 하루 이틀에 한 끼니만 생식(生食)을 하고도 잘 살아갑니다.

생식으로 한 끼니 먹고 한 번 명상에 들면 하루 이틀 동안 그대로 삼매경(三昧境)에 빠져 「신통술초월명상」에 들어 있기도 합니다.

요즘은 생시와 꿈속 그리고 평상시와 명상의 구분이 없고, 또한 좌선(坐禪)과 행선(行禪)의 구분도 없어졌습니다.

항상 '선정상태'이고 하루하루가 지극히 안정이 잘되어 있습니다.

단순하고 간소하게 살면서 하늘의 섭리와 순리에 따르고 도리를 잘 따르면서 이쪽과 저쪽, 선과 악, 옳고 그름, 승리와 패배 등등 분별심과 차별심을 초월하는 제3의 현상으로 '주시자'가 되어, 내 자신의 내면적인 사념·감정·행위·의식·영혼까지 주시를 하게 되니 마음작용에 끄달리지 않고, 나쁜 기운에 영향을 받지 않으면서 7가지 신통력으로 '전지전능자'가 되어 신선(神仙)처럼 살아 갑니다.

나는 이제 열린 눈으로 모든 존재물을 있는 그대로의 '참모습'을 보면서 우주하늘자연과 합일체가 되어 더불어 함께 살아갑니다.

관심법과 통찰력 및 신통술로 모든 대상을 정확히 꿰뚫어 봅니다.

사람의 얼굴을 보면 눈을 통해서 그 사람의 내면과 영혼 모습을 직접 볼 줄 알고, 그 사람의 전생과 현생 그리고 래생까지 모두 알 수 있습니다. 그 사람의 타고난 천성적 기질과 소질 및 재주와 체질 및 건강과 수명운까지 동시에 '비교분석'을 하기 때문에 보석감정사가 보석을 보면서 보석감정을 하듯, 그 사람의 타고난 운명과 운세·운수·운때와 관재구설수·큰 재앙과 미래의 질병 및 성공출세운·관직운·재물운·애정결혼운 그리고 수명운 등등을 종합적으로 정확히 운명감정 및 운명검진으로 '운명예언'을 합니다.

천등산(天登山)에 들어와 두문불출로 토굴생활 산(山)기도명상을 9년째 계속하면서 오직 혼자 힘으로 깨달음을 이룬 진리의 스승 석가모니불처럼 도를 닦아 스스로 도사(道士)가 되었습니다.

"발 없는 입소문이 천리를 가고 만리를 간다."

내가 도(道)를 닦고 있는 천등산에 산불예방과 철쭉꽃 관광 및 등산로 개발이란 명분으로 자동차가 통행할 수 있는 임도 산길을 뚫는 공사를 진행하던 중에 사고가 발생하여 현장 포클레인 운전기사가 고흥병원에 입원을 한 후에 군수님과 지방순시 중인 국회의원 그리고 군청 직원들이 찾아오게 되고, 내가 점(占)을 쳐준 사실이 여러 사람들을 통해 입소문이 돌면서 새로 뚫은 임도 산길을 통해 가끔씩 외부사람이 찾아옵니다.

어떤 사람은 이 깊고 높은 산속까지 걸어서 땀을 흘리며 올라오기도 하고, 어느 사업가와 높은 공직에 있는 도지사님 그리고 도지사님의 친구인 어느 국회의원은 깊고 높은 산속에 있는 나를 만나보기 위해 4륜 구동 지프차를 타고 서너 번 찾아오더니 아예 천등산 산꼭대기 근처에 헬기장까지 만들어 놓고 단골로 찾아오곤 합니다.

이곳 천등산에 자동차 임도 산길이 완공되자 삼사일에 한 명 정도 찾아오던 외부사람이 이젠 매일 한두 명씩 찾아옵니다.

이 깊고 높은 천등산 8부 능선 옹달샘 토굴에서 나 홀로 수도수행을 하고 있는 자연인 산(山)사람 도사(道士)를 찾아옵니다.

요즘은 찾아오는 외부사람들 때문에 조금 시끄럽고 불편하는 등 수도와 수행생활에 방해를 받고 있습니다.

그렇지만, 나는 산(山)기도 운명천기공부는 이미 끝났고 또한 나의 신통력과 도술을 시험도 해볼 수 있기 때문에 '인연법'에 따라 고생스럽게 찾아오는 사람들을 거절하지는 않고 있습니다. 오히려 긍정적인 생각과 자비의 마음으로 많은 사람과 영혼들에게 가야 할 바른 길을 가르쳐 줄 수 있어서 보람을 느껴봅니다.

그러면서 힘들고 고생스럽게 이 깊고 높은 산(山)속까지 나를 만나보러 찾아오는 사람들이 자기 영혼의 전생과 자기 핏줄의 운(運)내림을 전혀 모르고 살아가고 있음을 확인하면서 안타까워합니다.

많은 사람들이 자기가 태어날 때 어떤 운명을 타고났는지?도 모르고 또한 자기의 운(運)이 어떻게 진행되고 있는지?도 모르는 등등 운명작용을 전혀 모르고 그냥 열심히 노력만 하면 되는 줄 알거나 또는 행여나 하다가 운(運)이 나쁜 사람들이 타고난 사주팔자운명의 프로그램에 따라 손해를 당하고, 실패를 당하고, 감옥에 가고, 이혼을 당하고, 사고를 당하고, 불치병에 걸리고, 죽고 하는 등등 '날벼락'처럼 억울함을 당하게 되니 눈뜬장님 같고 귀머거리 같아 너무나 안타까울 뿐입니다.

모든 사람은 태어날 때 각자의 타고난 사주, 즉 생년·생월·생일·생시와 얼굴 및 손금에까지 그 사람의 '평생운명'이 모두 나타나 있다는 진실을 알고 살아가야 한다는 것을 가르쳐 드립니다.

모든 종교들의 경전이나 성경책 내용에도 "각 사람의 얼굴과 손금에 부호의 표식으로 모두 가르쳐 준다."라고 분명히 말씀하고 있습니다.

요즈음은 대학교에서 명리학과 동양철학을 가르치고 있고, 점성술은 인류 역사와 함께 가장 오래 되었으며, 명상은 정신수련 및 자기 성찰의 최고 방법으로 사용되고 있습니다.

사람들은 모두가 각자의 '의식수준'에 따른 영혼을 가지고 있습니다.

너무나도 소중한 '영혼들의 삶'을 위해서 반드시 잘 살아야 합니다.

현재의 삶은 '영혼들의 나그넷길'이고, 사람들의 진짜 주인공 영혼들은 과거 전생 때부터 앞날의 죽음 후까지 계속 몸을 바꾸어 태어나고 죽고 하면서 '진화와 퇴화'가 계속됩니다.

영혼들은 10번을 계속 진화하면 신(神)이 될 수 있고, 10번을 계속 퇴화하면 자연소멸까지도 되어 버립니다.

필자는 「영혼진화론과 퇴화론」을 최초발표를 했고 또 기록해 둡니다.

필자는 세상 모든 사람이 다 성공·출세·부유함·무병장수 그리고 해탈자유로 행복하기를 바라는 '홍익정신'의 진심 어린 마음에서 이 글을 쓰고 그리고 책으로 진실된 진리를 널리 알리고자 합니다.

그러나 혹시, 필자의 글을 읽고 있는 독자분 중에서 현재 개인 순재산이 1,000억 원 이상의 부자재벌이거나 또는 종교 등 무엇에 푹 빠져 이미 미쳐버린 사람들은 이 책을 읽지 마시길 바랍니다.

왜냐하면, 부자재벌들은 태어날 때 복(福)을 잘 타고났기 때문이고, 또한 사상·이념이나 종교에 깊이 빠져들면 '외눈깔' 사람이 되어 버리고, 외눈깔 사람은 객관적이고 합리적인 사리판단력을 잃어버리며, 결국에는 그 사상·이념이나 종교에 맹신적으로 미쳐버려 편견과 고정관념에 사로잡힌 골순분자 '추종자'에서 결코 벗어날 수 없기 때문입니다.

종교들의 경전은 교묘한 방법으로 사람들에게 '죄의식'을 심어 주고, 평생 죄인으로 살아가게 하면서 저마다의 '교리와 헌금'만 강조를 합니다.

종교들이 신도를 묶어두기 위해 가르치는 '교리공부'에 빠지면 평생동안 몸뚱이와 정신 그리고 영혼까지 '노예'가 되어 버립니다.

무엇에든 노예가 된 사람들은 가장 어리석은 '바보천치'들입니다.

이승에서의 노예는 죽어서도 노예가 되고, 평생 '돈 착취'만 당할 뿐입니다.

종교에 바치는 시간과 헌금만 평생 모아도 모든 신자는 부자가 될 것입니다.

"종교들의 전문적인 교리공부와 청빈은 '성직자'에게만 필요하다."

성직자는 청빈해야 하고, 일반신자들은 부유해야 합니다…….

공개질문? 세상의 종교들에게 '헌금을 없애면' 어떻게 될까요??

생각과 정신을 지배하고 조종을 하는 종교신념들 때문에 기독교와 이슬람의 전쟁과 살인은 과연 올바른 가르침인가요??

정치꾼들의 정치신념으로 인한 전쟁과 살인은 정의인가요??

모든 종교와 신학·정치학·철학 등을 가르치는 지식들의 '근원과 본질'은 하늘자연의 섭리와 순리와 도리를 알고 그 행함이라고 전달합니다.

이 글을 읽고 있는 독자분들은 이 책으로 우선 '자기 앞가림'부터 잘 하는 방법을 많이 배워서 꼭 '부자'가 되어야 하고, 깨우치는 방법을 많이 배워서 영혼진화와 함께 '스스로 영혼구원' 받으시길 진심으로 축원하고, 인생을 자유롭고 행복하게 '주인공'으로 살아가길 꼭 충고합니다!!

필자는 의식의 최고 각성상태로 항상 깨어있고 열린 상태이기 때문에 필요에 따라서 또는 생각의 집중만 하면 보이지 않는 모습을 볼 수 있고, 들리지 않는 소리를 들을 수 있고, 느끼지 못한 느낌을 느낄 수 있으니 무엇이든 알아낼 수 있고 또한 해낼 수 있는 '전지전능자'가 되고 있습니다.

인간계와 신령계 그리고 이승세계와 저승세계 양쪽 모두와 과거 · 현재 · 미래를 훤히 꿰뚫어 볼 수 있습니다.

필자는 요즈음 생각과 바람의 차원이 도사(道士) 또는 도인(道人)의 경지에서 모든 것을 헤아리게 되었습니다.

삶의 가치관이 바뀌고 마음씀씀이 높아지니, 우리 모두와 중생들을 구제해야 한다고 스스로 나 자신이 변화를 해 갑니다. 그래서인지 죽은 사람의 혼령들이 너무나 많이 보입니다. 어떤 때는 토굴 밖에 수십 명 또는 수백 명 또는 수천의 혼령들이 모여들어서 자기들의 '원한 좀 풀어달라'고 또한 '영혼구원 좀 해달라'고 하소연들을 해옵니다.

그들은 대부분 과거 일본의 점령 때 또는 6 · 25한반도 남북전쟁 때에 억울하게 죽은 우리의 불쌍한 선조님들의 원혼(寃魂)들입니다.

또한 해방 후 좌 · 우 다툼과 독재정권 때 민주화시위 및 노동시위 그리고 각종 사고와 집 나가 객사로 억울하게 죽은 영혼들입니다

수많은 우리민족 선조님들의 원한 서린 하소연에 매일 같이 시달리고 또한 접하면서 가끔씩 「신통술초월명상」으로 들어가 버립니다.

「신통술초월명상」 속에서 내 의식체 겸 영혼체는 나의 자유의지에 따라 시간과 공간을 초월한 '유체이탈'을 합니다.

나는 요즈음 유체이탈로 동양권의 신령스런 영산(靈山)인 히말라야 · 카일라스산 · 태산 · 황산 · 구화산 · 후지산 그리고 백두산과 지리산에 자주 다녀

옵니다.

가끔씩 그리스의 델피신전과 미국 애리조나주의 세도나와 네팔의 피시테일 성산에도 다녀옵니다.

또한 가끔씩 천사들의 안내로 로마의 베드로성당에도 다녀옵니다.

또한 중국 북경의 자금성과 일본 동경의 황궁에도 다녀옵니다.

유명한 산들의 명기(明氣)를 받으러 다니기도 하고, 또는 아주 옛날 과거 전생 때에 인연이 있던 곳을 다녀오기도 하고, 또는 국가 차원적 기운 회복(氣運回復)을 위해 싸우러 다니기도 합니다.

과거 일본이 우리나라 한반도를 침략하고 강점하면서 한반도 금수강산 우리 산맥의 정기를 쇠말뚝으로 혈을 끊었듯이, 나도 우리나라의 도사(道士)로서 내 손으로 일본 후지산의 정기를 끊으려고 쇠말뚝을 들고 쳐들어가기를 수없이 시도를 합니다.

하지만 그때마다 후지산 산봉우리에서 후지산 산신령과 일본의 천황 대신 그리고 정체불명 검은 모습의 일본 고승이 앞을 가로 막습니다. 나는 번번이 실패를 하지만 시도를 하고 또 시도를 계속합니다.

나의 이러한 생각과 행동은 큰 신통력을 지닌 도사(道士)와 상극적 관계에 있는 나라신(國神)들 간의 기(氣) 싸움입니다.

이러한 기(氣)싸움을 경험하면서 우리나라의 나라신(國神)이 아직도 약함을 뼈저리게 실감을 합니다.

지난날 우리 선조들을 많이 죽이고 또한 우리 땅을 강점하면서 우리 문화재까지 약탈한 일본 사람과 일본 나라신(日本國神)을 이길 수 있을 때까지 나는 옛날의 고승이신 '사명대사'처럼 계속해서 도력과 법력을 더 쌓아가고, 충무공 '이순신 장군'처럼 더욱 강해지고 싶습니다.

어떠한 명분으로든 사람을 많이 죽인 나라와 통치자는 억울하게 죽은 원혼

(寃魂)들의 저주와 하늘의 법칙인 '인과응보'로 반드시 댓가의 벌을 받게 될 것이고 또한 벌을 받아야 합니다.

또한 무고한 사람들에게 고통만 주는 독재국가도 모두 인과응보법칙으로 벌을 받게 되어 결국 망할 것이고, 자살폭탄과 테러로 무고한 사람들을 많이 죽이고 평화를 해치는 나쁜 종교와 나쁜 정부의 지도자들도 본인과 그 후손들까지 모두 벌을 받게 될 것입니다.

그리고 지난날 약소국가와 약소민족을 침략한 나라와 그 국민들은 지도자와 조상을 잘못 둔 '죄업'으로 최소한 100년 동안은 반성과 사죄를 해야 마땅한 것입니다.

"조상핏줄의 기(氣)작용은 최소 100년동안 지속을 한다."

이것은 조상과 후손간의 지은 대로 받아야 하는 '하늘법칙'입니다.

하늘은 그 지역과 국가의 운때와 그 사람의 운때에 맞춰서 반드시 심판을 하고 천벌(天罰)을 내리게 되어 있습니다……

그러나 현재의 지금 상황과 기운(氣運)의 논리에서 필자는 억울함을 느끼면서 통탄을 하고 또 통탄을 합니다.

필자가 초월명상 중에서도 실제 행동으로도 그리고 나라의 국력으로도 일본과 후지산을 이기지 못하는 것은 우리나라의 나라신(韓國神)의 힘이 약하기 때문입니다.

필자는 이 책을 통하여 7천만 우리민족 동포들에게 두 주먹을 불끈 쥐고 결연한 심정으로 꼭 한 가지 공개적으로 호소를 하고자 합니다.

우리도 이제는 제발 우리의 것이 소중함을 깨달아 자기 자신이 종교 신앙으로 섬기는 신과 함께 우리나라의 민족신(民族神)과 선조신(先祖神), 즉 하늘의 '천륜 법칙'인 우리민족의 시조, 자기 성씨의 시조와 자기 조상 그리고 위대한 공적을 남기신 위인들과 호국장군 등등의 우리의 조상(祖上)님도 함께 잘 섬기자고 우리민족 동포들에게 피눈물로 간절히 호소를 드립니다.

우리 민족국가의 전통성을 잘 지켜야 되지 않습니까?!

우리 자신의 근본뿌리를 잘 찾아야 되지 않습니까?!

이 세상 천지만물 중에 뿌리 없는 나무가 있습니까?!

우리나라 주변의 강대국인 '일본과 중국은 자기 나라의 조상신을 너무나도 잘 섬기고 있다.'는 사실과 진실을 꼭 가르쳐 드립니다.

우리민족 동포들에게 간절히 호소를 드립니다!!

이제부터 우리도 우리의 '조상신(祖上神)'을 잘 섬기면 분명히 강해질 수 있고, 강해지면 잘 사는 부자 나라가 될 수 있습니다.

신령과 조상신들은 땅에서 강하면 하늘에서도 강해지고, 하늘에서 강하면 땅에서도 강해집니다.

"모든 신(神)들은 섬김을 받을수록 더욱 강해지고, 조상신은 핏줄을 통해서 가장 강하게 작용한다."는 진실을 꼭 가르쳐 드립니다.

필자는 이러한 진실적 비밀진리를 7천만 우리민족 동포들의 양심과 심장을 향하여 호소하는 심정으로 꼭 알려드리는 바입니다…….

이러한 메시지를 꼭 전달하면서 필자는 현재 상황에서 내가 해야 할 일을 내 스스로 찾아서 실행을 합니다.

필자는 이제 도사(道士)가 되었으니, 금수강산 이 땅에서 처참하고 억울하게 죽은 우리민족 동포 선조님들의 원한 서린 하소연들을 모른 체 할 수가 없습니다. 억울하게 죽은 모든 원혼들을 달래주고 '해원천도'를 꼭 잘 시켜서 땅을 깨끗이 정화하는 일부터 시작을 하려합니다.

하늘의 기운이 대우주의 역(易)의 법칙에 따라 큰 변화를 하고 있고, 지구의 기운(氣運)도 동쪽에서 서쪽으로 한 바퀴를 돌면서 다시 동쪽의 동양으로 오고 있으니, 큰 변화의 대운(大運) 맞이를 우리는 미리 준비를 잘 해야 합니다.

지구의 기운은 2050년쯤이 되면 '동양 주도권시대'가 시작됩니다.

필자는 하늘에서 신(神)들이 인정하고 보호해 주는 도인(道人)이고 도사(道士)이기 때문에 그러한 '큰 운(運) 맞이'를 미리 준비하기 위해 우선 이 땅의 땅부터 깨끗하게 정화를 시키려고 합니다.

금수강산 이 땅에서 과거 일본의 강점 당시에 그리고 6·25한반도 남북전쟁 당시에 처참하고 억울하게 죽은 우리의 불쌍한 선조(先祖)님들과 민주화시위 및 노동시위 그리고 각종 사고 및 각종 질병 그리고 자살로 원한 많게 죽은 영혼들이 유령(幽靈)과 좀비로 전국 산천과 방방곡곡을 구름떼처럼 몰려다니면서 큰 사고들을 일으키고 다니는 저 원혼(冤魂)들을 그냥 내 버려둘 수는 없습니다.

원한 귀신들이 사람의 몸에 '빙의'가 되어 죽자 살자 억지의 자기주장으로 진영싸움을 일으키는 저 잘못들을 그냥 내버려 둘 수는 없습니다.

정치꾼들과 좌파성을 가진 나쁜 놈들이 미친 귀신에게 '빙의'되어 밥 먹듯 거짓말과 선동질 및 싸움질만 일삼는 행태들을 그냥 내버려 둘 수는 없습니다.

(※ 빙의가 된 사람들은 스스로 고칠 수가 없습니다.)

영혼들의 약 1억대 1 경쟁 속에서 사람 몸을 받아 이 세상에 한 번 태어나 보려고 겨우 어미 자궁 속에 태아 영혼으로 들어왔는데 '영혼살인'을 당한 낙태아기 영혼들이 평생동안 그 어미와 산부인과 의사를 '저주'하는 모습을 그냥 내버려둘 수가 없습니다.

(※ 자궁살과 자궁암은 낙태 살인을 한 태아령의 저주가 90%입니다.)

오죽이나 억울하면 원한귀신들이 되어 유령·영산·수비·좀비로 몰려다닐까 하고 생각도 해보지만, 영혼들의 세계는 인과(因果)의 법칙과 업(業)의 법칙 그리고 순환순서의 질서법칙 때문에 혼령으로서의 영혼은 자기 스스로 자기의 길을 결코 바꿀 수가 없습니다.

또한 의식수준과 영적 능력이 낮은 사람의 영혼들은 '자신의 능력으로는 자기의 길을 결코 바꿀 수 없다.'는 하늘의 법칙 때문인 것입니다.

'저 불쌍한 귀신(鬼神)으로 전락한 혼령들도 사람으로 살아있을 때에는 모두가 다 우리의 조상(祖上)님이고 내 핏줄이었는데' 하고 생각을 하면 너무나도 가슴이 찢어질 듯 아픕니다.

한 핏줄 동포끼리의 불행한 싸움통에 이름도 모른 산천에서 피를 흘리고 죽은 한 많은 저 원혼들(독자분 당신의 집안에도 한 사람쯤은 전쟁 때 죽은 조상이 있을 것입니다)이 아직까지도 구천을 맴돌며 이 나라 금수강산을 구름떼처럼 잡귀신 유령과 좀비로 떠돌아다니면서 대형 사고를 치고 온갖 재앙을 초래하는 저 원한 많은 혼령들을 독자 여러분들이여 어떻게 할까요?!

사람으로 태어나서 불치병 또는 각종 사고 및 자살 등등으로 비명의 한 많은 죽음을 당한 저 불쌍한 원귀·악귀·요귀의 원한 서린 저 원혼들(독자분 당신의 가족 중에도 한 사람쯤은 불치병이나 각종 사고 및 자살로 원한 많게 죽은 가족이 있을 것입니다)도 구천을 맴돌며 이 나라 금수강산을 유령과 좀비로 떠돌아다니면서 일가친척 및 후손과 가족들에게 해코지를 하고 다니는 저 원한 맺힌 혼령들을 독자 여러분들이여 어떻게 할까요?!

낙태아기들 영혼살인의 죄업으로 산부인과 병원이 모두 망해버리고, 산부인과 의사들은 모두 인생종말이 나쁘게 되고, 또한 낙태아기 어미들의 평생동안 가슴에 박혀있는 '양심대못'을 독자 여러분들이여, 어떻게 할까요?!

독자 여러분! 당신이라면 과연 어떻게 하시겠습니까?

필자는 지금 독자 여러분의 진심어린 가슴과 양심 그리고 효심과 자비심(慈悲心)을 향하여 질문을 던지고 있습니다.

저 불쌍한 혼령들 속에는 내 조상님도 끼어있을 수 있고 여러분의 조상님도 끼어있을 수 있으며, 모두가 우리의 선조님들인데 과연 독자 여러분은 어떻게 하시겠습니까?

당신도 죽으면 혼령으로 돌아가고, 사람으로 살 때의 '삶의 질'에 따라서 잡 귀신이 될 수도 있는데 과연 어떤 대답을 하시겠습니까?

지금, 당신의 대답을 신(神)들과 당신 조상(祖上)님 그리고 당신의 양심과 영혼이 바라보고 있는데 과연 어떤 대답을 하시겠습니까??……

지금 바로 대답을 주저하시는 독자분께서는 이 책을 놓으십시요!

잠시 생각을 해보고 그리고 찾아가십시요!

당신의 친부모 · 친형제 · 친자매 · 친자식 등 당신의 '핏줄 가족'들이 어떻게 살아가고 있는지? 꼭 한 번 찾아보고 살펴보십시요!

당신의 조상님과 부모님의 묘소와 납골함이 잘 보존 관리되고 있는지? 꼭 한 번 찾아보고 살펴 보십시요!

당신의 조상님 선영과 부모님의 제사와 추도식에는 정성껏 잘 참여하는지? 자신을 돌이켜 살펴보십시요!

사람으로 태어나서 지금까지 어떻게 살아왔고, 또한 지금은 어떻게 살아가고 있는지? 자기 자신을 잠시 생각해 보시길 바랍니다~~.

당신은 지금 누구입니까?

당신은 지금 어떻게 살고 있습니까?

'당신이 지금 살고 있는 그 모습을 하늘과 조상님 그리고 당신 영혼이 두 눈을 부릅뜨고 지켜보고 있다.'는 진실을 꼭 알아야 합니다!!

사람으로서의 기본 도리(道里)를 지키고 따를 줄 알아야 합니다!!

자식과 후손으로서의 효도(孝道)의무도 잘 이행할 줄 알아야 합니다!!

"짐승도 지어미가 아프거나 죽을 때는 곁에 있어 준다."

효심 · 효도 · 효행은 자식과 후손의 근본도리이며, 핏줄인연의 법칙은 하늘 법칙이기 때문에 정말로 중요하다는 진실을 꼭 전달합니다.

핏줄은 천륜작용으로 계속해서 죽은 후에 100년까지 연결되어 있고, 영혼들은 죽지 않고 자기가 지은 대로 '과보의 법칙'만 따를 뿐입니다.

죽음은 끝이 아니고 또 다른 시작이며, 저승세계에서 볼 경우에 인간 세계가 오히려 저승이고, 영혼들은 삶의 질에 따라서 '진화와 퇴화' 그리고 함께 '심판과 윤회'를 끝없이 계속 반복할 뿐입니다.

그렇기 때문에 항상 '하늘자연의 이치인 섭리를 알고, 순리를 따르고, 도리를 지키며 살아가야 한다.'는 것을 진심으로 가르쳐 드리는 바입니다.

필자는 하늘에서 신(神)들이 인가한 도사(道士)가 되었습니다.

저 수많은 혼령들은 내가 신통력 도사(道士)의 능력을 지녔기 때문에 저마다의 하소연을 하기 위해 나를 찾아 온 것입니다.

필자는 이제 도인(道人)이기 때문에 도사(道士)로서의 사명감을 가지고 도(道)의 삶과 도(道)의 길을 가야 합니다…….

나는 오늘도 특별한 목적으로 「신통술초월명상」으로 들어갑니다.

내 조국 금수강산 이 땅에서 살아가는 우리민족 동포들이 잘 살려면 우선적으로 한반도 이 땅에서 많은 사람이 죽는 '전쟁'을 꼭 막아야 하고, 새로운 운맞이를 위해 금수강산 이 땅을 깨끗이 '정화'를 시켜야 하며, 땅을 정화하려면 원한 서린 우리의 조상님들을 모두 '해원천도(解冤薦度)'를 시켜드려야 합니다.

또한 낙태아기영혼들도 모두 '해원천도'를 해주어야 합니다.

나는 오늘도 어제처럼 우리나라의 영산(靈山) 백두산 천문봉 산봉우리로 갑니다. 백두산은 한반도 전체의 명기와 지령을 총괄하고, 지리산은 남쪽지역을 주관하기 때문에 백두산 천문봉 산봉우리로 갑니다.

나는 백두산 천문봉 산봉우리에서 하늘을 향해 소원을 빕니다.

지극 정성스런 마음으로 눈물을 흘리며 빌고 또 빕니다.

비나이다 ~~. 비나이다 ~~. 하늘 신령님께 비나이다~~.

우리나라 내 민족 동포에게 사랑과 자비를 내려 주소서!

비나이다 ~~. 비나이다 ~~. 모든 신령님께 비나이다~~.

한반도 이 땅에서 전쟁을 꼭 막아주시고, 내 민족 동포가 서로 싸우다가 금수강산 이 땅에서 붉은 피를 흘리며 비명에 죽고, 죽어서는 원한귀신이 되어 유령 · 좀비로 떠돌아다니니, 불쌍한 이들의 넋을 달래고 해원시켜 극락 천국 좋은 곳으로 인도해 주소서!

또한, 교통사고 · 화재사고 · 폭발사고 · 추락사고 · 익사사고 등등 날벼락처럼 각종 사고로 비명에 횡사 · 객사를 당하고, 죽어서는 원한귀신이 되어 구천을 헤매며 떠돌아다니니, 불쌍한 이들의 넋을 달래고 해원시켜 극락 천국 좋은 곳으로 인도해주소서!

또한, 자살 · 급살 · 동토살 · 상문살 · 주당살 · 객사살 · 심장병 · 뇌진탕 · 폐암 · 췌장암 · 뇌사 · 정신병 · 치매 등등의 불치병이나 각종 사고로 비명횡사의 살(煞 · 殺)을 맞아죽고, 죽어서는 원한귀신이 되어 후손이나 살아있는 가족에게 핏줄대물림 우환 또는 핏줄내림병으로 해코지를 하면서 구천을 헤매며 떠돌아다니니, 불쌍한 이들의 넋을 달래고 해원시키고 특수 영혼치유까지 해서 극락 천국 좋은 곳으로 인도해주소서!

또한, 태어나보지도 못하고 어미 자궁 속에서 살인을 당한 낙태아기영혼들이 그 어미의 몸에 평생을 붙어다니며 자궁살과 부부싸움 및 이혼살 그리고 자궁암으로 복수를 하니, 낙태아기영혼들을 달래고 해원시켜 다시 태어나도록 인도해주소서!

비나이다 ~~. 비나이다 ~~. 하늘 신령님께 비나이다~~.

비나이다 ~~. 비나이다 ~~. 모든 신령님께 비나이다~~.

우리나라 금수강산 이 땅의 이름 모를 산천에서 전쟁으로 죽고, 각종 사고로 비명에 죽고, 각종 불치병으로 한 많게 죽은 유주무주 혼령 넋들을 달래고 해원시켜주소서! 또한 영혼치유까지 해서 극락 천국 좋은 곳으로 천도 · 인도를 해주시고, 우리나라와 민족 동포에게 남북통일과 평화를 내려주소서!

또한, 금수강산 이 땅에서 사상 및 이념 갈등과 진영논리로 싸움질과 국민 분열의 선동질이 없도록 해주시고, 저마다의 꿈을 펼칠 수 있도록 해주시고, 자유와 행복을 내려 주소서! 자유와 행복을 내려 주소서!!

만조상 해원진언, 옴 삼다라 가다 사바하!

극락 천국 왕생진언, 옴 마리다리 훔바탁 사바하!……

나는 백두산 천문봉과 장군봉 산봉우리에서 하늘을 향해 소원을 빌고, 땅을 향해 진언과 독경을 합니다.

소원을 빌고 해원경과 진언을 읊으면서 한없이 눈물을 흘립니다.

우리나라 금수강산의 산천과 구천세계에서 원한귀신으로 떠돌아다니는 유주무주 혼령들이 원한을 풀고 좋은 곳으로 '해원천도'가 잘되고, '영혼치유'가 잘되어야 온갖 불치병과 핏줄내림병 및 핏줄대물림우환 그리고 각종 사고 발생 재앙들이 줄어들거나 없어지게 됩니다.

그래야, 이 땅에서 살고 있는 우리민족 동포 백성들이 운(運)이 좋아지게 되고, 복(福)을 받을 수 있게 될 것이라고 확신을 합니다.

나는 도사(道士)로서 그리고 이 땅에 태어나 먼저 가신 선조님들의 후손으로서 도리를 따르고, 사명감과 의무감을 이행하고자 눈물을 흘리며 백두산 천문봉과 장군봉 산봉우리에서 하늘을 향해 소원을 빌고 땅을 향해 독경(讀經)과 진언(眞言)을 읊습니다.

억울하고 한 많은 불쌍한 우리의 모든 조상님들을 위하여 지극한 효심과 도심(道心)으로 기도의 눈물을 흘리고 또 흘립니다.

보통사람들은 다른 사람이야 잘못되든, 굶어죽든, 손해 보든, 억울하든 말든 자기 자신과 자기 가족만 잘 먹고, 잘 입고, 잘 쓰고, 잘 살려고 아귀(餓鬼) 다툼처럼 살고 또한 이 나라 이 땅 자기의 조국을 버리고 이민을 가고 또한 이중국적까지 취득해서 어차하면 조국을 버리려고 하지만 나는 도저히 그럴 수가 없습니다.

"배은망덕과 배신을 하면 반드시 훗날 댓가를 꼭 되받는다."

나는 후손으로서 도저히 배은망덕과 배신을 할 수 없습니다.

내가 죽으면 저승에서 또다시 선조와 조상님들을 만나 뵐 텐데 외면을 하거나 도저히 양심과 도리를 저 버릴 수는 없습니다.

나는 도인(道人)이고 도사(道士)가 되었으니, 도(道)의 길을 가면서 도(道)를 행하여야 하기 때문에 이 한목숨을 바쳐서라도 우리민족 동포를 모두 다 잘살게 할 수만 있다면 또한 우리민족 동포의 선조님들을 하늘나라 천당과 천국의 극락세계로 모두 다 천도 · 인도할 수만 있다면 두견새가 밤새도록 피를 토하면서까지 울어대듯, 나 또한 이 생명 다할 때까지 해원천도경과 해탈열반경을 독송하리라!!

이 한평생을 바쳐서라도 억울하게 죽은 저 많고 많은 우리의 조상 원혼들을 해원천도시켜 드리기 위해 반드시 국사당(國祠堂)을 지으리라!!

이 나라에는 불교의 사찰도 많고, 천주교의 성당도 많고, 기독교의 교회도 많지만 우리민족과 우리 국가를 위한 국사당(國祠堂)은 아직 없습니다. 국가에서도, 정부에서도, 재벌기업에서도, 사회단체에서도 아직까지 제대로 된 국사당(國祠堂) 하나 짓지를 않고 있습니다.

필자는 각 분야의 지도층과 상류층 특히 대통령과 기업 재벌들에게 진심의 마음으로 또한 모든 동포와 국민들에게 호소를 합니다.

누구나 죽으면 저승세계 영혼과 혼령들의 세계로 돌아갈 텐데 저승가서 조상님들 뵐 면목은 떳떳하십니까?!

가슴과 양심에 손을 얹고 진심으로 생각들을 좀 해보시길 바랍니다~.

그동안의 통치자와 지도자 그리고 재벌기업인과 정치인·종교인·교육자와 지식인들을 포함하여 기성세대의 어른들은 반성 좀 해야 합니다. 국민 도움으로 재벌이 된 부자들은 사회 환원을 좀 해야 합니다. 일본놈들한테 빌붙어 사리사욕을 채운 사람들과 그 후손들은 죽을 때까지 반성을 해야 하고, 또한 재산의 사회 환원을 해야 합니다.

외세들에게 금수강산 이 땅을 점령당하고, 주권을 빼앗기고, 억울하고 처참하고 가난했을 때 과거를 돌이켜 생각 좀 해보시길 바랍니다~.

지금도 일본·러시아·중국이 우리민족을 얕보고 있습니다.

정말로 우리는 '국민의식'을 바꾸어야 하고, 준비와 대비를 잘 해야 하며, 국사당(國祠堂) 건립으로 '정신적 구심점'이 꼭 필요합니다!!!

정신적 구심점을 잘 만들어 '국가관'을 확고히 해야 하고, 100년 장기적인 큰 계획을 세워서 '정신혁명'으로 정신들을 일깨워야 합니다!!!

역사 이래로 '애국자'가 왜 존경을 받는지 생각해 보시길 바라고, 큰 애국자와 큰 위업 및 큰 공덕을 남긴 사람들은 죽은 후 반드시 칭송과 함께 '인격신(人格神)'이 된다는 진실을 꼭 가르쳐 드립니다…….

필자는 이제 도사(道士)가 되었으니, 우선 국가와 민족을 위해 반드시 국보급의 국사당(國祠堂)을 지어서 원한으로 죽은 많고 많은 우리의 조상님들을 모두 다 영혼치유와 함께 해원천도를 시켜드리고, 또한 영혼승천을 시켜드리겠다고 '큰 서원(大誓願)'을 세워봅니다.

'위대한 가치의 큰 서원은 꼭 이루어진다.'

나는 한없는 눈물을 흘리며 백두산 천문봉 산봉우리에서 기도를 계속합니다.

하늘과 땅의 모든 신(神)들께 우리 '민족신전 국사당(民族神殿國祠堂)'을 내 손으로 꼭 지을 수 있도록 해달라고 간절한 마음으로 소원을 빌고 또 빌면서 말씀에 권능이 따르는 '진언'을 계속 말합니다.

업장소멸진언, 옴 아르늑게 사바하!

만조상 해원진언, 옴 삼다라 가다 사바하!

무량겁 멸죄진언, 옴 모니모니 새야모니 사바하!

소원성취진언, 옴 아모카 살바다라 사다야 시베 훔!⋯⋯.

[필자는 이 책을 출간하면서 우리민족 신전 '국사당' 건립을 추진합니다. 이미 필자 개인의 자비 부담으로 우리나라 한반도의 큰 산줄기 백두대간의 남쪽 제일 명당자리 지리산 입구, 경상남도 하동군 화개면 범왕리(凡王里) 산 100번지 임야 약 2만 평과 백두대간의 설악산 입구, 강원도 속초시 도문동(道門洞) 산 306번지 임야 약 4만 평을 매입해서 국사당 지을 터를 준비해 두고, 건축방법을 구상하고 있습니다. 우리민족 동포라면 직업과 신분 그리고 종교를 초월하여 누구라도 자신의 능력에 따라 개인이든 기업이든 많은 사람들이 국사당 건립에 '동참'해 주시길 바라고, 진심으로 가치있고 보람있는 곳에 돈을 잘 쓰고, 그 인과적 '선행공덕'으로 살아서나 죽어서나 또는 이승과 저승세계에서 자기 자신과 자손들까지 함께 복(福)받으시길 축원하고 기원하면서 이 책을 통하여 이제 조용히 세상에 공개를 합니다.

우리 다 함께 민족과 나라의 '국운(國運)'을 우뚝 일으켜 봅시다!!]

필자는 이제 나이 들어 가면서 인생 가치관과 목표를 바꾸고, 순수 NGO로 '공익사업'을 펼치고 있습니다. 필자가 마지막 평생의 공익사업으로 추진하고 있는 사람 개인들이 타고난 천성적 '기질소질재능운(運)인간계발' 국민계몽과 우리민족의 구심점 역할 '신전(神殿) 국사당' 건립에 진심으로 동참 의사가 있으신 분들은 필자가 육필로 쓴 필자의 '저술책'을 많이 구입해 주시고 그리고 주위사람들에게 '책 선물'로 많이 나누어 주시길 희망합니다.

우리나라와 우리민족은 인적 자원뿐이니, '인간계발'을 잘 하여 민족과 국민의 경쟁력을 잘 키우는 것이 최선책이라 생각합니다.

정권이 바뀌어도 결코 바뀌지 않는 교육정책과 최선의 인간계발은 저마다의 타고난 기질과 소질 및 재능·건강·수명·신체조건 등과 가장 중요한 사주운명에 따른 천성적 '기질소질재능운(運)인간계발'의 실천입니다.

필자는 이 책의 판매수익금을 인류공영을 위한 인간계발과 신전(神殿) 국사당 건립자금 등으로 모두 쓰여진다는 약속을 꼭 드립니다.

필자가 펼치고 있는 '공익사업'에 우리민족 동포라면 국사당이 완공예정인 2040년까지 누구나 참여하실 수 있고, 다양한 사람들에게 성공삶을 위한 이 책의 '책 선물'과 또한 마음공부와 깨달음으로 영혼진화를 위한 이 책의 '책읽기 운동'에 많은 동참을 진심으로 기대합니다.

현재의 인생은 영혼들이 인연법에 따라 잠시왔다 가는 '나그네길' 같은 것이고, 착한 선행 및 효행과 함께 깨달음 공부를 많이 해서 조금이라도 더 '영혼진화'를 해 나아가는 것이 영혼들 삶의 본질이라고 생각합니다.

사람으로 살 때의 삶은 잠깐 세월이지만, 영혼의 삶은 수백 년 또는 수천 년의 오랜 세월이 계속 되기 때문에 지금 사람의 몸을 가지고 있을 때 '뉘우침'과 함께 착한 일 '선행'을 많이 하여 이 세상 최고의 '하늘은행'에 공덕 비축을 많이 하시길 진심으로 전달합니다.

하늘의 말씀을 전달하면, 세상과 인생살이는 철저한 '인과법칙'에 따라 지은 대로 되받고, 뿌리는 대로 추수를 한다는 것입니다…….

이 책을 구입하고 읽어주신 독자님들께 진심으로 감사를 드립니다.

또한, 필자의 책을 '책 선물'로 선행공덕을 많이 베풀어주신 많은 후원자와 자선가 및 기업인들께도 진심으로 감사를 드리는 바입니다…….

절대존재 하늘 신(天神)들의 '가르침'을 전한다

절대존재 하늘 신(天神)들의 '가르침'을 전하고…….

계절이 바뀌고 또 바뀌고 세월이 흘러갑니다.

필자는 지금 첩첩산중 깊고 높은 산(山)속에서 10년째 산 밖을 한 번도 나가지 않는 두문불출로 토굴기도를 하며 우주하늘자연의 섭리와 진리를 깨달아 본성을 찾고자 산도(山道)를 닦고 있습니다.

내 모습은 10년째 한 번도 머리칼을 자르지 않고 수염도 깎지 않아서 머리칼은 기다랗게 자라 등허리까지 내려오고, 수염도 기다랗게 자라 가슴까지 내려오고, 다 헤진 누더기 옷에 눈빛만 신비하리만큼 빛을 내고 있는 자연인의 모습을 하고 있습니다.

시간과 공간의 개념을 초월해 버리고, 삶과 죽음의 개념도 초월해 버리고, 그냥 그대로의 자연 속에서 하늘자연을 벗 삼아 섭리와 순리 그리고 도리에 따라 '무위자연법'으로 살아갑니다.

이제 도(道)의 10단계까지 올라서니 신선(神仙)처럼 살아갑니다.

하루에 한 끼니만 생식(生食)으로 물에 불려 둔 생쌀을 솔잎 및 산나물들과 함께 먹고, 옹달샘 생수(生水)와 생명 에너지 생기(生氣)를 먹으며 진짜 신선 (神仙)처럼 살아갑니다.

하루 한 개씩 돌을 주워와 쌓아올린 돌탑은 이미 완성이 다 되어서 돌탑의 꼭대기까지의 높이는 내 키의 3배쯤이 됩니다.

10년 동안 하루 한 개씩 돌을 주워와 쌓아올린 나의 돌탑입니다.

처음 입산할 때 산신령님께서는 '산기도로 도(道) 닦는 기간을 10년 정도가 될 것'이라고 말씀하셨지만, 나는 그냥 이 산(山)속에서 계속 한평생을 '은둔 자로 살아버릴까' 하고 생각을 해 봅니다.

7평짜리 원룸식 움막집 토굴도 있고, 텃밭도 있고, 공기도 좋고, 물도 좋고 그리고 조용하고 평온하니 차라리 이 산(山)속에서 은둔도사 겸 신선(神仙)으 로 계속 이대로 살고 싶습니다.

번뇌 · 망상 · 근심 · 탐진치(貪嗔癡) · 분별심과 살생심이 없으니 지극히 평 안하고, 까마귀 · 비둘기 · 다람쥐 · 너구리 · 노루 등등의 산짐승과 산새들이 벗이 되어 내가 산길을 거닐면 나를 따라다니고, 내가 좌선으로 명상에 들면 내 곁에 함께 앉아 있습니다.

산짐승과 산새들과 함께 식사도 하고 함께 잠도 잡니다.

동물들과 영적으로 의사소통을 할 줄 알고 또한 살생심이 없어지니 산짐승 과 산새들이 나를 잘 따릅니다.

"인생은 사랑과 자비가 필요하고 진실한 가슴으로 살아야 한다."

나는 지금 첩첩산중 깊고 높은 산(山)속에서 평온하게 신선(神仙)으로 자연 과 함께 대자유로 살아가고 있습니다.

천등산에 '살아있는 산신령이 계신다'는 입소문을 타고, 깊고 높은 이곳 산

(山)속까지 나를 찾아온 하루 2~3명 정도의 외부 사람과의 만남 장소는 저만치 산 아래편에 또 한 채의 움막집을 만들어 사용하고 있습니다.

아마도 고흥군수님과 수행원들이 입소문을 내고, 군수님의 소개로 국회의원님과 사업가들이 출세운과 사업운을 알아보려고 4륜구동차를 타고 이곳 산(山)속까지 살아있는 산신령도사(道師)를 찾아옵니다.

산 아래편 만남의 장소 움막집 주위에는 키가 1~2m 높이로 자생하고 있는 신우대 대나무들이 군락을 이루고 있고, 뒤쪽은 큰 바위가 솟아있는 곳인데 이 산속에서 두 번째로 좋은 명당(明堂)자리입니다.

그곳의 명당자리는 사시사철 항상 생기(生氣)와 온기(溫氣)가 서려있어 그곳만큼은 겨울철에도 눈이 쌓이지 않습니다.

추운 겨울철에는 노루와 산짐승들이 그곳에서 잠을 잡니다.

"야생동물들의 보금자리는 대체로 명당자리가 분명하다."

살아 있는 사람의 집터와 죽은 사람의 묘터는 반드시 '명당터' 혈 자리를 잘 잡을 줄 알아야 하고, 잠을 잘 자는 곳이 명당자리입니다.

명당 혈 자리 '좋은 터'에 빌딩·공장·사찰·기도원·별장·주택 등등의 집터나 또는 조상님의 묘터를 잘 잡으면 즉시 '개운 발복'이 되어 본인과 자손이 잘되고, 사업 및 영업이 잘되고, 선거당선 또는 승진 및 영전이 잘되어 정말로 출세가 잘 되고 반드시 부자가 됩니다.

그러나 거꾸로 '나쁜 터'에 집을 짓거나, 이사를 가거나 또는 조상님의 묘를 잘못 쓰면 반드시 여러 가지 나쁜 일이 생기고 결국에는 망하게 됩니다.

요즘은 시대가 변화하면서 생활편의 위주와 개인주의 위주로 인생관도 바뀌면서 조상묘관리가 힘들어진다는 가벼운 잘못된 생각으로 3~4년마다 돌아오는 윤년과 윤달에 '조상묘개장'을 덩달아 많이들 하고 있는 바, 꼭 전달해 주고 싶은 말은 조상묘개장을 계획하고 있거나 또는 조상묘개장을 하고 나서 집안에 나쁜 우환이 발생을 하면 반드시 '조상영혼천도재'를 꼭 한 번 해 드리길 진심으로 전달합니다.

큰 정치가와 재벌부자들은 모두가 종중선산과 조상묘가 양지바른 명당터 좋은 자리에 보기 좋게 잘되어 있고, 태어나고 자라고 살고 있는 집터도 대체로 좋은 곳에서 살고 있다는 '사실적 진실'을 꼭 알아두어야 합니다.

윤년과 윤달에 '조상묘개장'은 못사는 서민들이 많이 행하고 있습니다.

"세상과 인생은 자기 눈높이로 바라보고, 자기 그릇 크기만큼 담는다."

눈높이가 잘못되어 있거나 타고난 그릇이 작다고 생각이 되거든 스스로 깨부수고 '자기 혁신'을 해야 합니다.

자기 혁신을 해야겠다고 생각을 하면 생각하는 대로 되어집니다!!

세상을 탓하지 말고, 먼저 자기 자신을 바꾸어야 합니다…….

필자는 이제 「천기신통술초월명상」으로 깨달음과 최고의 '해탈경지'에 올라섰으니 사람으로 다시 태어나서 영적으로 또는 정신적으로 더 이상 부러울 게 없습니다.

모든 집착을 초월하고 삶과 죽음까지도 초월을 해버리니 마음과 몸이 함께 평안하고 자유와 행복을 마음껏 누리고 있습니다.

항상 수호신장과 수호천사가 나를 지켜주고 있고, 신장과 천사를 움직여 나쁜 사람에게는 징벌을 줄 수도 있으며, 의식의 집중만으로 또는 점(占)을 치면 무엇이든 다 알아낼 수 있고, 어디를 가고 싶으면 유체이탈로 어디든 시간과 공간을 초월해서 다녀올 수도 있습니다.

내가 어디에 살든 거주하는 장소의 제한을 받지 않습니다.

그러하기 때문에 공기 좋고 물 좋고 그리고 조용하고 간섭이 없는 이 산(山) 속에서 은둔도사 겸 신선(神仙)으로 살고 있습니다.

인간으로 환생을 한 후에 처음에는 몰랐지만, 다시금 나를 도사(道士)로 공부시켜준 신령님과 그리고 모든 존재들께 이 책을 통하여 진심으로 머리 숙여 지극한 마음으로 고마움과 감사함을 표하는 바입니다!!!

잠시 생각을 돌이켜 해 봅니다.

필자는 시골 농부의 아들로 태어나서 잘 살기 위해 서울로 올라오고, 맨주먹으로 사업을 배우면서 넘어지면 일어서고 또 넘어지면 또 일어서고 오뚜기처럼 살면서 서울 한복판 종로3가에 100년 전통브랜드로 유명한 1천억 원짜리 '종로3가 국일관'의 건물 소유 대주주 겸 회장까지 입지전적으로 성공을 하였으나 큰 사고를 당하고, 그리고는 인생 가치관을 바꾸어 스스로 천등산(山) 속으로 들어와 오직 홀로 두문불출 토굴기도 「신통술초월명상」으로 살아있는 산신령처럼 신선(神仙)의 경지에 올랐습니다.

지금, 이 글을 읽고 있는 독자분들께 진심으로 충고를 합니다.

어느 분야에서든 최고가 되려면 도전정신과 열정 그리고 결코 포기하지 않는 끈기가 있어야 하고 그리고 운(運)을 반드시 알아야 합니다.

무슨 일을 하든지 간에 목표·계획·준비가 없거나 또는 열정과 집중 그리고 끈기가 없거나 또는 운(運)을 모르면 결코 성공할 수 없고, 운(運)이 나쁜 사람은 반드시 실패와 손해가 따르게 됩니다.

눈에 보이지 않는 기운(氣運)들이 눈에 보이는 것들을 모두 움직이고 있다는 진실적 '비밀진리'를 꼭 알고 살아가야 합니다.

사람의 운명은 자기 자신의 전생과 조상핏줄의 '업(業)작용'에 따라서 타고난 사주와 손금에 이미 100% '운명프로그램'으로 설정이 되어 버립니다.

그리고, 오묘하고 거대한 '운명회전바퀴'로 함께 돌아가기 때문에 운(運)을 모르면 눈뜬 봉사처럼 더듬거리고, 넘어지고, 수렁에 빠지기도 합니다.

자기 자신의 타고나고 예정이 된 운명프로그램과 변화무쌍한 운(運)을 모르고 살면 두 눈을 뻔히 뜨고 교통사고를 당하고, 이혼을 당하고, 투자사기를 당하고, 명퇴를 당하고, 망신을 당하고, 사업 실패를 당하고, 관재수로 감옥에 들어가고, 각종 난치병과 불치병에 걸리고, 또한 아무리 노력을 하여도 평생동안 가난과 고생과 불행을 못 벗어나기도 합니다.

또한, 많은 공직자와 정치인들이 한때는 잘 나가다가 한방에 옷을 벗거나 감옥을 가고, 주도권과 정권까지 바뀌고, 또한 회사와 기업이 망하고, 사장과 회장이 구속이 되는 것을 TV뉴스로 많이 보았을 것입니다.

개인들의 타고난 운명과 앞날운(運)은 모두 다 미리 알아낼 수도 있는데 왜 바보처럼 눈 뜨고 당하는 것입니까??

"사람들의 타고난 운명과 앞날운(運)은 정확히 알아낼 수 있다."

여러 번 씩 반복 설명하면서 또 가르쳐 줍니다.

개인들의 운명은 '업살(業煞)작용과 섭리'로 사주와 손금을 타고나고, 그리고 타고난 '운명프로그램'에 따라 인생이 진행되어 갑니다.

반드시 그렇게 진행이 되기 때문에 자기 전생과 자기 조상의 업(業)작용과 12신살작용과 9수 및 삼재수 등을 평상시에 꼭 알고 있어야 하고, 또한 나쁜 운(運)들은 사전에 예방을 잘하고 운을 좋게 개운까지 잘해서 반드시 '운명프로그램'을 바꿔주지 않는 한 다른 해결책은 결코 없습니다…….

우리 사람과 인간들은 영혼을 가진 최고의 영적 존재물입니다.

자기 전생과 조상의 업(業)작용 및 12신살의 살(殺)작용 그리고 음양·오행의 운(運)작용은 오묘한 섭리의 형이상학적 초과학입니다.

과학이 아무리 발전을 하여도 물질과학으로 결코 영혼과 혼령을 제조하지는 못하고 또한 개선하지도 못하기 때문에 영혼을 가지고 있는 인간의 나쁜 운(運)을 과학 및 의술로는 결코 해결할 수 없습니다.

과학 및 의술과 돈이 최고로 잘 사는 미국은 전체 인구의 약 20%가 정신질환자이고, 우리나라도 현재 각종 빙의와 귀신병환자가 약 100만 명쯤으로 추산되고 있는데 왜 대학병원에서 현대과학의술로 귀신을 못 떼어 낼까요?

대학병원에서 의술로 귀신을 떼어 낼 수 있거나 또는 조상해원천도 및 영혼치료를 해낼 수 있거나 동토살 · 상문살 등 살(煞)을 맞고 쓰러진 것을 맨손으로 치료할 수 있으면 필자가 '1억 원 현상금'을 또 내걸겠습니다.

"인간의 업살풀이와 귀신병 치료는 '신통도술'로만 해결할 수 있다."

심령과학분야는 '신통과 도술'로만 해결할 수 있다는 진실을 알려줍니다!!

생명과 영혼을 가지고 태어난 우리 사람은 우주하늘자연의 섭리와 법칙에 따라서 반드시 '운명작용'을 하기 때문에 모든 사람은 ① 자기 영혼의 전생을 알아야 하고 ② 자기 핏줄의 DNA 유전대물림을 알아야 하고 ③ 조상과 후손 간의 핏줄동기감응현상을 알아야 하고 ④ 풍수지리의 기운작용을 알아야 하고 ⑤ 음양오행의 역리작용 등등을 반드시 알아야 합니다.

"세상은 아는 만큼 보이고, 인생은 운(運)과 능력만큼 살아간다."

우리는 이러한 것들을 알고 활용할 줄 아는 것을 '비밀지식'이라 합니다.

이러한 비밀지식들!! 심령세계와 운명작용들에 대해서는 여러분의 부모님에게서도, 학교에서도, 종교에서도, 그 누구 또는 그 어디에서도 결코 배울 수 없지만, 삶을 살아갈 때는 정말로 중요하고 반드시 알아둬야 하는 '실용철학'의 고급지식 겸 운명정보!!입니다.

모든 학교교육의 교과서와 모든 종교의 경전 책에는 보편적 지식과 실용가치가 없는 교리만을 가르치지만, 필자는 교수님도 그리고 부처님과 예수님도 가르쳐 주지 않은 하늘의 비밀들을 '천기누설'하여 사람들에게 가르쳐 주어 삶의 경쟁 진검승부만 존재하는 강호에서 반드시 승리하여 성공 · 출세 · 부자가 되고 함께 정신적 깨달음과 스스로 영혼진화 및 영혼구원까지 이룰 수 있는 최고의 '위대한 가르침'을 전해 주고자 하는 진실한 바람입니다…….

이곳 천등산에는 진달래꽃이 활짝 피었습니다.

꽃이 활짝 핀 자연 그대로가 화엄세계이고 자연진리입니다.

처음 입산할 때도 진달래꽃이 피는 봄이었으니, 이제 산(山)속에 들어온 지도 10년이 되었고, 열 번째의 진달래꽃이 피었습니다.

한반도 남쪽 땅 끝 전라남도 고흥군 남해바다 해안가에 우뚝 솟아 있는 천등산에서 아름다운 다도해 바다를 내려다봅니다.

훗날, 남해안을 여행할 기회가 있거든 또는 기회를 만들어서라도 세계적인 힐링랜드 '순천만'의 갈대숲을 구경하고, 벌교에서 꼬막정식을 먹어보고 그리고 조금 더 남쪽으로 고흥반도로 직행하여 남쪽 땅 끝 전라남도 고흥군의 천등산과 팔영산·유주산·나로우주발사대와 우주체험관을 구경하고, 바다 오염이 없는 녹동항구에서 참장어탕을 맛보고, 소록도·거금도·적대봉 등등을 꼭 한 번 여행해 보시길 바랍니다.

아름다운 시골 어촌 '녹동항구'에서 연륙교를 건너 소록도를 구경하고, 또다시 세계 최초로 위층은 자동차가 다니고, 아래층에는 자전거길과 인도가 있는 특수 2층 다리구조의 바다 수면 위 약 2km '거금대교' 푸른 바다 위의 다리를 걸으면서 다도해 풍광을 만끽해 보고, 거금대교 남쪽 끝 섬 입구 전망대에서 또다시 바다경치와 함께 소록도 앞모습 섬을 바라보면 왜 소록도(小鹿島, 작은 사슴섬)인지 알 수 있을 것입니다.

특히 녹동항구의 신항(제주 카페리호 여객선이 닿는 동쪽 부두)과 구항(수산어시장 회센터와 어선들이 닿는 서쪽 부두) 중간쯤의 구름다리 옆 해안 도로가에 있는 아주 작은 절 '녹동 용궁사'(옛날부터 어부들이 소원을 빌던 바닷가에 '용바위'가 있었고 바다 매립을 하면서 매립된 용바위 위에다 이 책의 필자가 바다용궁기도를 하면서 신(神)들의 계시로 소박하고 작게 마련한 전설이 있고 영험한 기도처)를 꼭 한 번 직접 방문하여 자루에 복(福)을 넣고 다니면서 복을 나누어 주는 '포대화상과 해수보살'님을 친견해 보시길 바랍니다.

녹동 용궁사의 1층 출입구 앞에는 필자가 좋아하고 또한 복(福)을 나눠주는 '포대화상'이 서 있고요, 2층 법당에는 필자가 꿈속에서도 보고 용궁기도 할 때도 늘 보았던 해수보살과 관음보살이 계시고, 1시간만 기도를 하고 돌아가면 반드시 그 사람의 꿈속에 나타나 한 가지 소원을 꼭 들어주십니다. 다이아몬드는 작아도 최고의 가치가 있는 것처럼, 모든 기도터는 소박하여도 '영험한 곳'이 최고이고, 바닷가 용바위 위에다 소박하게 세운 고흥군 남해안 녹동 항구의 '녹동 용궁사'는 필자의 특별한 '바다기도처'이고, 또한 가끔씩 휴식을 하는 곳입니다.

바다 해안가의 영험한 장소 명당터의 용궁기도는 특히 재물재수발원과 꼭 한 가지 소원성취가 잘 이루어집니다…….

잠깐, 녹동 용궁사 출입구에 서 있는 '포대화상'의 유래를 소개합니다.

녹동 용궁사 출입구에 서 계시는 포대화상은 본래 600년 전 필자가 전생 때 스님으로 있을 때 수도했던 천등산 아래에 지금은 불타서 없어진 탑사 터에 존재했던 석상인데 어느 날 필자의 꿈속에 나타나 녹동 용궁사로 옮겨달라고 해서 10년 전쯤에 옮겨온 영험한 '성물'이고, 자루에 온갖 복(福)을 넣고 다니면서 사람들에게 복을 나누어 주십니다.

그리고 포대화상님이 필자에게 계시로 녹동 용궁사는 현상변경을 하지 말라고 해서 중축 불사를 안 하고 있기 때문에 아주 소박하지만 아주 영험합니다.

영험하다는 소문으로 많은 사람들이 찾아옵니다…….

이제 다시금, 필자는 하늘과 신(神)들의 계시를 받고 철쭉꽃이 활짝 피어있는 천등산 산꼭대기 가장 높은 산봉우리로 올라갑니다.

항상 그림자처럼 따라다니는 나의 수호신장 삿갓 쓴 스님과 큰칼 든 장군 그리고 도사의 신변을 지켜주기 위해서 하늘의 특명으로 내려온 신장(神將)들이 함께 하고, 노루가 뒤따르고 까마귀들이 앞서거니 뒤서거니 머리 위를 날면서 까악~까악~ 노래를 부릅니다.

천등산 산꼭대기 가장 높은 산봉우리에 도착을 합니다.

하늘의 신(天神)들로부터 중대한 계시를 받고 산봉우리로 올라왔고, 중대한 계시라고 하니 정확한 내용을 알기 위해 「천기신통초월명상」으로 들어가 보기로 합니다.

풀잎을 한 아름 뜯어와 넓은 바위 위에 펼쳐 풀잎방석을 삼고 앉아서 4방의 하늘을 한 번 빙~ 둘러봅니다.

그리고 나서 이제 「천기신통술초월명상」으로 들어갑니다.

먼저 준비운동 '온몸진동법'으로 몸과 기혈을 가볍게 풀어줍니다.

다음으로 배가 쑥~ 들어갈만큼 후! 소리를 내면서 몸속의 탁기를 내보내며 날숨을 길게 하면서 몸을 이완시키고, 입을 다물고 옴! 소리를 강하고 길게 내면서 머리와 뇌 속에 진동을 주면서 뇌파작용을 준비시키고, 여러 번을 반복하고 그러고 나서 조심스레 바른 자세로 앉습니다.

두 다리는 오므려 포개어 가부좌로 앉고, 허리는 쭉 펴서 반듯하게 세우고, 두 손은 허벅지 위 배꼽 아래 단전 앞에 살며시 내려놓고 두 눈은 지그시 감아 눈동자를 아래쪽으로 코끝을 향해서 고정을 시키고, 마음을 편안히 합니다. 그리고 호흡은 처음에는 날숨을 길게 하다가 차츰 고르게 하면서 들숨과 날숨에 집중을 하고, 의식은 상단전 앞이마의 중앙 '명궁'을 통하여 우주하늘에 둡니다(모든 종교들의 신자 및 기도자와 수도인 그리고 모든 정신수련자 및 명상가들은 이 세상 최고의 기도명상법인 「신통술초월명상」, 즉 '손도사초월명상'을 꼭 배워두시길 바랍니다).

몸과 마음 그리고 의식이 아주 편안해지면서 고요해집니다.

들숨 날숨의 호흡에 집중을 하고, 의식의 변화진행을 관찰 및 관조를 하면서 점점 더 깊이 명상에 집중을 하고, 내 의식체와 우주하늘자연과의 주파수 사이클을 맞추며 몰입을 해 들어 갑니다.

우주하늘자연의 존재계 신(神)들과 파상이 연결되면서 그 반응으로 몸에 진동과 떨림이 오고, 전율이 온몸에 찌르르~ 통하면서 쫙~ 퍼집니다.

상단전의 명궁 앞이마가 뜨거워지면서 멍~해집니다.

몸뚱이가 공중에 붕~ 뜨는 무중력을 느낍니다.

머릿속에 기감의 기운이 꽉 차 오름을 느낍니다.

엄청난 기(氣)흐름의 쾌감과 무아지경의 황홀감이 찾아옵니다.

무아지경의 정점에서 무한대의 고요정적이 오고, 그리고 모든 것이 정지하면서 '초월의식'이 되어 시간과 공간이 없어지고, 우주하늘자연과 합일체가 되면서 '우주의식'이 됩니다.

드디어 「신통술초월명상」이 시작됩니다.

나는 지금 천등산 산꼭대기 가장 높은 산봉우리의 바위에 가부좌로 앉아서 「신통술초월명상」에 들어있습니다.

이제 나의 의식체와 영혼체는 자유로이 인간계와 신령계 사이의 경계의 벽을 뚫고 신(神)들의 세계로 들어갑니다.

내 몸뚱이는 수호신장들이 창검을 들고 지키고 있습니다.

하늘 문을 활짝 열고 신령계로 들어가 보니, 하늘 신령님들께서 나의 진로를 놓고 하늘에서 천상회의(天上會議)를 하고 있습니다.

지금까지 10년 동안의 오랜 세월 동안 나에게 하늘의 천기(天氣)와 명기(明氣)를 주시고, 신통력과 많은 깨우침과 깨달음까지 가르침을 주시던 모든 신령님들이 다 모습을 나타내십니다.

하늘천상의 음악 나팔소리와 함께 신(神)들이 모습을 드러내십니다.

천황상제 삼신상제 옥황상제 구천상제 일월성신 북두대성 비로자나불 로사

나불 아미타불 약왕불 약사불 석가모니불 미륵불 천주님 천제님 사천왕 칠원
성군 탐랑성군 거문성군 녹존성군 문곡성군 염정성군 무곡성군 파군성군 태
을성군 태상노군 천존대왕 염라대왕 산신대왕 용궁대왕 삼불제석 제석천왕
태을천왕 도솔천왕 칠성여래 대일여래 다보여래 약사여래 치성광여래 일광보
살 월광보살 관음보살 문수보살 보현보살 약왕보살 약사보살 지장보살 미륵
보살 해수보살 천상신장 지하신장 일월신장 자미신장 태을신장 태양신장 여
래신장 화엄신장 의술신장 백마신장 뇌성신장 벼락신장 풍운신장 풍랑신장
팔미신장 육정신장 육임신장 육갑신장 둔갑신장 도술신장 군웅신장 검무신장
철망신장 철퇴신장 옥갑신장 옥추신장 금위신장 오방신장 구천신장 천상장군
지하장군 칠성장군 백마장군 백호장군 청룡장군 황룡장군 흑룡장군 백룡장군
용마장군 천마장군 뇌성장군 벼락장군 천신장군 산신장군 용신장군 사신장군
군웅장군 질대장군 천신도사 선관도사 일월도사 천문도사 글문도사 지리도사
칠성도사 약명도사 의술도사 부적도사 육갑도사 둔갑도사 도술도사 나반존자
옥천대사 달마대사 천신대감 천복대감 일월대감 칠성대감 산신대감 천룡대감
벼슬대감 부귀대감 천상대신 지하대신 자미대신 일월대신 칠성대신 천왕대신
산왕대신 용왕대신 불사대신 말문대신 천문대신 지리대신 풍수대신 부적대신
약사대신 의술대신 염라대신 육갑대신 둔갑대신 육정대신 육임대신 육효대신
구궁대신 관상대신 도술대신 옥황선녀 일월선녀 천신선녀 산신선녀 용궁선녀
별상선녀 천신도령 산신도령 용궁도령 광림도령 천신동자 산신동자 용궁동자
일월동자 칠성동자 도술동자 요술동자 법승동자 선재동자 문수동자 일광제석
월광제석 세존제석 제석불사 천궁불사 일월불사 옥황불사 천존불사 칠성불사
산신불사 용궁불사 천왕승 그리고 엘로힘 야훼 시바 비슈누 크리슈나 알라 지
브릴 미카엘 가브리엘 라파엘 우리엘 라구엘 라미엘 등 천사들과 수많은 요
정과 동자 등등 엄청난 숫자의 팔만 사천 신령님들과 천사들이 하늘땅이 꽉~

차도록 모두 다 모습을 나타내십니다.

[앞에 열거한 것처럼, 하늘 땅 자연 속에 존재하는 신(神)들이 무수하게 많다는 진실에 대해서는 맨 눈으로 신(神)과 영(靈) 및 귀신을 볼 줄 아는 인구 비중 약 0.1%의 소수자들은 100% 공감하실 것이고, 신령들은 둔갑술로 모습을 바꾸기도 하고, 종교에 따라서 이름을 다르게 부르기도 합니다.]

하늘과 땅의 많고 많은 신령님들께서 하늘땅이 울리는 한 목소리로 하문(下間)의 공수말씀을 내리십니다.

"제자야! 우리 신(神)들이 하늘에서 천상회의를 했으니 이제 제자의 진로를 선택하도록 하라. 이 산속에서 계속 은둔도사 신선(神仙)으로 살아갈 수도 있고 또는 하산하여 신전(神殿) 국사당을 짓고 보람있는 제2의 삶을 살아갈 수도 있으니 그 둘 중 하나를 선택하도록 하라."

"신령님들이시여! 어떤 선택을 해야 더 좋겠는지요?"

"하산(下山)을 하여 인간세상으로 다시 돌아가서 신전(神殿) 국사당을 짓고, 보람있는 제2의 삶을 다시 시작하는 것이 더 좋을 듯싶구나."

"정녕 그러하신다면 하산(下山)을 준비하도록 하겠습니다. 하오나 신령님들께서는 사람들의 삶 중에서 가장 귀중한 의문들에 대한 가르침을 주실 수 있을는지요?"

"그러하겠노라. 어떤 방법으로 가르침을 주면 되겠는가?"

"문답식 방법의 가르침이 좋을 듯합니다."

"그러하겠노라. 먼저 질문을 하도록 하라!"

"그럼, 사람들이 가장 알고 싶어 하고 그리고 꼭 알아둬야 할 몇 가지의 의문들에 대한 질문을 드리도록 하겠습니다."

나는 사람들이 인생을 살아가면서 혹시나 또는 확실치가 않아서 잘못을 범할 수 있는 의문들과 비밀적 진실 및 진리와 관련한 지혜를 얻고 사람들과 공유하고자 신령님들께 질문을 드립니다.

"신령님! 광활한 우주와 별들에서 사람과 생명체들에게 기운(氣運)이 미치는 것은 어디까지로 할 수 있는지요?"

"제자야! 사람과 생명체들에게 기운(氣運)이 미칠 수 있는 것은 태양계 내에서만 가능하고, 너무나 거리가 먼 태양계 밖의 외우주는 생각지도 말거라."

"신령님! 신(神)은 정말로 존재하는지요?"

"제자야! 지금 직접 신(神)을 보면서 대화까지 나누고 있으니 신(神)은 분명히 존재하고 있고, 스스로 존재신과 인격신으로 구분을 하느니라."

"신령님! 사람들이 어떻게 하면 신(神)을 직접 볼 수 있는지요?"

"제자야! 처음부터 하늘의 전령자로 사명을 받고 태어났거나 또는 영매적 능력으로 무녀(巫女)가 됐을 경우 또는 영매적 신끼를 타고난 사람이 신들림 현상과 빙의현상이 나타날 경우 그리고 도(道)를 닦아 신통능력을 지니게 되면 신(神)의 모습을 직접 볼 수가 있게 되고 또한 음성을 직접 들을 수 있게 되느니라."

"신령님! 귀신(鬼神)들림 현상과 빙의현상 등의 '정신이상증세'가 나타날 경우에는 어떻게 해야 되는지요?"

"제자야! 신(神)은 반드시 신(神)으로 다스려야 하니, 귀신들림현상과 빙의현상 등의 이상한 정신질환이 나타날 경우에는 반드시 신통력으로 점(占)을 쳐서 정확한 원인을 밝혀내고 또한 반드시 신통술과 도술로 '특별 치유'를 해주어야 되느니라."

"신령님!, 저승세계는 정말로 존재하고 있는 것인지요?"

"제자야! 물질적 몸뚱이가 없는 신(神)과 정령(精靈) 및 귀신(鬼神)의 세계는 분명히 존재하고 있으니 그곳이 저승세계이니라. 또한 저승세계에서 볼 경우에는 사람들의 세계가 저승세계이고, 영혼(靈魂)이 이쪽으로 저쪽으로 왔다 갔다 하면서 인연의 법칙과 인과의 법칙에 따라 윤회와 환생으로 변화만 하고 있을 뿐이니라."

"신령님! 천국세계와 지옥세계는 정밀로 존재하는 것인지요?"

"제자야! 극락 천국과 고통지옥은 분명히 존재하고 있고, 살아가면서의 삶의 질과 선행 및 악행의 행업(行業)에 따라 반드시 심판을 받고 '인과응보'로 그 결정이 되느니라."

"신령님! 종교들에서 마지막 심판 때는 죽었던 영혼들까지 심판을 한다고 하는데 정말로 그러하는지요?"

"제자야! 종교들의 마지막 심판의 교리와 주장은 거짓이고, 바로 앞전 삶의 행업에 따라 그에 상응한 댓가만 계속되느니라."

"신령님! 종교들에서 마지막 심판 때는 죽었던 사람들이 무덤에서 일어난다고 하는데 정말로 그러하는지요?"

"제자야! 마지막 심판의 교리와 주장은 거짓이고, 살과 뼈도 없는 사람이 무덤에서 일어날 수는 결코 없고, 지난 2천 년 동안 사탕발림 격 거짓말이니라."

"신령님! 본래 신(神)들께서의 심판이란 무엇을 의미하는지요?"

"제자야! 본래 신(神)들의 심판이라는 의미는 '인과응보'를 가르치는 것이고, 뿌리는 대로 거두게 된다는 가르침을 주려고 함이니라."

"신령님! 하늘나라 극락 천국에 태어나게 할 수 있는 것이 종교 신앙과는 상관이 있는 것인지요?"

"제자야! 종교 신앙과는 상관이 없고, 종교와 신앙을 통하여 착한 일 '선행'을 많이 하거나 또는 종교 신앙이 없어도 착한 일 선행공덕을 많이 쌓거나 또는 우주하늘자연의 섭리와 진리를 깨우치고 많이 깨달은 영혼들은 스스로 하늘나라 극락 천국에 태어나느니라."

"신령님! 서방정토극락과 천국 및 천당에 태어나는 것보다 더 좋은 것이 있는지요?"

"제자야! 일반적인 서방정토극락과 천국 및 천당에 태어나는 것보다 더 좋은 것이 있으니, 그것은 최고로 좋은 하늘궁전 '천궁'에 태어나거나 또는 「신통술초월명상」으로 스스로 도통을 해버리면 되느니라."

"신령님! 우주하늘자연의 섭리와 진리를 다 깨우치고 깨달음을 이룬 도통(道通)을 하려면 어떻게 해야 되는지요?"

"제자야! 옛 성현들의 가르침인 종교의 경전을 읽으면 좋으나, 종교의 경전들은 시대적 배경의 차이와 옮겨 적은 사람과 해석의 잘못 그리고 종교 체제 유지를 위한 의도성으로 내용 변경 등 '변질'이 되어 엉터리내용이 많고 또한 경전들은 아주 옛날 그 종교의 교주가 살던 그 지역동네와 그 민족의 이야기 뿐인바, 그러한 구시대적이고 편향적인 잘못된 경전 책을 공부하는 것보다는 신통도술을 얻는 「천기신통초월명상」을 통하여 신(神)과 직접 대화를 나눌 수 있는 통신(通神)으로 직접 신통력을 지니면 스스로 섭리와 진리를 다 깨닫게 되고 진실을 모두 다 알게 되느니라. 일반 사람들은 신통과 도통을 크게 이룬 큰 스승의 가르침을 잘 따르면 되느니라."

"신령님! 기도하는 신령스런 산(山)을 선택할 경우에는 어떤 산이 좋은지요?"

"제자야! 기도하는 산(山)을 선택할 경우에는 높고, 깨끗하고, 조용하고, 명기(明氣)가 서려 무서운 기운이 감돌고, 특히 산 까마귀가 계속 살고 있는 산을 선택하면 좋으니라."

"한반도의 대표적 신령스런 산(山)을 가르쳐 주실는지요?"

"한반도의 대표적 신령스런 산(山)의 이름은 백두산 · 묘향산 · 칠보산 · 구월산 · 금강산 · 설악산 · 오대산 · 태백산 · 소백산 · 일월산 · 삼각산 · 도봉산 · 관악산 · 계룡산 · 지리산 · 가야산 · 영축산 · 팔공산 · 금정산 · 조계산 ·

월출산·두륜산 그리고 천등산 등이니라."

"신령님! 산(山)기도가 종교 신앙과 상관이 있는지요?"

"제자야! 분명히 종교 신앙과 상관이 있으니 신(神)을 대상으로 하는 모든 종교 신앙자는 '산(山)기도'를 잘 해야 하고, 태초부터 지금까지도 하늘의 계시와 명기는 산(山)을 통하여 땅에 내려지기 때문이니라.

옛날 옛적에 아브라함 때부터 모세와 예수·무함마드 그리고 석가모니와 달마대사·상월선사·고승들 그리고 명상가·도사들이 모두가 산(山)속에서 기도하여 신(神)과 도(道)를 통하고 깨달음을 이루어 최고의 '인격신(人格神)'들이 되었느니라."

"신령님! 신(神)은 크게 어떻게 구분을 하는지요?"

"제자야! 신(神)은 크게 자연신과 인격신으로 구분을 하느니라."

"신령님! 세상의 많은 종교들 중 어느 것을 믿어야 좋은지요?"

"제자야! 종교란 '근본이 되는 가르침'이고, 절대 초인간적인 능력을 지닌 존재나 신(神)을 숭배하면서 그의 능력으로 더욱 잘 살아보려고 노력하는 '정신 활동'이고, 복(福)을 달라고 하는 구복과 기복으로 축복을 받으려함과 또는 우주하늘자연의 섭리를 깨우쳐서 깨달음으로 자기완성을 이루려함이니, 축복받음을 위해서는 우주하늘자연계의 신(神·God) 또는 초능력을 지닌 자를 따르고, 정신적 진리의 깨달음을 위해서는 붓다(道·Buddha)의 가르침을 따르면 좋으니라."

"신령님! 인간 석가모니와 예수님 경지는 어느 만큼의 존재인지요?"

"제자야! 인간으로서 최고로 높은 인격신(人格神)이고, 그 경지가 되려면 그 영혼은 10번 이상의 영혼진화와 환생으로만 가능하며 인간 3,000억 명 중 1명 정도로 태어난 귀한 존재이니라."

"신령님! 기도를 할 때에는 어떤 방법이 좋은지요?"

"제자야! 기도는 반드시 정성스러움과 간절함을 가지고 조용한 장소에서 은밀하게 행해야 하고, 떼거리로 몰려다니는 것은 그냥 추종일 뿐이니라."

"신령님! 기도를 하고자 할 때에는 어느 시간이 좋은지요?"

"제자야! 기도를 하는 시간은 기도의 목적과 사람에 따라서 모두가 다를 수 있으나 대체로 한밤중이 첫째로 좋고, 아침 태양이 솟을 무렵이 둘째로 좋고, 저녁 태양이 질 무렵이 셋째로 좋으니라. 특히 신(神) 제자와 신부·목사·스님 등등이 신(神)을 대상으로 큰 신통력을 얻고 싶거나 또는 영성과 불성을 크게 사용하고 싶은 특별한 신앙인과 전문수도인들은 밤 12시쯤의 '자시기도'가 가장 중요하느니라."

"신령님! 특별한 신(神) 제자들은 어떻게 기도를 해야 되는지요?"

"제자야! 신(神) 제자들의 기도는 ① 직접 입산(入山)수도를 하거나 또는 신내림굿으로 오방신장과 백마신장의 도움을 받아 하늘 문(天門)을 열어야 하고 ② 산에서는 산왕대신을 찾고, 물에서는 용왕대신을 찾고, 기타 장소에서는 천왕대신·칠성대신·불사대신·말문대신 등 주로 대신을 찾아야 하며 ③ 자기 자신의 통신 말문이 언제 열릴 것인지를 정확히 알아야 하고, 자기 전생과 조상핏줄로 신(神)줄인지 또는 도(道)줄인지를 정확히 알아야 하고, 선거리 만신줄인지 또는 앉은 거리 보살줄 또는 법사줄인지를 정확히 알아야 하며 ④ 자기 자신의 신통력이 어느 분야로 계발되고 발전할 것인지를 정확하게 알아야 하고 ⑤ 자기 자신의 신통력의 등급이 1등급·2등급·3등급 등등 어느 등급을 타고 났는지 또한 얼마만큼 발전할 수 있을지를 정확히 알아야 하며 ⑥ 나이가 몇 살쯤에 통신(通神)의 말문이 열릴 것인지 정확한 운때를 알아야 하고 ⑦ 조상가리와 몸주 신(主神)을 알아야 하고 ⑧ 본향산을 정확히 꼭 알아야 하고 ⑨ 소당·육당·중당과 상단·중단·하단 그리고 탱화 그림과 가운데 중당의 중심에 어느 신(主神)을 모셔야 하는지 등등 신당(神堂) 또는 법당

(法堂) 꾸미는 법을 알아야 하고 ⑩ 점(占)보는 통변의 방법과 각종 풀이하는 방법 그리고 운처방과 비방하는 비법을 알아야 하고 ⑪ 기(氣)는 충전과 방전의 원리가 있기 때문에 항상 충전의 상태를 유지하기 위해서 모든 신(神) 제자들은 한밤중의 '자시기도'를 꼭 해야 하느니라."

"신령님! 신(神) 제자가 말문을 못 여는 것은 무슨 이유 때문인지요?"

"제자야! 신(神) 제자가 말문을 못 여는 것은 여러 가지 이유가 있지만 가장 큰 이유는 ① 자기 자신이 도(道)줄 제자감인데 신(神)줄 무녀(巫女)를 찾아갔을 경우 ② 신통력의 등급이 제자보다 낮은 스승을 찾아 갔을 경우 ③ 자기 자신의 전생과 조상핏줄을 정확히 모르고 덤볐을 경우 ④ 정확한 운(運)때를 모르고 시행착오를 일으킬 경우 ⑤ 조상가리가 잘못되거나 또는 몸 주신(主神)을 모를 경우 ⑥ 산기도 방법 또는 신내림굿의 방법이 틀릴 경우 ⑦ 자기 전생의 업살(業殺)이 너무도 무거울 경우 ⑧ 60갑자 일진법에 따른 기(氣) 주파수 사이클을 못 맞춘 경우 등등이고, 신내림굿은 한 번에 반드시 '말문'을 열어야 하느니라."

(※ 모든 신(神) 제자와 산(山) 기도하는 사람들은 반드시 알아둬야 함!!)

"신령님! 신(神) 제자와 무당제도는 누가 왜 만들었는지요?"

"제자야! 신(神) 제자와 무당제도는 신(神)들이 인간들을 다스리기 위해 만들었고, 넓은 의미에서는 신부·목사·스님 등등도 신(神)과 인간의 '중개역할'을 담당하는 무당(巫堂)이고, 조상핏줄내림의 인연법과 전생(前生)의 특별한 업(業)이 많은 영혼들과 칠성줄 또는 공줄이 쎈 영혼들을 신(神)들이 심부름꾼으로 사용하기 위한 것이니라."

"신령님! 모든 사람들의 기도응답과 소원성취는 누구나 모두가 다 이루어지는 것인지요?"

"제자야! 그러하지 않느니라. 모든 사람에게는 자기 전생(前生)의 존재가 현재의 자기 영혼으로 들어와 있기 때문에 반드시 자기 전생의 업(業)이 먼저 풀려야 죄가 소멸이 되고, 그리고 죄가 소멸되어야 기도응답과 함께 비로소 운(運)이 열리게 되며 또한 자기 영혼 및 자기 조상이 신앙으로 섬기는 신(神)이 서로 잘 맞아야 하고, 기도하는 날짜의 일진과 기도하는 시간의 운때가 맞아야 하며, 반드시 지극 정성스러워야 기도응답과 소원성취를 이룰 수 있느니라."

"신령님! 전생(前生)은 정말로 존재하는 것인지요?"

"제자야! 모든 사람과 존재물(存在物)은 각각의 전생(前生)이 다 있고, 진짜 주인공 혼(魂)들은 지옥도 · 아귀도 · 아수라도 · 축생도 · 어생도 · 인간도 · 천상도 등을 자기가 지은 대로의 업(業)과 습성에 따라서 순서와 기간이 없이 '영혼 7도윤회법칙'이 계속되며 그 앞전이 곧 전생이고, 지금의 현생은 죽은 후의 전생이 되느니라."

"신령님! 몽매한 보통 사람들이 자기 전생 영혼의 좋고 나쁨을 어떻게 대충이라도 짐작할 수 있는지요?"

"제자야! 보통 사람들이 자기 전생의 좋고 나쁨을 대충이나마 짐작하려면, 가장 먼저 자기 자신이 신체적 및 정신적으로 이상은 없는지? 자신이 태어난 집안이 어떤 신분 및 사회적 등급인지? 현재 자기 자신의 삶이 얼마나 복(福)이 많고 적은가? 또는 운(運)이 얼마나 좋고 나쁜가? 등으로 짐작을 해볼 수 있느니라."

"신령님! 자기 전생과 조상님의 업살(業殺)로 현재의 삶이 복이 없고, 운이 나쁘고, 고생만 하는 사람들은 어떻게 하면 되는지요?"

"제자야! 인과응보의 하늘법칙에 따라서 반드시 지은 대로 나타나기 때문에 현재의 삶이 복이 없고 운이 나빠 고통과 고생만 따르는 사람은 자기 전생과 조상님의 업(業)과 타고난 사주팔자에 들어있는 나쁜 기운작용 살(殺, 煞)을 풀어서 반드시 '업살소멸'을 해주어야 면죄를 받을 수 있느니라."

"신령님! 복과 운이 좋은 사람은 어떻게 살아야 하는지요?"

"제자야! 복과 운이 좋은 사람이 선행공덕을 행하지 않으면 다음 생(來生)에는 처지가 뒤바뀌게 될 것이니라. 태어남과 죽음의 현상은 '영혼작용'이고, 영혼이 이승과 저승을 왔다 갔다 하면서 반드시 자기 자신이 지은 대로의 '과보'가 따르기 때문이니라."

"신령님! 사람들의 유전인자적 핏줄내림병과 원인을 모르는 큰 질병 및 난치병과 불치병들을 치유할 수 있는지요?"

"제자야! 유전인자적 핏줄내림병과 원인을 모르는 큰 질병 및 난치병과 불치병들을 치유하려면, 나쁜 질병으로 한 많게 죽은 조상영혼들을 '영혼분리'와 '영혼치유 및 천도재'를 꼭 한 번 정확하게 해주고, 자기 자신의 '업살풀이'까지 해주면 깨끗하게 치유할 수 있느니라."

"신령님! 운명과 운(運)의 작용은 정말로 실재하는지요?"

"제자야! 모든 존재물의 운명과 운(運)의 작용은 우주하늘자연의 섭리와 법칙에 따라서 반드시 작용을 하기 때문에, 사람의 운명도 운세 · 운수 · 운때로 분명히 작용을 하느니라. 태양계에 속해있는 지구는 해 · 달 · 별 그리고 해류와 바람이 존재할 때까지 운명과 운(運)은 항시 작용하고 있느니라."

"신령님! 핏줄업내림과 핏줄대물림의 유전성은 정말로 작용하는지요?"

"제자야! 핏줄적 DNA 유전자 검사는 99.99%까지 정확하고, 조상부모의 핏줄내림은 과학으로 다 증명이 되었으니 인정을 해야 하고, 특히 부모님의 나쁜 유전성들은 '사전예방'만이 최선책이니라."

"신령님! 남의 조상이 내 집안과 우리민족을 도와주는지요?"

"제자야! 하늘천륜법칙의 핏줄 관계는 '최우선 작용'을 하기 때문에 남의 조상이 내 집안과 우리민족을 결코 도와주지 않느니라."

"신령님! 성경과 코란과 불경 등에는 나와 전혀 관련성이 없는 남의 조상 및 민족과 남의 국가 및 타지역과 아주 먼 옛날 등 얘기들만 열거했는데 믿어도 되는지요?"

"제자야! 아주 먼 옛날얘기들과 남의 조상 및 민족과 남의 국가 및 타지역 등 얘기들은 조금도 믿지 말고 모든 종교들에서는 '정신 가르침'만 한 수씩 배우면 되느니라."

"신령님! 종교들은 맹신적 믿음과 복종을 강요하는데 따라도 되는지요?"

"제자야! 맹신적 믿음과 복종을 강요하는 것들은 결코 따르지 말고, 마음과 영혼의 이끌림을 따르면 좋으니라."

"신령님! 사람도 죽어서 신(神)이 될 수 있는지요?"

"제자야! 사람도 죽어서 신(神)이 될 수 있으니, 높은 큰 도(大道)를 이루거나 또는 깨달음을 얻고 위대한 업적을 쌓으면 죽어서 '인격신(人格神)'이 될 수 있고, 영혼과 혼령의 궁극적 목표와 소망은 모든 존재로부터 인정과 대접을 받는 '신(神)'이 되고 싶은 것이니라."

"신령님! 사람이 죽으면 그 영혼은 어떻게 되는지요?"

"제자야! 사람이 죽으면 그 영혼은 육체 몸에서 빠져나가 섭리와 법칙에 따라 삼혼(三魂)으로 갈라져서 각각의 역할 세계로 돌아가고, 칠백(七魄)으로 흩어져서 자연 소멸이 되니, 즉 3혼으로 갈라지고 7백으로 흩어지느니라."

"신령님! 부모님이나 가족이 죽음에 임할 때 다른 가족들은 어떻게 준비를 하면 좋은지요?"

"제자야! 부모님이나 가족이 죽을 때 남겨진 가족들은 죽어가고 있는 가족이 먹고 싶은 것이나 보고 싶은 것을 꼭 해 주고, 최선으로 편안하게 해 주고, 숨이 멈추면 30분쯤은 시신을 그 상태로 두고, 시신 가까이에서 그동안 고맙다는 인사와 마음 편히 좋은 데로 잘 가라는 인사를 여러 번씩 해 주고, 매일 평소에 좋아했던 음식을 차려 주고, 흰 종이에 이름을 써서 불태워 주고, 풍습과 믿는 종교에 따라 장례를 치르고, 좋아했던 물건들을 나눠 주거나 또는 불태워 주고, 그리고 49일 동안까지는 좋은 데로 잘 가라는 등 '영혼인도'를 잘 해줘야 하느니라."

"신령님! 사람이 죽을 때 그 영혼은 어떻게 대처해야 가장 좋은지요?"

"제자야! 사람이 죽을 때는 어떤 사유로 죽든지 간에 죽음에 직면을 하면, 그 영혼은 절대로 당황하거나 두려워하지 말고, 결코 피할 수 없으니 순리에 따라서 인로왕보살 및 저승사자(使者) 또는 마중 나온 선망조상(先亡祖上)을 따라가든지 또는 빛이 나타나면 어두운 빛은 반드시 피하고, 가장 투명한 밝은 빛이나 밝고 눈부신 흰 빛을 따라가면 좋으니라. 평상시 자기 영혼에게 자기 암시법으로 주입을 시켜 놓으면 큰 도움이 되느니라."

"신령님! 가장 성공적인 삶이란 진정 무엇인지요?"

"제자야! 가장 성공적인 삶이란, 다음 생(生)을 위해서 '죽음 준비'를 잘하는 잘 죽는 죽음이고, 마지막 죽음을 잘못 죽으면 한평생의 삶이 허사이니라."

"신령님! 불교의 성불(成佛)과 기독교의 부활(復活)은 참말인지요?"

"제자야! 석가모니 이후로 2천5백 년 동안 부처가 된 사람은 한 명도 없었고, 예수 이후로 2천년 동안 부활된 사람이 한 명도 없었으니, 그것은 인간들에게 착하게 살게 하려고 한 선의적 거짓말이니라. 모든 종교의 가르침들은 '상징적 해석'을 잘 해야 하느니라."

"신령님! 신통능력이 없는 성직자는 신(神)의 대행자 자격이 있는지요?"

"제자야! 신(神)을 대상으로 믿는 종교에서 신통능력이 없는 성직자는 신(神)을 대신하는 대행자의 자격이 결코 없느니라."

"신령님! 하늘천손 배달민족의 대한민국 우리나라에서만 사람의 나이를 계산할 때 한 살을 올려주는 연유는 무엇 때문인지요?"

"제자야! 아이가 어머니의 뱃속에 잉태할 때부터 이미 영혼이 들어와 있기 때문에 '영혼이 깃든 태아'를 사람으로 인정을 하니 이 셈법은 세계에서 가장 하늘의 이치에 맞느니라."

"신령님! 여성들의 낙태수술행위는 죄가 되는지요?"

"제자야! 태중의 아기에게는 이미 영혼이 깃들어 있기 때문에 낙태수술행위는 '살인죄'의 큰 죄가 되고, 그 어미와 산부인과의사는 '살인죄업' 때문에 반드시 그 댓가의 벌(罰)을 받게 되느니라."

"신령님! 모든 사람에게는 자기가 지은 대로의 행업에 따라서 그 과보가 따른다는 인과응보의 법칙은 정말인지요?"

"제자야! 인과응보의 법칙은 하늘법칙이니 정말이니라. 모든 사람은 삼생(三生)을 지은 대로의 '인과법칙'에 따라서 살아가게 되느니라."

"신령님! 이 말씀들을 듣기 전에 이미 많은 잘못을 범했거나, 또는 죄를 지었거나, 또는 잘못 살아온 사람들은 어떻게 하면 좋은지요?"

"제자야! 지금부터라도 즉시 잘못을 뉘우쳐 회개와 참회를 하고, 하늘신(神) 또는 대행자 앞에서 고백을 하고, 그리고 반드시 '속죄와 면죄'를 받아야 하느니라."

"신령님! 세상의 좋고 나쁜 일에는 미리 그 징조(徵兆)가 나타난다고 하는데 정말 그러하는지요?"

"제자야! 모든 일에는 어떻게든 사전에 그 징조가 예고되느니라."

"신령님! 사전예고의 징조들은 어떻게 나타나는지요?"

"제자야! 사전예고의 징조들은 현상적으로 나타나기도 하고, 또는 꿈속에서 예시몽으로 그리고 얼굴과 손금에 분명히 나타내 주니, 큰일과 객관적인 징조는 큰 사고와 자연현상으로 먼저 나타나고, 작은 일과 주관적인 징조는 개인의 신체 이상과 얼굴 및 손금에 부호와 기색으로 나타나며, 특히 꿈속에서 예시와 계시로 나타내 주느니라. 사전예고의 징조들을 잘 살펴서 사전에 '준비와 대비'를 잘 하는 지혜가 꼭 필요하느니라."

"신령님! 꿈속에서 미리 예시와 계시로 나타내 주는 '좋은 꿈과 나쁜 꿈'의 구별을 가르쳐 주실는지요?"

"제자야! 꿈속에서의 예시와 계시는 남·녀의 성별과 나이 그리고 직업과 상황에 따라서 조금씩 다르게 나타나고 또한 조금씩 다르게 꿈풀이를 하느니라. 하지만 먼저 '좋은 꿈들'을 대체로 열거하면 황소, 돼지, 똥이 좋게 보이는 꿈·용꿈·큰구렁이꿈·큰물고기꿈·호랑이꿈·독수리꿈·봉황새 꿈·불꿈·돈뭉치꿈·귀인을 만나는 꿈·종이문서 또는 고액 수표를 받는 꿈·귀중품을 받는 꿈·백발도인 꿈·조상님이 일러 주는 꿈·특별한 숫자 또는 이름 또는 장소를 가르쳐 주는 꿈·맑은 물꿈·목욕하는 꿈·정돈하는 꿈·청소하는 꿈·빨래하는 꿈·불이 잘 타는 꿈·꽃상여를 보는 꿈·싸움에서 이기는 꿈·기쁜 소식 꿈·물고기를 많이 잡는 꿈·수확을 하는 꿈·현재보다 좋은 집에서 살고 있는 꿈·잔칫상을 보는 꿈·기도를 하는 꿈·아침에 일어나서 예감과 느낌이 좋은 꿈 등등이니라.

다음으로 '나쁜 꿈들'을 대체로 열거하면 젊은 여자들 꿈·갓난아기를 안거나 업고 다니는 꿈·귀신꿈·경찰꿈·군인꿈·검은 옷을 입은 사람 꿈·벌레 꿈·소가 덤벼드는 꿈·짐승이 덤벼드는 꿈·쫓기는 꿈·흙탕물 꿈·물이 더러운 꿈·물이 줄어드는 꿈·물고기를 못 잡는 꿈·교량이 끊기는 꿈·큰 사고가 발생하는 꿈·자기 신발을 잃어버리는 꿈·자가용차를 잃어버리는 꿈·자기 물건을 찾으러 다니는 꿈·자기 물건을 빼앗기는 꿈·이빨이 빠지는 꿈·못사는 동네에서 살고 있는 꿈·죽은 사람이 보이는 꿈·억울한 사람이 꿈속에 나타나는 꿈·헐벗고 굶주린 조상꿈·조상님이 자주 보이는 꿈·가위 눌리는 꿈·무서움과 공포를 느낀 꿈·기분 나쁜 꿈·느낌과 예감이 안 좋은 꿈 등등 헤아릴 수 없을 만큼 많느니라.

이러한 좋은 꿈 또는 나쁜 꿈들 중에서 두 번 이상 반복되는 꿈과 특별한 꿈 그리고 새벽 잠자리에서 일어나기 직전에 꾸는 꿈들은 귀중한 계시와 암시가 들어 있으니 반드시 '꿈풀이'를 잘 해야 하느니라. 특히 사람의 이름 또는 어느 곳의 지명을 가르쳐 주는 꿈이나 글자와 숫자를 가르쳐 주는 꿈 등등은 복권당첨 또는 횡재와 행운을 잡을 수 있는 '좋은 꿈'이기도 하니 특별한 꿈 또는 이상한 꿈을 꿀 경우에는 반드시 용한 점쟁이를 찾아가 '꿈풀이'를 잘 받아 보아야 하느니라.

특히, 평소에도 또는 가끔씩 꿈이 잘 맞는 사람들은 나이운때와 날짜운때만 잘 맞추면 인생역전의 '로또복권 1등 당첨'도 가능하느니라."

"신령님! 전생(前生)이 현생의 삶과 운명에 얼마만큼 영향을 끼치는지요?"

"제자야! 전생의 존재가 현생의 자기 몸속에 영혼으로 들어와 있기 때문에 자기 자신의 타고난 운명과 전생을 얼마만큼 알고 있는가? 또는 ① 복(福)을 타고났는지? ② 운(運)을 타고났는지? ③ 업(業)을 타고났는지? 등등에 따라서 99%까지 현생의 삶과 운명에 영향을 끼치느니라. 자기 자신이 잘못 살거나 또는 원한 많게 죽으면 자기 자손과 자기 영혼은 함께 이후로 약 10~1,000년 동안 고통받고 고생하고 불행하게 되기 때문에 반드시 운명작용의 '비밀지식'들을 많이 알아둬야 하느니라."

"신령님! 인간으로 태어나서 어릴 때 또는 젊은 나이에 각종 사고 또는 질병으로 죽은 사람들의 영혼은 천도(薦度)가 잘 되는지요?"

"제자야! 인간으로 태어나서 어릴 때 또는 젊은 나이에 각종 사고 또는 질병으로 억울하고 한 많게 죽은 사람들의 영혼은 본래 수명의 나이가 될 때까지 수십 년 동안을 저승세계로 들어갈 수가 없기 때문에 천도가 잘 되지 않느니라. 이렇게 억울하게 죽은 영혼들은 반드시 신통력으로 법력과 도력이 높은 도사(道士) 또는 도승(道僧)이 '특별 천도재'를 해줘야 영혼치유 및 해원과 천도가 동시에 이루어지느니라."

"신령님! 여자들의 자궁 속에서 억울한 죽음을 당한 낙태 아기들의 영혼은 어떻게 되는지요?"

"제자야! 여자들의 자궁 속에서 억울한 죽음을 당한 낙태 아기들의 영혼은 태어나서 어른으로 성장하고 죽어야 하는 '예정된 수명'의 나이가 될 때까지 수십 년 동안을 저승세계로 들어갈 수가 없기 때문에 태중혼령이 되어서 평생 동안 그 어미의 자궁에 달라붙어 '원한의 복수'를 하게 되느니라.

억울한 죽음을 당한 혼령들은 원한의 대상자와 죽음을 당한 그 장소에 '붙박이 지박령 원한귀신'으로 붙어있기 때문에 교통사고로 사람이 죽은 장소에서는 또 원한의 교통사고로 사람이 많이 죽는 것처럼, 낙태 살인을 한 자궁에서는 '자궁살'이 생겨 자궁암과 불임 또는 남편외도와 부부싸움 · 별거 · 이혼 등등의 벌(罰)이 따르게 되느니라. 낙태 살인을 한 여성으로서 애정운 및 결혼생활이 나빠지거나 또는 아기꿈을 꾸거나 또는 자궁암 등에 걸리면 최대한 빨리 '자궁살'을 꼭 풀어주면서 함께 낙태아기영혼을 특수도술법으로 반드시 꼭 '해원천도'를 해 주어야 하느니라. 또한 낙태 살인을 많이 행한 산부인과 의사들은 '낙태 살인죄업'으로 점점 운(運)이 나빠지고 또한 인생 말년이 100% 불행하게 되니 '낙태아기천도재'를 꼭 해주어야 하느니라."

(※ 의사 중에서 가장 나쁜 직업이 '산부인과 낙태 수술 의사'이고, 낙태 수술과 살인의 '죄의식'을 느끼고 있는 사람들은 꼭 해결을 바람!!)

"신령님! 불쌍하고 억울하게 죽은 사람들의 원귀 · 악귀 · 요귀 · 좀비 · 수비 · 영산 등등의 원한이 강한 혼령과 귀신들은 천도(薦度)가 되는지요?"

"제자야! 원한이 강한 귀신들은 최고의 신통력과 도술법을 사용하지 않고서는 천도가 잘 되지 않느니라. 원한이 강한 혼령과 귀신들은 반드시 신통력으로 법력과 도력이 높은 도사(道士) 또는 도승(道僧)이 '특별 천도재'로 해원과 천도를 동시에 정확히 해 주어야 하느니라.”

“신령님! 원한이나 미련이 없이 행복하게 장수를 누리고 잘 죽은 사람의 영혼도 조상굿이나 49재 · 천도재가 필요한지요?”

“제자야! 잘 죽은 사람의 영혼들은 스스로 순리를 잘 따르게 되니 조상굿이나 49재 · 천도재 등이 필요 없느니라.”

“신령님! 보통 사람으로 살면서 가장 좋은 일은 무엇인지요?”

“제자야! 보통 사람으로 살면서 가장 좋은 일은 착한 일 ‘선행공덕’을 많이 쌓는 것과 깨우침과 깨달음으로 자기 영혼의 ‘영혼진화’를 많이 해서 하늘나라 천국 · 천당 · 천궁과 정토의 극락세계로 잘 올라가는 것이니라.”

“신령님! 먼저 죽은 많은 영혼(혼령)들은 모두 어디에 존재하는지요?”

“제자야! 먼저 죽은 영혼(혼령)들은 대대수가 하늘의 숫자 7섭리에 따라 7×7=49이니 죽은 후 7일부터 49일 동안에 지은 대로 심판을 받고, 연옥에서 무한정 대기를 하다가 오묘한 섭리와 운명작용에 따라 또 다른 몸을 빌려 동물이나 사람으로 태어나니 지구별의 ‘동물 숫자’는 항시 같으니라.”

“신령님! 사람이 죽음에 이르면 어떤 상황이 벌어지는지요?”

“제자야! 사람이 죽음에 이르면 그 영혼체는 잠깐 졸도 또는 당황을 하다가 살아 있을 때의 가치관과 믿는 종교적 인연법에 따라 어두운 터널이 나타나기도 하고, 또는 출입문이 나타나기도 하고, 또는 초원이 나타나기도 하고, 또는 강이나 바다가 나타나기도 하느니라.”

“신령님! 사람이 죽음에 이르면 누군가 안내자가 나타나는지요?”

“제자야! 사람이 죽음에 이르면 핏줄 관계인 조상이나 또는 저승세계의 심부름꾼인 저승사자 등의 영혼 안내자가 나타나기도 하고, 또는 아무도 안 나타나기도 하느니라.”

“신령님! 사람이 죽을 때 안내자가 안 나타나면 어떻게 되는지요?”

"제자야! 사람이 죽을 때 영혼 안내자가 없으면 당황스럽고, 두렵고, 방황을 하게 되고, 안내자가 없는 영혼들은 대부분 유령이 되고 수비·영산·좀비가 되느니라."

(※ 운명천기비밀을 가르쳐 주는 귀중한 이 책으로 잘 죽는 죽음 준비와 저승세계·영혼·신(神)·종교 등의 '진짜 고급지식'을 꼭 알아두시길 바람!!)

"신령님! 사람이 죽을 때 또다시 돌아가는 저 세상(저승)은 어떻게 구분되어 있으며, 죽은 영혼(혼령)들은 어떻게 분류가 되는지요?"

"제자야! 사람이 죽을 때 또다시 돌아가는 저 세상은 ① 천국 ② 연옥 ③ 지옥으로 구분이 되어 있고, 사람으로 살 때의 행실과 행업에 따라 지은 대로 심판을 받고 분류가 되어 그만큼의 '대접과 형벌'이 주어지며, 극락천국은 너무나 밝고 아름답고 평화스러운 곳이고, 고통지옥은 너무나 어둡고 무섭고 고통스러운 곳이며, 연옥은 불로 정화를 기다리는 수많은 방들과 출입문이 있는 곳이니라."

"신령님! 이승과 저승의 관계를 좀 가르쳐 주실는지요?"

"제자야! 이승과 저승은 사람과 영혼(혼령) 및 신들의 입장차이이니 사람의 입장에서는 혼령과 신들의 세계가 저승이고, 혼령과 신들의 입장에서는 사람들의 세계가 저승이며, 자기들이 현재 머물고 있는 곳이 이승이고, 사람들의 이승세계는 영혼들이 사람의 몸을 빌려 잠시 와 있는 곳이며, 모든 영혼들은 영혼들의 세계 저승으로 반드시 돌아가야 하니 영혼들의 저승세계가 곧 본향이고 고향이니라."

"신령님! 이승과 저승 중에서 어느 쪽의 삶이 더 중요하는지요?"

"제자야! 잠시 왔다 가는 나그네이지만 몸을 가지고 정신 활동으로 깨우치고 깨달음까지 이루어 영혼진화와 영혼승급을 할 수 있는 기회인 이승의 삶도 중요하고, 영원히 살아가고 또한 반드시 돌아가야 하는 저승의 삶은 더욱 중요하느니라."

"신령님! 육체적인 삶과 정신 및 영혼적인 삶 중에서 어느 쪽의 삶이 더 중요하는지요?"

"제자야! 사람들의 삶은 육체적인 삶도 중요하고, 정신 및 영혼적인 삶은 더욱 중요하니 살아있을 때 반드시 삶의 질을 끌어올려서 '영혼진화와 영혼승천'의 준비를 잘 해야 하느니라."

"신령님! 사람들의 가장 바람직한 삶의 방법을 가르쳐 주실런지요?"

"제자야! 사람들의 가장 바람직한 삶은 물질적으로 부자가 되어야 하고 또한 정신적으로도 깨우침과 깨달음을 이루어야 하니 물질적 성공과 정신적 성공을 함께 이루어야 하느니라. 하늘을 나는 독수리에게는 '양날개'가 필요한 것처럼……."

"신령님! 서양종교 기독교의 예수님은 진짜 하느님의 아들이 맞는지요?"

"제자야! 예수는 하느님의 진짜 아들이 맞도다. 또한 하늘 하느님의 아들들은 인류 역사 이래 사람으로 환생하여 7명이 태어났느니라."

"신령님! 서양종교의 기독교와 가톨릭에서 성모마리아님 예수님 그리고 하느님 중에서 누구를 믿어야 하는지요?"

"제자야! 사람잣대의 교리해석을 떠나서 인간은 반드시 신(神)을 믿어야 하니, 기독교와 가톨릭에서는 반드시 스스로 절대존재 하느님(神·God)을 믿어야 하느니라."

"신령님! 종교들의 종말론에 대해서 가르쳐 주실는지요?"

"제자야! 종말론이란 전쟁·질병·자연재해 등 세상의 '큰 재앙'들을 의미하고, 종말이라고 일컫는 큰 재앙은 인류역사 이래 100번 이상 있었고, 중세시대 때 페스트 바이러스 전염병은 당시 유럽 인구의 3분의 1이 목숨을 잃은 대공포였으니, 종교들에서의 종말론은 세상의 '큰 재앙'을 말함이니라."

"신령님! 서양종교 기독교 등의 부활에 대해서 가르쳐 주실는지요?"

"제자야! 부활이란 죽은 시체가 다시 살아나는 것이 아니고, 달걀껍질을 깨뜨리고 병아리가 나오듯, 번데기가 껍질을 벗고 나방이 되듯, 오직 자기 수행과 정신수련으로 우주하늘자연의 모든 섭리와 진리의 도(道)를 깨닫고, 그 깨달은 마음 및 의식과 영혼으로 '거듭나서' 병아리처럼 또는 나방처럼 자유로워지는 '완전 자유로움의 경지'를 일컫느니라."

"신령님! 예수님은 죽은 후 3일 만에 부활을 하고, 바위를 딛고 하늘로 공중 들림으로 승천을 하셨다고 하는데 정말로 진실인지요?"

"제자야! 육체적인 부활과 공중 들림 휴거 승천은 거짓말이고, 상징적 해석을 잘해야 하느니라. 첨단과학의 21세기에 변질된 성경 구절을 그대로 믿는 것은 가장 어리석은 짓이고, 바보천치들만 그대로 믿는 것이니라."

"신령님! 하늘나라는 실제로 존재하고 있는지요?"

"제자야! 하늘나라는 실제로 존재하고 있고, 민족마다의 신화 또는 종교마다 다르게 표현을 하고 있을 뿐이니라."

"신령님! 천국과 천당 그리고 천궁에 대해서 가르쳐 주실는지요?"

"제자야! 천국은 하늘나라를 의미하고, 천당은 하늘집을 의미하고, 그리고 천궁은 최고로 좋은 하늘궁전을 의미하며, 최고의 '하늘궁전'으로 올라갈 수 있는 확률은 사람 1천 명 중 1명 정도가 되느니라."

"신령님! 무식한 사람들이 말하는 '이단의 뜻'을 가르쳐 주실는지요?"

"제자야! 이단이란 뜻은 정통이론에서 벗어난 교리나 주장 등을 말하고, 기존과 다름을 뜻하는 바 더 좋은 것일지라도 새로운 것이 생겨나면 기존에서는 이단이라 하면서 배타시하는 것을 일컫느니라."

"신령님! 동양종교 불교의 성불에 대해서 가르쳐 주실는지요?"

"제자야! 성불이란 우주하늘자연의 모든 섭리와 진리의 깨우침과 깨달음을 이루고 모든 번뇌로부터 벗어난 '도통인격체'를 의미하는 것이고, 정신수련으로 7신통을 이루어 우주합일체로 우주의식과 순수의식까지 도달하여 모르는 것이 없고 또한 못하는 것이 없는 석가모니불처럼 '전지전능과 해탈자유 경지'를 일컫느니라."

"신령님! 동양종교의 불교에서는 누구를 믿어야 하는지요?"

"제자야! 불교에서의 수행방법은 석가모니를 따르고, 현세에서의 구고 구난은 관세음보살을 부르고, 아플 때는 약사불을 부르고, 영혼의 구원과 극락왕생을 위해서는 아미타불을 부르고 믿어야 하느니라."

"신령님! 하늘의 신(神)과 정령 및 조상령들도 음식물이 필요하는지요?"

"제자야! 하늘의 신(神)과 정령 및 조상령들까지도 모두가 기운이 필요하기 때문에 음식물을 흠향해야 하고, 하늘천제와 산신제 및 용신제 그리고 조상제사 때에는 반드시 제물로 음식물을 받쳐야 하느니라."

"신령님! 서양종교 기독교와 제사의식을 가르쳐 주실는지요?"

"제자야! 서양종교 기독교의 성경책과 말씀에는 분명하게 소제 · 번제 · 속죄제 · 속건제 · 화목제 등의 '제사의식'이 있고, 반드시 '제물'을 바쳐야 한다고 했느니라. 모든 종교에는 제사의식이 있고 반드시 제물을 차려야 하며 또한 추도식과 차례상에도 제물로 음식을 꼭 차려야 하느니라."

(※ 성경책 모세 5경 중에서 '레위기'에 제사의식 관련이 모두 나와 있음.)

"신령님! 종교와 전통 중에서 어느 쪽을 더 중요시해야 하는지요?"

"제자야! 종교들은 그 종교의 발생지역과 시대 상황이 모두가 다르고, 전통들은 조상 대대로 내려온 것이니 각 나라와 민족은 자신들의 '전통'을 더 중요시해야 하느니라."

"신령님! 신(神)과 정령 및 영들의 세계도 높고 낮음이 있는지요?"

"제자야! 신(神)과 정령 및 영들의 세계는 영적 능력에 따라 직분과 직책 그리고 높고 낮음의 구별과 단계의 층이 있느니라."

"신령님! 하늘과 신령계의 단계는 몇 단계 및 몇 층으로 되어 있는지요?"

"제자야! 태양계 지구별의 하늘은 3단계로 되어 있고, 신령계의 단계는 아래에서 위로 33층까지 있느니라."

"신령님! 외계인은 존재하는지요?"

"제자야! 태양계 밖의 외계인은 존재하지 않느니라."

(※ 3번을 물어도 똑같은 답변을 함.)

"신령님! 사람 영혼들 영계의 단계는 몇 단계나 있는지요?"

"제자야! 영혼들 영계의 단계는 '7단계'까지 있고, 모든 영혼들과 조상령들은 최고 높은 7단계의 등급까지 올라가는 것이 목표이고 또한 인격신(神)이 되어 신령대접을 받는 것이 최종목표이니라."

"신령님! 하늘천상 신령계의 영역은 어떻게 구분되어 있는지요?"

"제자야! 하늘천상 신령계의 영역구분은 '12궁'의 나라들로 되어 있고, 각각의 궁과 나라에는 또 다른 작은 영역이 많이 있느니라."

"신령님! 천계와 영계의 높낮음은 어떻게 구분되어 있는지요?"

"제자야! 천계와 영계의 높낮음은 땅 지표로부터 공중으로 올라갈수록 높고, 반대로 땅속으로 내려갈수록 낮으며, 가장 낮은 곳은 유황불이 이글거리는 불지옥이니라."

"신령님! 신령계의 신분과 직급은 어떻게 구별을 하는지요?"

"제자야! 신령계의 신분과 직급은 표시와 용모 그리고 옷차림새와 권세능력으로 구별을 할 수 있느니라."

"신령님! 영계의 조상령들의 영적인 상태와 좋고 나쁨 및 등급은 어떻게 구별을 하는지요?"

"제자야! 영계의 조상령들은 영적 투시 또는 가족의 꿈속에 나타난 모습과 용모 및 옷차림새로 현재 영적 상태의 편안함과 처참함 및 등급을 구별할 수 있느니라.”

“신령님! 각종 질병으로 죽거나, 각종 사고로 죽거나, 자살해서 죽거나 등 잘못 죽은 영혼(혼령)들은 어떻게 되는지요?”

“제자야! 사람들의 정신작용과 영혼들은 죽은 후 약 100년까지는 ‘상태 지속’이 되기 때문에 각종 질병으로 죽은 영혼(혼령)들에게는 ‘영혼치료’가 반드시 필요하는 등 잘못 죽은 사람들은 그 자손이 ‘영혼치료와 해원천도’를 해주어야 하느니라. 자손들 중에서도 가장 운(運)이 나쁜 사람이 해주어야 하고, 만약에 모른 체하면 가장 운(運)이 나쁜 자손과 집안에는 똑같은 나쁜 현상이 발생되고 또 유전이 되느니라.”

“신령님! 사람들이 죽을 때는 반드시 심판대에 서고, 살아 있을 때의 언·행에 따라서 반드시 심판을 받는다는데 꼭 그러하는지요?”

“제자야! 사람들이 죽을 때는 살아있을 때의 언·행과 삶의 질에 따라서 ‘인과응보’로 그만큼의 ‘상과 벌’이 주어지는 심판을 꼭 받느니라.”

“신령님! 일반신자들이 기도를 열심히 하면서 소망과 소원을 빌어도 기도응답이 없고 삶이 나아지지 않은 것은 무엇 때문인지요?”

“제자야! 기도응답이 없는 것은 자기 영혼과 믿는 신(神)이 전혀 맞지 않기 때문이니, 각 사람마다의 파장과 기도대상의 파장 주파수가 맞지 않기 때문이고, 자기 자신과 조상의 죄업(罪業)이 너무 무겁기 때문이니라.”

“신령님! 종교신앙과 공부 및 직업 등을 바꾸어도 되는지요?”

“제자야! 자기 자신에게 적합하지 않는 것은 바꾸어도 되느니라. 종교와 공부 및 직업은 삶의 목적이 아니고 잘 살기 위한 준비 및 수단의 ‘방편’일 뿐이니라.”

“신령님! 정말로 가난한 사람들은 어떤 기도방법이 좋은지요?”

"제자야! 정말로 가난한 사람들은 하늘의 천복대신(天福大神)을 찾아야 하늘에서 '돈복'을 내려주느니라. 인생살이의 가치와 목표를 최우선적으로 가난의 고통에서 벗어나 사람대접을 받고 싶은 사람들은 모든 종교기도는 잠시 멈추고, 집중기도방법으로 '천복대신(天福大神)'을 기도주문처럼 100일 동안을 계속하면 기운(氣運)이 작용하면서 반드시 부자가 될 수 있느니라."

"신령님! 부자들의 영혼은 하늘나라에 잘 태어나는지요?"

"제자야! 선행을 많이 한 부자들은 대체로 하늘나라에 태어나고, 욕심만 많고 돈을 쓰지 않고 재산을 숨겨두거나 또는 나쁜 짓을 많이 하여 벌(罰)을 받고 몹쓸 병에 걸려서 죽음을 맞게 되는 부자들은 결코 하늘나라에 올라갈 수 없느니라."

"신령님! 나쁜 사람들의 영혼은 어떻게 구원받을 수 있는지요?"

"제자야! 나쁜 사람들의 영혼은 본인과 그 자손의 '선행공덕'으로만 구원을 받을 수 있느니라."

"신령님! 다음은 우리나라 대한민국의 배달민족과 국민 그리고 국가의 미래를 위해서 가르침을 주실는지요?"

"제자야! 민족과 국가의 미래를 위해서는 교육정책과 인간계발 그리고 최소 100년 계획과 10년 비전 등의 '국가전략'이 필요하느니라."

"신령님! 바람직한 방법을 가르쳐 주실는지요?"

"제자야! 사람은 태어날 때 각각의 개성적 기질 및 소질과 운명을 가지고 태어나기 때문에 각 사람의 타고난 개성·특성과 기질·소질·지능·재능·성격·신체조건·운세·건강과 수명운 그리고 생각과 가치관 등에 따른 천성적 '기질소질운(運)인간계발'이 꼭 필요하느니라. 각 사람의 타고난 기질과 소질 등 특성을 꼭 발견하여 반드시 '적성'에 맞게 계발을 시켜주고, 각 사람의 타고난 운명과 운세에 가장 적합한 공부와 직업의 '인생진로방향'을 잘 제시하는 교육정책과 스스로 선택을 잘 하도록 해주면, 각 사람 개인의 성공과 민족 국가의 발전을 함께 이룩할 수가 있느니라."

"신령님! 인간사회의 대형사고와 자연재해 등등의 재앙과 국가의 정책 실패로 인한 막대한 피해와 손실을 막을 수 있거나 또는 줄일 수 있는 방법을 가르쳐 주실는지요?"

"제자야! 앞날의 미래예언은 점술가들이 전문가이니, 앞날 통찰능력이 뛰어난 실력 있는 신통력의 점술가를 10명 정도 선정을 하고 '국가자문위원'으로 위촉하여 하늘에서 계시와 예시가 있을 때마다 중앙 집결 전화에 수시로 기록을 하도록 유도를 하고 그리고 컴퓨터와 전담요원으로 하여금 '집계분석'을 계속하도록 하여 정확한 준비·대비·대응을 잘 할 수 있도록 하는 '시스템'을 만들어 활용하면 대형사고와 자연재해 등등의 재앙과 수많은 정책 실패로 인한 엄청난 비용의 손실과 피해를 절반으로 줄일 수 있고 또한 막을 수도 있느니라. 이 시스템은 기업경영과 국가경영 그리고 국가정보와 국가방위 그리고 모든 협상의 전략에도 큰 도움이 될 수 있느니라."

"신령님! 우리나라 대한민국의 안정과 평화 그리고 지속적인 발전을 위해서는 어떻게 해야 되는지요?"

"제자야! 국가의 안정을 위해서는 실익의 '외교'를 잘 해야 하고, 지속적인 발전을 위해서는 '친기업정책'으로 적극 기업활동 지원 및 수출확대 장려를 해야 하며, 국내적으로는 좌·우 및 진보와 보수 그리고 집단 간의 갈등과 대립을 '소통'을 잘하게 하여 포용설득과 협의 및 합의를 잘 이끌어내고, 정책의 일관성과 비전 제시를 잘 해야 하고, 성장발전을 더 많이 꼭 해야 할 것인바, 생산과 성장이 없는 거지근성을 양산시키는 세금 나눠주기식 복지와 포퓰리즘 정책 등은 결국 함께 망하게 될 것이니라. 망하지 않으려면 국가를 다스리는 행정 및 정치와 통치를 잘 해야 하고, 평화를 위해서는 반드시 한반도전쟁을 막아야 하며, 글로벌 경쟁에서는 4차 산업혁명을 위한 기술과 금융을 더욱 '발전'시켜야 하느니라."

"신령님! 대한민국을 이끌어가는 행정 및 정치와 통치를 잘 하려면 어떻게 해야 되는지요?"

"제자야! 자질과 능력을 갖춘 인물들이 필요할지니, 애족애국심이 결여된 이중국적자와 직무능력이 부족한 자 그리고 민족관 및 국가관이 결여된 자 그리고 이간질 및 선동질만 일삼는 꾼들과 국민세금 도둑질 자와 좌파성을 가진 자 등등은 행정 및 정치에서 철저히 배제를 시키고, 최고지도자는 반드시 독선을 버려야 하고, 탕평책으로 자질과 능력에 따른 '인재발굴'로 등용 및 인사발령을 잘 해야 하며, 탁월한 통찰력과 영웅 같은 위대함을 발휘하여 미래비전 제시로 '국가 방향'을 잘 이끌어야 하느니라."

"신령님! 사람들의 모든 질병으로 인한 고통과 가난 그리고 원한 서린 자살행위 및 각종 재앙으로 인한 사고와 죽음들 그리고 우리민족 남북 간의 적대관계의 근본들을 모두 해결할 수는 있는지요?"

"제자야! 해결할 수 있느니라. 인간은 영적 작용(靈的作用)을 하기 때문에 한반도 남북전쟁 때 이 땅에서 피를 흘리며 원한 많게 죽은 수많은 원혼들과 또한 각종 사고와 난치병 및 불치병 등등으로 원한 많게 죽은 수많은 원혼들을 잘 달래고 깨우치게 하고 영혼치유까지 하는 특수 도술법으로 '해원천도'를 잘 해서 서로 상생(相生)하도록 기도를 해주고, 또한 개운(改運)을 하면 나쁜 운(運) 작용의 근본을 모두 해결할 수 있느니라. 그렇기 때문에 대한민국은 국사당(國祠堂)을 꼭 지어야 하느니라."

"신령님! 우리나라 대한민국의 민족성과 특수성의 발전을 위한 가르침을 주실는지요?"

"제자야! 민족과 국가가 비록 약소하더라도 미래사회는 결국 사람의 능력에 달려있으니 사람 개인들이 타고난 '천성소질재능계발'을 최고로 잘 할 수 있는 '교육과 직업'을 잘 갖게 하고 결코 무너지지 않는 강인한 '정신력'을 가진 민족성을 기르고, 하늘천손 배달민족은 본래부터 재주가 많고 부지런하고 그리고 신명이 강하니 예술·예능·영화·노래·책·명상·점술 등 '코리아 K문화'로 세계만방에 이름을 떨쳐 나아가면서 민족과 국가 그리고 개인까지도 앞날의 정확한 '미래예측'을 잘 해내고, 위대한 통찰력으로 준비를 철저히 잘하는 '국가발전 장기계획'이 중요하느니라.

정권이 바뀌어도 계속 유지되는 '100년 국가발전상임위원회'를 만들면 가장 좋고, 사회의 모든 분야에서 꼼수만을 쓰는 꾼들과 이간질·선동질로 분열만을 일으키는 '좌파성 세력'들은 없애버리면 좋으니라."

"신령님! 요즘의 혼란과 불확실시대에서는 어떻게 살아야 하는지요?"

"제자야! 요즘의 혼란과 불확실시대에서는 '각자도생'으로 어떻게든 살아남아야 하고, 개인들은 반드시 성공·출세·부자가 되어야 하고, 100세 이상 건강하게 잘 살고 그리고 마지막 삶의 정리는 '잘 죽는 죽음 준비'를 잘해서 스스로 영혼진화와 영혼구원을 잘해야 하느니라.

더 이상의 가르침은 하산(下山) 후에 시대변화와 상황에 따라서 차차로 또한 필요하면 때때로 신(神)의 계시와 가르침이 계속 주어질 것이니라……."

나는 아쉽지만 신령님들과의 문답식 가르침이 끝나자 하늘과 신령님들께 삼배(三拜)로 큰절을 올리고 천둥산(天登山) 산꼭대기 가장 높은 산봉우리를 내려옵니다.

해가 지고 있는 노을 진 석양 무렵에 산봉우리를 내려옵니다.

산(山)기도로 도(道)를 닦으면서 10년 동안 하루에 한 개씩 쌓아올린 돌탑은 내 키의 3배 높이만큼이나 높습니다.

나는 돌탑 앞에 서서 합장을 하고 돌탑을 올려다봅니다.

내 손으로 10년 동안 쌓아올린 나의 돌탑을 감회 어린 심정으로 한참 동안을 올려다보고 있습니다.

석양노을의 하늘에서 눈부신 흰 빛줄기가 돌탑을 향해 비춰옵니다.

하늘 빛줄기 속에서 황금색으로 눈부신 아미타불이 모습을 드러내시어 돌탑 꼭대기 위의 공중에 가부좌를 하고 앉으십니다.

"아미타불이시여! 가르침을 주실는지요?"

"제자야! 대광명의 전지전능자로서 말하노니, 공들여 쌓아올린 이 돌탑은 영원토록 무너지지 않을 것이니라. 이곳 천등산(天登山)에서 오직 홀로 10년 동안 두문불출 토굴기도 「천기신통초월명상」으로 신(神)들의 가르침에 따라 인간 최고의 신통력과 도통의 경지에 오른 도사(道士)가 되고 깨달음을 이룬 지존(至尊)에 올라섰느니라.

이곳 천등산(天登山)을 하산하거든 이 나라의 신령스런 명산인 유주산과 팔영산을 거쳐서 조계산·월출산·한라산·두륜산·무등산·내장산·모악산·계룡산·마이산·지리산·덕유산·가야산·금정산·영축산·팔공산·속리산·월악산·소백산·태백산·오대산·설악산·치악산·불암산·수락산·도봉산·삼각산·인왕산·관악산·남산을 직접 거쳐서 서울 중심으로 들어가도록 하여라.

세간의 사람들 속에 함께 살면서 인간계 최고의 신통술과 관상술 그리고 부적술과 도술을 방편으로 많은 중생들을 도와줄지니, 반드시 모든 종교 종파와 정치 당파를 초월하여 구속과 걸림이 없는 해탈한 '대자유인'으로 살아가면서 교통이 편리한 서울에 터를 잡아 스스로 터득한 이 세상 최고의 기도와 명상법인 「신통술초월명상」 가르침과 타고난 각 개인의 천성소질재능을 발견하고 운(運)을 열어주는 '인간계발'을 잘 시켜주고 또한 '종합운명검진과 상담' 등을 해주면서 인연이 닿는 대로 모든 학문과 종교들의 '근원과 본질'인 하늘자연의 섭리와 순리와 도리를 제대로 가르치는 '위대한 가르침'을 많이 베풀도록 하고, 진실한 '하늘메시지'를 전달하도록 하여라.

종교들에서 가장 경전이 많은 8만 4천의 불교경전 책 내용들과 모든 학문지식 내용들의 '근원과 본질'은 자연현상 속에 다 드러나 있느니라.

우주하늘자연의 섭리와 진리를 가르쳐주는 '도사(道師)'로서의 삶의 길을 묵묵히 걸어가면 깨달음의 가르침을 받으려는 사람과 공덕을 쌓으려는 사람과 복(福)을 지으려는 사람들이 많이 나타나 '국사당(國祠堂)'을 짓는 데 함께 동참을 많이 해 줄 것이니라.

사람들의 시주헌금과 후원금으로 백두대간의 최고 명당자리 두 곳에 국사당을 짓고 또한 남쪽 바닷가에 용궁사를 짓고 산신암을 짓는 등등 반드시 '신전(神殿)'을 많이 지어 천손의 배달민족이 살아가는 한반도 땅을 세계 제일 강한 기운(氣運)으로 꼭 만들도록 하여라~.

제자는 이제부터 현시대 인간계 최고의 신통도술능력으로 중생구제와 영혼들 구원 그리고 대한민국의 정신적 구심점을 위한 국사당 '신전(神殿)'건립이 그 사명이니라. 잘 알아들었는가?"

"예! 잘 알아들었습니다."

"제자는 오직 홀로 도(道)를 닦아 스스로 깨우치고 깨달아 성도해탈을 하였으니 내가 너에게 '독성존자(獨成尊者)'로 인가하노라 ~~

제자의 금생 수명은 120살까지이고, 다음 생(生)은 하늘나라 '지혜천궁'의 천왕(天王)이 될 것이니라 ~~~"

아미타불의 모습과 음성이 사라지고 이제 고요함만 남습니다.

어두움이 드리워지고 있는 고요한 깊고 높은 산(山)속에서 하늘을 올려다보고 있습니다.

하늘에서 내가 어릴 때에 자주 들었던 '하늘음성'이 하늘땅이 울리도록 큰

음성으로 또다시 들려옵니다.

"아들아! 하늘로 오르는 천등산(天登山)에서 하늘우주자연의 섭리와 진리 깨달음의 '하늘공부'를 잘 하였느니라. 이제부터는 신(神·God)들의 '전령자'가 되어 사람들과 영혼들을 많이 구원해 주거라 ~~~"

나는 하늘에다 소리 내어 물어봅니다.

"내 어릴 적과 지금에 하늘음성을 들려주시는 분은 누구신지요? 모습을 보여주실는지요?"

"내 존재는 결코 모습으로 보여질 수 없느니라 ~~~"

"그러시다면 하늘음성으로 가르침을 주실는지요?"

"아들아! 혼(魂)이란 것이 영혼이 되고 혼령이 되는 인간들의 본체이고, 깨우침 및 깨달음으로의 정신과 영혼의 거듭남이 부활이며, 깨달음을 이룬 자유로운 영혼체가 곧 영생의 주체임을 잘 가르쳐 주면서 올바른 믿음과 함께 사람들과 영혼들을 잘 인도하고 구원을 해주거라 ~~~"

"예! 잘 알아들었습니다."

나는 '하늘로 오르는 산'이라는 전라남도 고흥에 있는 천등산(天登山)에서 '신(神)의 계시'를 받고 책임감을 느끼지만, 「천기신통술기도명상」으로 깨달음을 이루고, 하늘 신(天神·God)들로부터 직접 인가와 인증까지 받았으니 너무나도 환희롭습니다.

나도 모르게 환희의 눈물이 볼을 타고 흘러내립니다.

동쪽 하늘에서 커다란 둥근달이 떠오릅니다.

밤하늘의 둥근달이 어둠의 대지(大地)를 환하게 비추어 줍니다.

나는 밤하늘의 둥근달을 바라보면서 눈물을 흘립니다.

마음은 즐거운데 눈에서는 눈물이 납니다.

나의 눈에서 눈물이……

'신통술초월명상가'가 되어 하산(下山)을 한다

'신통술초월명상가'가 되어 하산(下山)을 하고…….

천등산에 들어와서 산(山) 밖을 한 번도 안 나가는 두문불출 10년 동안 토굴기도로 대각(大覺)의 깨달음과 신통도술의 초능력을 얻고, 이제 하산(下山)을 하기 위해 준비를 합니다.

계절이 한창 무르익은 봄철이니 또다시 토굴 옆 산골짜기 비탈의 텃밭에 채소 씨를 심기 위해 땀을 흘리며 괭이질을 합니다.

여러 날 동안 땀을 흘리면서 괭이로 땅을 파 엎고 두둑과 이랑을 만들어 정성스럽게 채소 씨를 심습니다.

누가 먹든지 간에 산속의 텃밭에 채소 씨를 심어놓습니다.

내 스스로 넓은 마음 그리고 큰마음으로 마음을 씁니다.

이곳 천등산에 자동차가 통행할 수 있는 임도 산길이 생기고, 또한 옹달샘 토굴에서 큰 도사(大道士)님이 탄생했다는 입소문이 났으니, 누군가 또 인연

있는 사람들이 이곳을 찾아와 산(山)기도공부를 하게 될 것을 대비해서 깨끗이 청소를 해 놓습니다.

"모든 행동들은 양심이 지켜보고, 그림자가 따라다닌다."

돌탑과 돌제단 그리고 옹달샘과 토굴에 한없는 고마움과 감사함으로 머리 숙여 마음 숙여 골백번 큰절을 올리고 동서남북 4방으로도 큰절을 올리고 그리고 이제 하산(下山)을 합니다.

새로운 삶의 가치관으로 바꾸고, 유언과 유서를 남겨놓고 죽음을 각오하는 배수진을 치고 10년 동안 산도(山道)를 닦아 드디어 성도(成道)를 이루고 해탈자유인 지존의 도사(道士)가 되어 이제 하산(下山)을 합니다.

하늘로부터 특명을 받고 죽을 때까지 도사의 신변을 보호해주고 또한 지시와 명령에 무조건 따르는 여러 명의 수호신장과 신령 그리고 동자들을 거느리고 천등산(天登山)을 내려옵니다.

하늘에서 승리의 축하 음악 나팔소리가 들려오고 산 까마귀들도 머리 위를 날면서 까악~까악~ 축하를 해줍니다.

나는 승리자가 되어 축하를 받으며 산(山)을 내려옵니다…….

집 떠난 지 10년 만에 시골집 생가(生家)로 돌아옵니다.

많은 사람들과 친지 가족들이 나를 반겨줍니다.

한 사람 한 사람 손을 잡아주고 그리고 대청마루에 앉아 계신 육신의 어머님께로 가서 큰절을 올리며 문안 인사를 드립니다.

우리 어머님께서는 이제 허리가 굽은 90살 할머니로 늙으셨습니다.

지금도 장독대의 큰항아리 위에 정한수를 떠올리고 계십니다.

손씨 집안으로 시집을 와 첫아이 임신 때부터 아이가 태어나고 자라서 어른이 된 지금까지 매일처럼 장독대 큰항아리 위에 정한수로 물 한 그릇을 떠올리면서 평생동안 기도를 해 오셨습니다.

당신께서 시집온 손씨 집안과 당신께서 배 아파 낳으신 6남 1녀 7남매 자식들이 오직 잘되기만을 평생 빌어 오고 계십니다.

필자는 이 책을 가장 먼저 나의 어머님 안동 김씨 '김순애'님께 엎드려 받쳐 올리는 바입니다.

그리고 어머님의 7남매 자식을 대표해서 그러하신 어머님의 헌신적인 거룩하신 삶에 한없는 고마움과 존경심의 마음을 올립니다.

생·로·병·사의 섭리에 따라 어머님께서 이제 늙으시니 무릎관절과 허리와 엉치골반이 아프다고 하십니다.

나는 자식된 도리로 직접 우주자연의 기운을 모아서 어머님의 아픈 곳을 의술통의 신통술로 정성껏 기(氣)치유를 해 드립니다.

우주자연의 생기(生氣)를 두손에 모으고 병 고침 주술진언의 신통술 '권능'으로 어머님을 치유해드리니, 20년 동안의 만성질병 고통이 기적처럼 깨끗이 나아버렸습니다.

또한 시골 이웃마을에 살고 있고 어느 날인가부터 귀신이 씌워 시집도 못 가고 늙은 부모가 항상 방에 가둬두고 있는 불행한 처녀의 소식을 전해 듣고는 귀신을 떼어내서 정신이 멀쩡하게 만들어 주고, 다시는 그 몸속에 귀신들이 못 들어가게 몸에다 도술부적을 그려주었습니다.

또한 귀신들린 처녀를 치유해서 멀쩡하게 정신이 돌아오게 했다는 소문을 전해 듣고, 부모님과 함께 찾아온 말이 어눌한 자폐증 겸 발달장애 아이에게 퇴마의식 두 번으로 멀쩡하게 만들어 주었습니다.

또한 막노동을 하면서 성실하게 살아가고 있지만, 술만 먹으면 술주정으로 착한 마누라를 두들겨 패고 식구들에게 행패를 부리다가 곯아떨어져 잠을 자고 다음 날 아침에는 기억을 못 하고 매일처럼 반복이 되는 사람에게 술 귀신을 떼어주고, 또한 부부가 행복하게 살다가 어느 날인가부터 부인이 갱년기가 찾아오면서 우울증이 너무 심하게 나타나고 자꾸 자살을 생각하다가, 정신질환과 귀신병을 잘 고친다는 소문을 전해 듣고 찾아온 여성의 심한 우울증을 고쳐 주었습니다.

또한 개인사업을 잘하고 잘살고 있는데, 어느 날 동생이 큰 교통사고로 머리를 다치고 비명횡사를 당하고, 그 후에 본인이 뇌졸중으로 쓰러지고 한쪽 몸이 마비가 되었고, 부인이 점(占)을 잘 본다는 소문을 전해 듣고 찾아왔는데, 집안 우환의 원인이 동티로 산소 탈 때문이란 것이 밝혀졌는데 곧바로 산소 탈을 풀어주고 동생의 천도재를 해주고 나서 형의 뇌졸중 한쪽 몸의 마비 증세를 즉시 낫게 해주었습니다.

생가(生家)의 어머님 곁에 일정기간 머물면서 찾아온 사람들에게 '신통도술'로 온갖 빙의와 귀신병·심각한 우울증·자폐증·핏줄대물림우환과 온갖 불치병 및 난치병과 병원에서 원인을 모르는 희귀병 등을 치유해주면서 그 사람에게 꼭 맞는 좋은 말을 한마디씩 해줍니다.

나는 그 사람의 지적 수준과 운(運) 흐름에 꼭 맞는 '가르침'을 줍니다.

그 사람의 타고난 운명과 운세 등을 종합적으로 분석하고 진단하여 현 시점에서 가장 합리적인 '가르침'을 직설법으로 말해줍니다.

하루는 국회의원님의 소개로 찾아왔다면서 내가 머물고 있는 시골동네에 고급승용차 리무진을 타고 귀부인과 여학생이 나타납니다.

요즘 이곳 시골동네에 외지사람들의 고급승용차가 자주 찾아옵니다.

찾아온 손님은 대뜸 복채(상담비용)가 얼마냐고 묻습니다.

"복채는 상류층은 10만 원이고, 서민층은 5만 원입니다."

라고 말을 하니, 손님은 탁자위에다 복채를 놓으면서 자기가 찾아온 이유를 먼저 맞춰보라고 합니다.

나는 나를 시험하는 이러한 무례함이 가장 싫지만, 멀리서 찾아왔고 또한 소개를 해준 국회의원님의 체면도 있고 하여 빙그레 웃음으로 대하며, 신안(神眼)으로 손님의 얼굴을 유심히 살피면서 입을 엽니다.

"여사님! 여학생 딸아이의 '사주팔자'를 보러왔지요?"

"예, 도사님이 사람 개인들의 사주팔자 운명을 잘 보신다고 해서 지인의 소개를 받고 찾아왔습니다."

"딸아이의 사주팔자를 정확히 보려면 그 어머니의 사주팔자를 함께 보면 더욱 정확히 알 수 있으니 어머니와 딸의 사주를 말씀해 주세요!"

나는 먼저 어머니의 사주와 손금은 운명이 일치해서 정확히 봐 주었으나, 딸은 사주와 손금이 불일치하여 그 어머께 물어봅니다.

"여사님! 따님의 사주와 손금이 불일치하는데 혹시나 철학관 점(占)쟁이에게 좋은 날짜와 시간을 받아서 제왕절개 병원수술로 아이가 태어나지는 않았는지요?"

"예, 점(占)쟁이에게 좋은 날짜와 시간을 받아서 출산예정일보다 이틀쯤 전에 제왕절개 병원수술로 태어난 아이입니다."

"여사님! 따님의 사주는 태어난 날짜와 시간이 섭리를 거스른 '가짜 사주'이기 때문에 따님의 실제 손금과 나이만으로 타고난 운명검진과 앞날운(運)을 가르쳐 드리겠으니 다 듣고 나서 맞으면 맞다 또는 틀리면 틀리다고 말씀해 주시길 바랍니다."

나는 「신통술초월명상」으로 도(道) 닦을 때 영적으로 전수받아 배워 둔 《신통술 손금풀이》로 객관적인 근거를 가지고 분석운명점(占)을 정확히 판단하기 위해서 여학생 딸의 양 손바닥을 확대경 돋보기로 자세히 살펴보면서 우선 선천적으로 타고난 기본 3대 손금과 운세를 가리키는 세로 4대 손금을 살피고, 후천적으로 변화를 하는 가느다란 가지선들을 상세히 살피고, 왼손과 오른손의 서로 다른 손금들까지 상세히 살피면서 천성적 기질·소질·재능·성격분석과 공부운 · 미래의 대학진학운 · 직업운 · 결혼운 · 재물운 · 성공운 · 출세운 · 건강운 · 수명운 등을 정확히 '종합분석'을 해서 그 사람의 특성과 좋은 것 10가지와 약하고 나쁜 것 10가지 등을 정확하고 상세하게 가르쳐 주는 등 정확한 운명분석을 통한 운명점(運命占)을 쳐 줍니다.

"여사님! 따님의 실제 손금풀이와 영혼관찰로 볼 때에 천성적으로 타고난 개성 및 특성들과 좋은 것과 나쁜 것을 정확히 구분을 하고 종합분석을 통한 운명검진이 맞습니까? 틀립니까?"

"도사님! 우리 딸의 타고난 천성적 기질 및 성격과 언 · 행 및 습성은 유별나고, 학교성적은 중간쯤이고 등 도사님의 핵심적 종합운명검진이 너무나 정확합니다. 딸의 사주는 다 좋다고 하는데 실제 삶은 엉터리로 느껴져서 늘 의혹이 있었는데요, 우리 딸의 사주와 손금의 차이가 무엇 때문입니까?"

"따님의 사주는 철학관에서 좋은 날짜와 시간을 받아서 제왕절개 병원수술로 태어났기 때문에 사주는 좋다고들 하지만, 그러한 것은 하늘자연의 섭리를 거스른 '가짜 사주'이고요, 실제 손금은 하늘자연의 섭리작용이 정확하게 들어맞은 진짜 운명을 정확히 나타내주고 있는 것입니다."

"도사님! 우리 아이는 귀한 외동딸인데 칠성줄로 태어나 신(神)끼로 인한 빙의 증상은 어떻게 하면 해결할 수 있는지요?"

"대학병원에서는 어떤 진단이 나왔습니까?"

"MRI에도 나타나지 않고 등 하여 신경성으로만 처방을 내렸는데 점점 증상이 악화되고 있습니다."

나는 여학생 따님의 얼굴과 눈을 자세히 보면서 '신통술과 관심법'으로 영혼과 전생을 알아내고 다른 영혼까지 잡아냅니다.

그리고 이번에는 당사자 따님에게 질문을 합니다.

"학생! 이미 학생도 몸속에 들어와 있는 영혼하고 가끔 내면 소리로 대화를 하고 있으니 알고 있을 것이고, 지금은 솔직히 말해 주어야 하니 맞으면 맞다 또는 틀리면 틀리다고 말을 해주세요!"

학생은 어머니와 내가 지켜보는 상황 속에서 솔직히 다 얘기를 해주면서 '도사님 말씀이 다 맞습니다.'라고 진실을 말해 줍니다.

모든 비밀의 진실이 다 확인이 되었으니 나는 대학병원의 의사처럼 운명치료 처방을 내려 줍니다.

"여사님! 따님 몸속에는 예쁜 선녀가 들어있고요, 그 선녀는 따님의 전생영혼이고, 선녀 옆에 또 하나의 영혼이 보이는데 여사님의 큰딸이라고 합니다. 그러하기 때문에 영혼 분리를 해서 죽은 큰따님의 영혼은 천도를 시켜주고, 함께 나쁜 운(運)작용의 살풀이만 해주면 모두가 정상적인 삶을 살 수 있게 됩니다. 그리고 전생 영혼 선녀는 너무나 예쁘고 노래 부르기를 잘하고 또한 좋아하니 '천성적으로 타고난 노래 재능'을 잘 살려주면 따님은 뛰어난 인기가수 연예인이 될 수 있다고 확신합니다."

이렇게 마무리를 하고, 직접 도술부적 2장을 그려주면서 1개는 휴대하는 지갑 속에 넣고 다니게 하고, 또 1개는 잠잘 때 사용하는 베갯속에 넣어두라고 하면서 '꼭 한 번은 영혼분리 및 천도재와 살풀이 등 의식의 하늘제사를 꼭 한 번 해 주세요!'라고 말해 줍니다.

여사님은 지혜롭게도 흔쾌히 동의를 하고, 특별기도 하늘제사 올리는 날짜를 달라고 해서 생기복덕천의 길일을 잡아줍니다.

사람과 개인들이 자신의 노력으로는 도저히 해결할 수 없는 '특별한 운명문제' 등은 신통술과 도술의 도움을 받아야 하는 것입니다.

그리고 모든 학생들과 어른들은 천성적으로 타고난 자기 자신의 개성 및 특성과 기질·소질과 재능발견 및 성격분석과 운(運)을 제대로 알고 살아가야 하고, 적성에 알맞은 공부와 직업을 잘 선택해야 함을 꼭 강조합니다!!

오늘도 밝은 모습으로 되돌아가는 손님들을 보면서 이것은 환자를 치료해 주는 의사처럼 '진짜 활인(活人)'이구나 하고 생각을 해 봅니다…….

요즈음 생가(生家)가 있는 이곳 시골농네에 외지에서 찾아온 사람들이 점차 많아지고 있습니다. 대도시에서 전라도 고흥 시골까지 병원에서 못 고치는 질환자들과 어른 부모와 학생들 및 영재들이 계속 찾아옵니다.

그러나 나는 하산(下山)을 할 때 하늘 신령님들로부터 천명(天命)을 받았기 때문에 이곳 시골 생가에 계속 머물러 있을 수가 없습니다.

또다시 길을 떠나기 위해 준비를 합니다.

어머님께 인사를 드리고, 하늘의 천명(天命)을 받들고자 우리나라의 신령스런 명산(明山)들을 찾아 남쪽에서부터 시작하여 북쪽으로 올라가면서 산행(山行)을 합니다.

고향의 가까운 유주산 · 팔영산 · 조계산 · 월출산 · 두륜산 · 무등산 · 내장산 · 모악산을 거쳐서 충청도 계룡산의 삼불봉으로 갑니다.

계룡산의 삼불봉 · 연천봉 · 장군봉에서 삼칠일기도를 하고, 한반도 남쪽의 제일명산인 지리산의 천왕봉으로 갑니다.

지리산 아랫마을 중산리에서 산을 오르기 시작하여 법계사를 지나 길가의 바위틈에서 솟아나는 물을 마시고, 가장 높은 천왕봉에 올라섭니다.

지리산 천왕봉에 실제로 오르고 산기도를 해보니, 지리산에 큰 도사님이 오셨다고 하면서 전쟁 때 죽은 혼령들과 사고로 죽은 혼령들이 구름떼처럼 몰려옵니다. 수많은 원혼의 혼령들이 피를 흘리고 헐벗고 굶주린 너무나도 불쌍한 모습으로 울부짖으며 하소연들을 해옵니다. 저 수많은 불쌍한 혼령들 속에는 먼 친척이나마 내 조상님도 끼어 있을 수 있고, 독자분의 조상님도 끼어 있을 수 있습니다.

억울하고 한 많게 죽고, 죽어서는 원한귀신이 되어 구천세계를 떠돌고 다니는 저 많고 많은 우리민족 동포 조상님들을 모두 다 해원천도시켜 드리고자 반드시 국사당(國祠堂)을 짓고 그리고 이 생명 다할 때까지 지장경·해원천도경 등을 독송하리라고 다시 한 번 더 굳은 각오와 함께 삶의 목표를 또 세웁니다.

하늘 신령님들께서 또 하명(下命)의 공수말씀을 내리십니다.

"한반도 백두대간의 최고명당 지리산 아래 범왕리(凡王里)에 국사당을 짓거라! 억울한 원혼들의 해원천도와 불쌍한 선조혼령들을 모두 구제하거라! 국사당을 지어 민족과 나라의 '구심점'을 꼭 만들도록 하여라!"

"예! 그렇게 하겠습니다."

나는 지리산의 가장 높은 천왕봉에서 삼칠일기도를 하고, 지리산을 종주 횡단하여 반야봉과 노고단을 지나서 덕유산·가야산·부산 금정산을 거쳐서 대구 팔공산의 갓바위로 갑니다.

팔공산의 정상 갓바위 앞에서 삼칠일기도를 하고, 속리산·월악산을 거쳐서 소백산으로 갑니다. 구인사를 지나 연화봉에서 특별히 '상월선사'를 만나고, 태백산의 천제단(天祭壇)으로 갑니다.

자연석 돌로 쌓아올린 태백산 천제단에서 삼칠일기도를 하고, 오대산을 거쳐 설악산으로 갑니다.

설악산의 대청봉에 올라 인사를 하고 봉정암에서 기도를 합니다.

하늘 신령님들께서 또 하명(下命)의 공수말씀을 내리십니다.

"한반도 백두대간의 2번째 명당 설악산 입구 도문동(道門洞)에 국사당을 짓거라! 국사당을 지어 민족과 나라의 '구심점'을 꼭 만들도록 하여라!"

"예! 그렇게 하겠습니다."

(※ 필자는 훗날, 대한민국 신전(神殿) 국사당을 지을 터로 백두대간 설악산에 '강원도 속초시 도문동 산306번지' 면적 4만 평과 지리산에 '경상남도 하

동군 화개면 범왕리 산100번지' 면적 2만 평을 매입해 두었는바, 누구든지 위 주소의 부동산 등기부에 '손재찬' 이름을 확인해 볼 수 있고, 이것은 사실과 진실이고 하늘과 신(神)의 계시를 따르고 있음을 증명합니다.)

나는 설악산에서 또 하늘의 계시를 받고, 그리고 치악산을 거쳐서 드디어 서울의 불암산 · 수락산 · 도봉산을 거쳐 주산(主山) 삼각산 백운대로 갑니다.

서울의 자연 국립공원으로 지정된 삼각산 아랫마을 우이동에서 산을 오르 기 시작하여 도선사를 지나 가장 높은 백운대로 갑니다. 삼각산의 백운대 · 인수봉 · 만경봉의 큰 바위 위에서 사방을 둘러보니 서울 시내가 한눈에 내려 다보입니다. 삼각산 가장 높은 산봉우리 백운대의 큰 바위 뒤편 너머로 바위 에 박아놓은 쇠줄을 타고 내려가 사람들이 다니지 않는 곳의 바위 아래에서 산기도를 합니다.

서울 삼각산의 남쪽 산줄기를 따라 평창동 뒤편의 보현봉 쪽을 둘러보니 기 독교를 신앙하는 신자님들 수백 명이 산골짜기마다에서 날밤으로 통성기도 (通聲祈禱)를 하고 있습니다. 요즘은 기독교의 기도원들이 산속에 많이 생기 고 또한 많은 신앙인들이 산속에서 날밤으로 기도를 많이 하고 있습니다. '하 늘의 명기(明氣)가 산(山)을 통해서 땅에 내린다.'는 그 비밀진리를 아는가 봅 니다. 석가모니와 모세와 예수님과 무함마드 등 옛 성현들께서 산(山)기도를 하셨고, 또한 산(山)에서 하늘과 신(神)의 계시를 받은 사실과 진실들을 이제 아는가 봅니다.

이처럼 산(山)기도의 위력과 진실을 제대로 알게 되니 다행이라고 생각하면 서 산(山)속에서 기도할 때는 미친 사람처럼 큰 소리로 하는 통성기도보다는 조용하게 뇌파기도 또는 명상기도를 꼭 권유하고, 모든 수도자와 신앙인들 그리고 신(神) 제자들에게 신(神)과의 직접 교통은 '산기도(山祈禱)'에 있음을 거듭 가르쳐 드리는 바입니다.

그렇습니다.

필자도 과거의 위대한 예언자와 선지자 고승들처럼 신(神)의 계시와 산(山) 기도를 통해서 도인(道人)이 되고 신인(神人)이 되었습니다.

오직 나 홀로 도(道)를 닦아서 대각(大覺)을 이루고, 신족통·타심통·숙명통·천이통·천안통·약신통 그리고 누진통까지 '7신통'을 이루어 삼계의 도사가 된 석가모니불처럼 필자도 '독성불(獨成佛)'이 되었습니다.

또한 절대존재 하늘 신(天神·God)으로부터 신(神)들의 '전령자'가 되어 사람과 영혼들을 구제하고 구원하라는 천명(天命)도 받았습니다.

필자는 이제 모든 사람과 모든 종교를 큰마음으로 모두 다 포용을 하면서 방편도술로 참 진리의 '가르침'을 조용히 베풀 것입니다.

하늘 신(天神·God)들께서는 인간들에게 "종교의 파당을 짓지 말라!"고 말씀하셨는데도 어리석고 욕심 많은 인간들이 기존 및 정통과는 다른 '이단(다름을 뜻함)'을 만들어 기독교는 약 1만 개의 교파가 생겼고, 불교는 약 1천개의 교파가 생겼습니다.

종교의 파당들을 만들거나 사이비 종단 및 교주들은 욕심 많고 교활한 '출세주의자'들이거나 또는 혁명가이거나 또는 선지자 및 예언자들입니다.

분명한 진실은 기존의 종교들로서는 결코 구원이 어려우니 '종교개혁'이 꼭 필요하고, 또한 더 좋은 종교와 가르침이 생겨야 하며 더 좋은 것이 생기면 모두가 '더 좋은 것'을 따르게 된다는 진실입니다.

필자는 초월해탈이니 결코 종교의 파당을 짓지 않고, 신도들도 만들지 않고, 배척도 하지 않고, 인연 따라 찾아온 모두를 다 '포용'할 것입니다.

방황하는 사람들에게는 길을 안내해주고, 가난한 사람들에게는 재테크를 가르쳐 주고, 도(道)를 찾는 사람들에게는 깨달음을 주고, 그리고 현대의술로 못 고치는 온갖 빙의와 귀신병·핏줄내림병·살(殺)맞은병 등 각종 '불치병 및 난치병'으로 고통 받는 사람들에게 병을 치유해 줄 것입니다.

약사불과 예수님이 권능으로 병고침의 신통기적을 행한 것처럼……

기독교 신앙인들이 가장 많이 산(山)기도를 하고 있는 서울의 삼각산 보현 봉 산골짜기를 지나서 대통령궁이 있는 청와대의 뒷산 북악산을 살펴봅니다.

주산(主山) 삼각산의 기운(氣運)이 가장 강하게 흐르는 산줄기의 북악산 산 신령님으로부터 북악산의 악(惡)기운과 청와대의 터기운 때문에 "한국 대통 령들은 인생 종말의 운(運)이 모두 나쁘게 된다."는 무섭고도 정말로 중요한 비밀진실을 알아내었습니다.

그리고 이후 앞으로 5대까지의 대통령 성씨를 알아내었습니다……

하늘 신령님들께서 또 하명(下命)의 공수말씀을 내리십니다.

"훗날에 손도사가 삼각산과 북악산의 산신제 및 청와대 터의 터신제를 꼭 주관을 하거라! 또한 청와대 뒤편에 작은 '국사당'을 하나 꼭 짓거라!"

"예! 대통령이 도움을 청하면 그렇게 하겠습니다."

삼각산 백운대에서 삼칠일기도를 하고, 청와대 옆산에 위치한 인왕산 선 바위로 갑니다. 인왕산 선바위 앞에서 잠시 기도를 하고, 인왕산국사당 무학 대사와 함께 관악산 연주대를 거쳐서 서울 한복판의 남산(南山)으로 갑니다.

서울 남산 꼭대기에서 서울 시내를 빙~ 둘러 한 번 둘러보고, 그리고 서울 성곽을 쭉~ 살펴 바라보면서 4대문의 수문장신(守門將神)께 알리고 나서 남 산을 내려와 서울 중심가 종로통으로 들어갑니다.

한반도 남쪽 땅 끝 전라남도 고흥의 천등산을 하산(下山)하여 남쪽에서부터 시작하여 금수강산 이 땅의 대표적 영산(靈山)산신령님들께 두루 인사를 올리 고 또한 명기(明氣)를 받으면서 드디어 하늘 신령님의 가르침에 따라 서울 4 대문 안의 중심가 종로통으로 들어왔습니다.

지난 젊은 날의 나에게 한때는 사업성공과 사나이 출세를 안겨주고, 또한 큰 손실도 안겨준 그곳으로 약 10년 만에 다시 나타납니다.

하늘과 신(神)들의 계시를 받고, 또한 새로운 삶의 가치관을 가지고 새로운 삶의 목표와 새로운 삶의 방법으로 다시금 삶의 도전을 위해 나를 넘어뜨린 그곳에 또다시 나타납니다.

커다란 희망과 위대한 꿈을 가지고서…….

제18장

모습을 바꾸고 '중생구제'의 길로 나아간다

모습을 바꾸고 '중생구제'의 길로 나아가고…….

오랜 세월 10년 동안의 기도 및 수도생활로 머리칼과 수염을 한 번도 자르지 않으니, 머리칼은 기다랗게 자라서 등허리까지 내려오고 수염도 기다랗게 자라서 앞가슴까지 내려옵니다.

이상한 옷차림에 커다란 배낭을 짊어지고 서울 중심가 종로통 뒷골목의 오래된 여관으로 들어섭니다.

서울 종로통 뒷골목의 오래된 여관에 임시 숙소를 정합니다.

다음날 동대문시장에서 나에게 어울리는 생활한복을 두 벌 구입합니다.

그리고 다음날은 탑골공원 돌담장 담벼락옆 길바닥에 돗자리를 폅니다.

이상한 모습으로 길바닥에 돗자리를 펴고 앉아있으니, 지나가는 사람들이 이상한 눈길로 쳐다보기만 할 뿐 앉지를 않습니다.

하루 종일 동물원의 원숭이처럼 사람들의 구경거리가 되고 있는데 나의 수호신(守護神)이 거둬치우고 동대문시장으로 또 가자고 합니다.

동대문시장에서 양쪽 팔 길이만큼 길이의 흰색 천을 구입하고, 또 문방구점에서 검정색과 빨간색의 매직펜을 사들고 여관방으로 돌아옵니다.

여관방에서 나의 수호신이 가르쳐 주는 대로 흰색 천 위에다 검정색 매직펜으로 직접 사람의 얼굴과 손금을 그려 넣고, 그림 속에다 여러 가지 명칭과 숫자 및 운(運)을 표시하고, 손님을 끌어 모으고 재수운을 불러들이는 '도술부적(道術符籍)'을 빨간색 매직펜으로 함께 그려 넣습니다.

얼굴과 손금 관상도를 완성해 놓고 자세히 들여다보니 상당한 실력의 작품이기도 합니다.

다음날 또다시 탑골공원으로 나가 길바닥에 돗자리를 펴고 등 뒤의 벽에는 내가 그린 얼굴과 손금 관상도(觀相圖) 그림을 걸어 놓으니 지나가는 사람들이 한 사람 두 사람 모여들기 시작하더니 많은 사람들이 모여듭니다.

탑골공원에 길거리 도사(道士)가 출현하여 신통술과 관상술로 '운명점(運命占)'을 잘 맞춘다는 입소문이 퍼지면서 사람들이 모여듭니다.

때로는 내가 나오기 전에 손님들이 먼저 나와 선착순으로 길거리에 줄을 서 있기까지도 합니다.

나는 길거리 도사(道士)로부터 또다시 출발을 하지만, 인생살이는 장거리 달리기와 같기 때문에 계획을 세우고 지혜를 발휘하면서 현재의 상황에서 최선의 방법과 노력을 해 갑니다.

낮에는 길거리 도사(道士)로 탑골공원에서 점(占)을 봐주고, 밤에는 변장을 하고 동대문시장과 종로통에서 새로운 사업을 시작하며 정말로 열심히 투잡 · 쓰리잡으로 하루 16시간씩 일을 합니다.

서울 한복판 탑골공원의 큰길 건너편에는 '국일관' 건물이 있고, 아직까지도 국일관 건물의 최대 소유권을 가지고 있고 건물 관리인이 내 몫의 임대료 수익금을 함께 관리를 하고 있습니다.

큰길을 사이에 두고 탑골공원 담벼락 옆 길거리에서 돗자리를 펴놓고 점
(占)을 봐도 옛날의 나를 아무도 알아보는 사람이 없습니다.

하루는 서울의 동북쪽에 위치하는 불암산 산신령이 불쑥 찾아와서 '불암산
을 찾아오라.'고 한마디만 남기고 뿅 하고 사라집니다.

서울 화랑대를 지나서 불암산을 올라가니 불암산 정상에 불암산 · 수락산 ·
봉화산의 세 분 산신령이 나를 기다리고 있습니다.

세 분의 산신령께 제물을 올리고 나서 여쭈어보니, 중요한 비밀을 가르쳐
주면서 태릉 지역에 두 줄기의 하천물이 합류하는 두물머리 '석계역 우남아파
트'로 이사 들어가라고 말씀을 해주십니다.

불암산을 내려와서 국일관 건물 관리인을 만나고 내 몫의 임대료 수익금 중
에서 현금 20억 원을 건네받습니다.

길거리 점쟁이 생활 1년 만에 서울 태릉지역에 위 · 아래 2개 층 아파트를
마련해서 임시숙소 여관생활로부터 탈출을 합니다.

아파트는 낮에 주차장 사용이 편리하니, 2개 층을 소음방지시설을 잘해서
한 층은 주거용으로 꾸미고 다른 한 층은 상담실과 법당(法堂)을 꾸밉니다.

종로3가 고려만물사에서 황금색 불상과 황금색 범종을 구입해 옵니다.

하늘 신(天神)들의 천상도 그림 종합 탱화를 특별주문을 해오고, 3단의 맨
윗단 중앙에 황금불상과 천신(天神 · God)을 함께 모시고, 직접 점안식(點眼
式)을 하면서 우주하늘의 기운(氣運)을 불어 넣습니다.

아미타불께서 하명(下命)의 말씀을 내려주십니다.

"제자야! 이제 기다랗게 자란 머리칼과 수염을 깎아버려라! 새로운 삶의 큰
목표를 위해서는 장기계획을 세우고, 세상을 주시와 통찰로 정확한 미래운을
예측하면서 때로는 신념으로 살고, 때로는 초월자유로 살면서 입산수도할 때

의 초심(初心)과 신(神)들과의 약속을 잊지 않도록 하여라~~."

"예! 하오나, 이 몸은 종교를 초월해서 종파도 없고 인간스승도 없는데 머리를 깎으려면 누구를 찾아가면 좋겠는지요?"

"제자야! 도사의 머리를 깎아줄 만한 큰 사람이 없으니 신(神)들이 지켜보는 앞에서 본인이 직접 깎도록 하여라~~."

"예! 잘 알겠습니다."

밖으로 나가 종로3가 세운상가에서 가위 · 전기자동이발기 · 면도기 등을 사들고 옵니다.

나는 법당에 새로이 청수를 올리고, 향을 사르고, 절 3번을 올리고 나서 아미타불과 신령님들께 말씀을 올립니다.

"오늘 또다시 600년 만에 하늘로부터 천계(天戒)를 받으니 아미타불이 은사(恩師)가 되어 주시고, 여러 신령님들은 증명법사(證明法師)가 되어 주시길 바랍니다~."

도(道)를 닦느라고 오랜 세월 10년 동안 한 번도 자르지 않은 기다랗게 자란 머리칼과 수염을 마지막으로 가지런히 빗어봅니다.

그리고 거울 앞에 무릎을 꿇고 앉아 거울 속의 내 모습을 바라보면서 기다란 머리칼을 가위로 싹둑~싹둑~ 잘라버리고 전기자동이발기로 빡~빡~ 깎아버립니다.

기다란 수염도 가위로 싹둑 ~ 싹둑 ~ 잘라버리고 면도기로 쓱싹 ~쓱싹 ~ 깎아버립니다.

나는 많은 신령님들이 지켜보는 앞에서 내 손으로 직접 내 머리를 깎아버렸습니다.

아미타불과 신령님들께서 또 직접 말씀을 내려주십니다.

"이제부터는 과거 전 전생(前前生) 때 나라의 국사(國師)급 큰절의 방장 큰

스님일 때 사용했던 법명 대산(大山)을 그대로 사용하거라~~."

"또한 금생의 핏줄인연은 '손씨'성으로 태어났으니 '손도사'를 사용하고, 차차로 국사당(國師堂)이란 칭호를 사용하거라~~."

하늘에서 직접 법명과 닉네임을 내려주십니다…….

(※ 과거에도 현재도 한국땅에서 은사스님 및 계사스님이 없이 석가모니처럼 홀로 도(道)를 닦고, 하늘의 아미타불께 직접 '독성존자'의 인가를 받은 사람은 유일하게 '대산(大山)'뿐이라는 사실적 진실을 가르쳐 줍니다.)

나는 해탈과 대자유이니 몸과 마음 그리고 영혼의 자유를 위해서 외모와 유행 · 복잡스러움 · 신경쓰임들로부터 모두 초월을 합니다.

머리칼과 수염을 깨끗이 깎아버리고, 의복도 생활한복을 입으니 생활이 아주 편리합니다. 법당(法堂)을 모시고 살고 있는 곳이 서울시내 중심에서 동북쪽으로 '태릉지역'이고, 서울 지하철 1호선과 6호선의 '석계역' ③번 출구 앞의 큰 도로가에 위치하고 있는데 어떻게든 알아보고 또는 입소문을 듣고 매일같이 손님들이 찾아옵니다.

요즈음 필자는 머리를 깎은 모습이고, 생활한복에 먹물색 조끼를 걸치고 있으니 처음 찾아온 손님들은 선생님이라 부르기도 하고, 도사님이라 부르기도 하고, 선사님이라 부르기도 합니다.

그러나 나는 호칭을 어떻게 부르든 별 신경을 쓰지 않습니다.

오늘도 어제처럼 법당(法堂)에 청수(정한수)를 올리고 아침 명상을 하고 있는데, 아미타불께서 오늘은 손님 7명이 올 것이니 상담을 잘 해주고 특히 네 번째 중년남자 손님은 멀리 광주에서 고속버스를 타고 서울까지 올라오고, 일곱 번째 젊은 여자 손님은 멀리 부산에서 KTX를 타고 서울까지 올라오는데, 이 일곱 번째 젊은 여자 손님을 특별히 잘 봐 주도록 하라고 하십니다.

오늘의 일곱 번째 손님은 30대 후반 나이쯤의 젊은 여자 손님이고, 멀리 부산에서 서울까지 필자가 앞전에 저술한 책을 읽고는 만사를 제쳐 놓고 찾아왔다고 말하면서 현관출입문으로 들어옵니다.

얼굴도 미인이고 지성인처럼 보이나, 눈매가 매섭고 웃음이 없는 차가운 인상이 풍기는 모습입니다.

"조용히 들어오시고 편안하게 앉으세요! 커피와 녹차가 준비되어 있는 데 어느 걸로 드시겠습니까?"

손님이 커피를 선택하기에 골드커피 한 잔을 건네줍니다. 손님이 먼저 5만 원짜리 한 장을 복채함에 넣으면서 한 사람 보는 데 시간을 얼마나 주느냐고 물어봅니다. 한 사람 또는 한 번 보는데 1시간 이상씩 시간을 드리고 있으니 편안히 커피부터 한잔 드시고 시작하자고 말해 줍니다.

찾아온 손님이 먼저 말을 합니다.

"손도사님은 사주 · 손금 · 얼굴 관상을 함께 봐 주는 '운명점(運命占)'의 최고 대가이시고, 영혼과 전생까지 함께 보면서 종합분석으로 운명검진을 잘 하신다고 하시니 '운명점'을 좀 봐주세요!"

나는 손님의 얼굴 관상과 눈빛을 먼저 자세히 살펴봅니다.

먼저 얼굴모습과 눈을 보면서 '신통관상과 관심법(觀心法)'으로 마음씨와 영혼 모습 그리고 전생(前生)을 함께 살펴봅니다.

손님이 무심코 들어올 때의 행동기운과 한마디 말을 건네면서 목소리 기운은 이미 분석이 되었으니, 영혼모습으로 전생을 알아내고 또 다른 영혼이 붙어 있나 없나 관찰을 합니다.

그리고 항상 하는 방식대로 손님의 나이와 이름을 물어보고, 얼굴과 사주 및 손금을 신통관상술로 보면서 타고난 개성과 특성을 먼저 살피고 천성적 기질 및 소질과 성격분석으로 약 20개 항목의 '운명검진표'를 적어놓고, 그 사람의 타고난 운명을 알기 쉽게 풀어서 「종합동시분석 운명점(運命占)」을 봐 주는 방식으로 핵심적인 종합운명검진을 말해 줍니다.

"얼굴도 미인이고, 공부도 많이 하고, 욕심도 많고, 특히 두뇌가 우수하여 두뇌로 일하는 전문직을 가진 골드미스이구먼. 평생동안의 운명과 운세를 볼 때 30대 중반 나이에 가장 변화운이 심하게 되고, 성공출세를 향한 노력은 엄청 많이 하지만 타고난 운명 속에 격정살이 들어 있어 성질이 사납고, 상심살이 들어 있어 마음고생 상심을 계속 당하고, 손해실패살이 들어있어 어쩔 수 없는 운 막힘으로 두 번씩이나 큰 금전손해를 당하고, 재혼살이 들어 있어 일찍 결혼하여 첫 결혼은 이미 이혼을 당했고 또 이별을 당할 팔자구먼. 지금 올해의 운수는 3년 동안 마음 주고 몸까지 주면서 공들이며 사귀어온 남자한테 차일 운수이며 이미 90% 정도 버림을 받고 있구먼. 여자에게 가장 중요한 결혼운을 나쁘게 타고났어. 자네의 영혼이 지금 불안해하고 아주 슬픈 모습으로 보이는구먼. 내가 봐주는 종합운명검진과 운세 및 올해의 운수점(占)이 맞습니까? 틀립니까?"

나는 가끔씩 대상의 기운에 따라서 말투가 바뀌기도 합니다.

의사가 환자를 정확히 진단하는 것처럼, 점(占)을 볼 때의 운명검진은 직접 대면을 하고 있는 손님의 면전에서 무조건 정확히 잘 맞춰야 합니다.

점(占)을 볼 때는 손님이 맞다고 동의를 해야 잘 맞추는 것입니다.

"도사님 말씀이 너무나 정확히 다 맞습니다. 35세에 성격 차이로 이혼을 당했고, 현재 투자한 주식이 반 토막이 되어 10억쯤 날리고, 지금까지 3년 동안 마음 주고, 몸까지 주고, 공들이면서 재벌 3세와 서로 재혼을 조건으로 사귀어 왔는데 이제 와서 자꾸 결혼을 미루면서 버리려고 하니 어떻게 하면 좋을까요? 혹시 좋은 해법과 비방이 있으면 좀 가르쳐 주세요!"

사람 개인들의 운명은 태어날 때 몇 년 몇 월 며칠 몇 시의 네 가지 사주기둥과 그리고 7살까지 생겨지는 손금으로 이미 100% 가까이 '프로그램화'되어

진행이 되고 있기 때문에 이 손님도 예정이 된 나쁜 운명에 당하고 있는 것입니다.

"자네는 다른 여자와 비교할 때 아내감으로 전혀 부족함이 없어. 다만 타고난 사주팔자의 운명에 나쁜 살(煞)이 많아서 운(運)이 나쁠 뿐이야."

"도사님!, 처음 보는 사람의 운명을 정확히 다 맞추셨기 때문에 개선점과 처방술 그리고 지혜를 좀 가르쳐 주시면 가르쳐 주신 대로 다 하겠습니다."

"자네 스스로 할 수 있는 개선점은 자네의 매서운 눈매와 차가운 인상을 미소 짓는 모습으로 얼굴 표정을 조금만 바꿔주고, 좋은 마누라가 되려면 여우꼬리 3개쯤을 가진 애교짓 좀 하도록 노력을 하고, 그리고 자네의 타고난 운명 속에 들어있는 격정살 · 상심살 · 재혼살 · 손재수 등등을 살풀이와 업장소멸로 '운치료'를 해주면 성격도 좋아지고, 손해를 당한 주식투자도 선택과 운때만 잘 맞추면 회복이 되고, 재벌 3세와 결혼도 할 수 있고, 운(運)이 좋게 개운이 되면 행복하게 잘 살게 될 거야."

상담의 핵심을 잘 짚어주고 친절하게 해주니 손님도 태도가 바뀌면서 친절하게 물어옵니다.

"도사님! 정확한 개선점을 잘 짚어주시고 또한 명쾌해서 아주 좋습니다. 우선적으로 사람을 해치는 나쁜 운명작용의 나쁜 살(煞)의 이름들을 좀 가르쳐 주실는지요?"

필자는 이 책을 읽은 독자분들에게만 사람이 태어날 때 그리고 살아가면서 나쁜 기운(氣運)작용을 하는 나쁜 살(煞)의 이름들 약 100가지를 여기에 '세계 최초로 공개'를 해 드리겠습니다.

천살 지살 겁살 육합살 육해살 해패살 상극살 장애살 방해살 역마살 객신살 빈천살 극부살 상처살 옥녀살 천궁살 지궁살 비명살 횡사살 산신살 용신살 곡성살 주당살 상문살 원진살 상충살 상파살 상해살 삼형살 자형살 유혼살 절체

살 절명살 공망살 복단살 자살살 요절살 단명살 고독살 고립살 공방살 격정살 과격살 관재살 구설살 망신살 낙방살 손재살 파산살 음양살 천옥살 지옥살 감옥살 방위살 삼재살 9수살 동목살 동토살 동법살 천관살 지관살 지패살 허용살 창부살 창녀살 도화살 화개살 병부살 곡각살 관절살 뇌골살 안질살 비염살 후두살 천식살 중풍살 치매살 탕화살 홍염살 부벽살 마비살 타살살 비명살 급살 객신살 간질살 서낭살 삼승살 적두살 우환살 원억살 흉신살 행업살 호구살 익수살 추락살 애환살 사범살 삼패살 횡액살 귀혼살 식신살 고신살 과숙살 자궁살 낙태살 상심살 비관살 염세살 우울살 조울살 자폐살 중얼살 환청살 영매살 빙의살 방종살 방탕살 이별살 별거살 이혼살 재혼살 저능살 맹신살 추종살 방위살 오구방살 삼살방살 대장군방살 조객방살 원귀살 수비살 영산살 악귀살 허주살 좀비살 등등…….

사람들의 운명과 운을 나쁘게 작용시키는 나쁜 살(煞)이 이렇게도 많은바, 세상과 인생살이는 아는 만큼 보이는 법이니 모르면 두 눈을 뜨고 나쁜 운(運)에 당할 수밖에 없는 것입니다. 두 눈을 뜨고 돈사기를 당하고, 장사영업을 실패 당하고, 개인파산을 당하고, 이혼을 당하고, 또한 눈뜨고 관재수로 세무조사·검찰수사·감옥살이를 하고, 또한 눈뜨고 빙의와 정신병에 걸리고, 눈 뜨고 암에 걸리고, 눈뜨고 각종 사고로 비명횡사를 당하고, 또한 두 눈을 뜨고 DNA 유전성 핏줄대물림병이나 우환에 걸리고 등등 운(運)이 나쁜 사람들은 모두 눈을 뜨고 '날벼락'을 당하게 되는 것입니다.

사람 개인들의 운명은 자기 영혼의 전생과 자기 조상부모님의 업(業)내림이 하늘 자연의 섭리에 따라 태어날 때 타고난 사주와 손금에 이미 100% 가까이 '프로그램화' 되어 있기 때문에 자기 자신의 타고난 사주와 손금 등에 예정이 되어있는 '운명'을 평소에 꼭 알아두고, 준비와 대비 그리고 예방과 치료만이 '최선의 해결책'임을 진심으로 가르쳐 줍니다.

손님이 정색을 하면서 계속 묻습니다.

"도사님! 그럼 어떻게 하면 되는지요?"

"사람 개인들의 타고난 나쁜 운명은 의사가 환자를 먼저 정확히 진단을 하고 그리고 치료를 하는 것처럼, 반드시 살풀이와 업장소멸 등으로만 '치료개운'을 할 수 있기 때문에 하늘 신(天神)들께 천제(天祭) 의식을 통하여 나쁜 운명작용을 하는 '살풀이'와 업장소멸의 '업풀이'그리고 핏줄적 관계 원한조상과 낙태아기 해원천도의 '원한풀이'와 10년에 한 번씩 걸리는 '삼재풀이' 및 '9수풀이'와 개인별 당사자의 '신수풀이' 등을 한꺼번에 「종합운명치료」로 모두 해결해 버리면 자기 전생과 조상의 업(業) 그리고 나쁜 신수까지 함께 해결되면서 운(運)이 바뀌게 되고 열리게 되는 거야."

"도사님! 1년 전에 조상점을 보는 무녀보살님한테서 조상굿만 하면 잘 된다고 하여 구렁이 알 같은 돈을 들여서 나름대로 조상굿을 했는데 좋아지기는커녕 오히려 나빠졌습니다.

또한 불교를 믿는 불자(佛子)이기 때문에 다니는 큰절에서 스님 권유로 천도재도 올렸는데 역시 아무런 효험이 없었습니다. 그러한 것들과 손도사님의 신통도술 종합운명치료 '하늘제사'와는 어떤 차이인지요?"

"질문을 하나 하지, 조상점을 보는 무녀보살이 자네의 운명검진을 나만큼 정확하게 봐주지 못하고 그냥 두루 뭉실 조상 탓만 말을 했을 것이고, 또한 다니는 큰절의 스님은 자네의 사주와 얼굴 관상 및 손금도 볼 줄 모르고 또한 운명검진도 해주지 않고 그냥 조상천도재를 한 번 해주라고 권유했을 것이니, 돌팔이 의사가 큰 병에 걸린 환자를 정확한 진단도 없이 엉터리로 수술을 하는 것과 같은 거야.

분명히 그렇게 했을 거야. 내 말이 맞아? 틀려?"

"도사님 말씀이 다 맞습니다. 조상점을 보는 무녀보살님은 점도 잘못 보면서 조상탈이라고 말하면서 조상굿만 시켰고, 다니는 큰절의 스님은 아예 점도 못 보면서 조상천도재만 시켰습니다."

대다수의 무녀보살님과 일반스님들은 그렇게들 하고 있습니다. 병원의 등급이 동네의원급·동네병원급·중간병원급·대학병원 및 최상급병원이 있는 것처럼, 운명상담가도 3류급·2류급·1류급 등의 등급이 있으니 '1류급'을 꼭 찾아가야 하고, 필자처럼 최고 1류급 전문운명상담가는 가장 먼저 찾아오는 손님들의 사주·얼굴 관상·손금풀이와 전생 및 영혼까지 함께 동시에 보면서 「종합운명검진」을 정확하게 봐 줍니다.

"훌륭한 의사 선생님이 먼저 정확한 진단을 하고 질병의 원인과 상태를 알아내어 환자를 치료해 주는 것처럼, 각 사람의 타고난 운명을 타고난 사주와 얼굴 관상 및 손금과 영혼까지 함께 동시에 비교분석으로 확인하여 「종합운명검진」을 하고, 나쁜 운의 원인을 모두 알아내어 '살풀이'와 '업풀이' 및 낙태아기해원천도와 조상해원천도의 '원한풀이' 및 신끼있는 사람의 신끼 제거인 '신(神)풀이' 및 칠성줄 수명이음의 '명다리' 그리고 '9수풀이와 삼재풀이' 및 궁합이 안 맞은 사람의 '합궁비방' 그리고 나쁜 핏줄대물림·각종 정신병·귀신병·불치병 등의 '특별치유' 그리고 '재수 운맞이'를 해주면서 그 사람의 소망 및 소원에 따라 새로운 '운명프로그램재설정'까지 등등을 한꺼번에 정확히 「종합운명치료」로 개운(改運)을 해주고, 그렇게 해야 가장 합리적이고 또한 100%까지 정확히 할 수 있는 거야."

(※ 현재 우리나라에서 필자처럼 「운명종합검진과 운명치료」를 할 줄 아는 능력자가 있으면 필자가 1억 원 현상금을 내걸겠습니다. 아직은 유일하게 필자만 할 줄 알고, 이 책의 내용과 일부 용어들은 필자가 연구개발 최초발표 및 사용의 '창작물'이고 필자의 지적재산권 임을 또 기록해 둡니다.)

"도사님의 정확한 운명검진이 너무나 공감이 가고 또한 '국사당' 건립 등 좋은 일을 추진하는 것도 공감을 하니 앞으로는 대도사(大道師)이신 손도사님을 믿고 따르고 가르쳐 주시는 대로 하겠습니다. 반 토막으로 큰 손실을 보고 있는 주식 투자가 손도사님이 직접 '신통점괘'로 찍어준 기업의 주식이 대박이 나거나 또는 3년 동안 공들인 재벌 3세와 재혼 성사만 잘되면 손도사님이 추진하신 '신전(神殿) 국사당' 건립에 물심양면으로 후원을 하겠습니다. 타고난 팔자운명을 좋게 바꾸는 개운의 '하늘제사' 기도날짜를 잡아주세요."

종교를 초월하여 사람과 영혼들의 운(運)을 관여하는 하늘자연의 신(神)들께 올리는 「특별하늘제사」는 인간으로서 하늘 신(天神)들께 올리는 최선의 공양의식이고, 조상님들께 올리는 최고의 효도의식이며, 자신에게는 평생 한 번뿐인 최고 최선의 개운(改運)방법의 의식입니다.

타고난 운명과 운(運)이 나쁜 사람들에게만 적용되는 운을 좋게 바꾸는 개운(改運) 목적의 「하늘제사의식」은 평생에 딱 한 번만 하면 됩니다…….

(※ 혹시나, 운명상담이나 점(占)을 볼 때에 바로 맞추지 못하거나 또는 무녀보살님들이 굿을 여러 번 시키거나 또는 일반 스님들이 조상 천도재를 여러 번 시키거나 등 그러한 사람들은 가짜가 분명하니 꼭 조심하길 알려줍니다.)

멀리 부산에서 서울까지 필자를 찾아온 젊은 여자 손님은 '하늘제사'를 올리는 기도 준비금을 특별히 하늘의 극락왕궁 주재신 아미타불 앞에 올려놓고 소원 3가지를 빌고 여러 번 절을 하고 그리고 활짝 웃는 밝은 표정으로 되돌아갑니다.

혹시나 불교 신도가 아닌 사람들은 절을 하지 않아도 됩니다.

또한 타고난 운명과 운이 좋은 사람은 개운(改運)이 필요 없습니다. 운명치료와 개운이 필요한 사람은 손님 10명 중 1~2명 정도입니다.

복채(상담비용)는 상류층은 10만 원이고, 서민층은 5만 원입니다.

복채(상담비용)로 받은 돈들은 신전(神殿 · Temple) 건립에 보태지고 선행공적 쌓음입니다.

1~2시간에 개인들의 「평생종합운명과 운세」를 정확히 알아갈 수 있음을 공개로 전달합니다…….

하늘신(God)과 아미타불께서 고개를 끄덕여 주십니다.

사업가들이 돈 비용을 먼저 쓰면서 로비를 하듯, 아주 지혜로운 사람들은 하늘자연의 신(神)들께 '하늘제사'를 올리면서 로비를 잘 할 줄 압니다.

그러나 소심하고 어리석은 사람은 로비를 할 줄 모르고 또한 비용을 안 쓰려 하고, 더욱 어리석은 사람은 사주와 손금에 100%까지 '운명예정표시'가 나타나있는데도 알려고 하지 않고 눈뜬 봉사처럼 살아가고 있습니다.

투자를 잘 하면 큰 이득이 생기고, 투자를 안하면 전혀 이득이 안 생기고, 비용을 잘 쓰면 큰 이익이 생기고, 비용을 쓰지 않으면 전혀 이익도 생기지 않으니 이것도 투자효용의 법칙이고 인과의 법칙입니다.

로또복권 1등 당첨도 똑같은 원리입니다.

로또복권에 1등 당첨은 100만 분의 1 확률이고 100% 운빨입니다.

운(運)이 좋은 사람이나 또는 운(運)을 좋게 해야 로또복권 1등 당첨이 가능하고, 로또복권을 구입하지 않은 사람에게는 아예 기회도 없는 것입니다.

돈을 벌려고 투자를 하여 장사영업이나 개인사업을 하고, 부동산·주식·코인 등에 투자를 하는데 왜? 손실을 당하고, 망하고, 빚쟁이가 됩니까??

세상과 인생은 99% 운빨이고, 각 사람의 사주와 손금에는 '평생재물운과 운세'가 다 나타나 있고, 운(運)이 나쁜 사람만 손해·실패·파산을 당하고, 난치병이나 불치병에 걸리고, 나쁜 죽음을 당하게 되는 것입니다.

전생과 조상의 업(業)을 타고나서 계속 고생만 하는 무거운 벌을 계속 짊어지고 못살아야 할까요? 죄업의 벌을 벗어버리고 잘살아야 할까요?

몸이 계속 아픈데도 고통을 참고 살아야 할까요? 병원에 가서 치료를 잘 받고 고통없이 살아야 할까요?

무거운 업장은 벗어버리고, 고통들은 치료를 받아야 합니다!!

특히, 타고난 운명에 결혼운이 나쁜 사람의 '결혼운 개운'과 가난한 사람의 '재물운 개운'과 수명이 짧은 사람의 '수명운 개운'은 정말로 중요합니다……

오늘 하루도 사전에 '상담예약'을 해 놓고 찾아온 손님 7명은 멀리 떨어진 지방도시에서 또는 해외에서 서울까지 찾아온 손님들이고, 중요한 문제들을 잘 해결하기 위해서 또는 잘 살기 위해서 또는 자기 자신의 타고난 팔자운명을 미리 알아두기 위해서 등등 각각의 '사연들'을 가지고 찾아온 손님들이기 때문에 필자는 최선의 노력으로 정성껏 '종합운명검진과 인생상담 및 컨설팅' 등을 해 주고, 또한 전생과 조상의 업(業)내림으로 발생된 각종 불치병 및 난치병 등을 '치유'해 주고, 때로는 개인들에게 특별한 하늘의 '메시지'를 전달해 주기도 합니다.

이제 오늘 하루일과도 끝났으니, 커피 한 잔을 마시고 잠시 산책과 운동을 하러 법당(法堂)을 모시고 있는 아파트를 나섭니다. 필자가 운명상담을 하고 있는 곳은 서울 육군사관학교 화랑대 근처 서울 노원구 월계 3동 930번지 우남아파트 101동 201호(도로명 주소 : 서울 노원구 화랑로 355)이고, 서울지하철 1호선과 6호선의 '석계역' ③번 출구 10m 앞 큰 도로가이고, 바로 옆에는 '월릉교'다리가 있고, 100m쯤 길이의 '월릉교' 다리를 건너면 지하철 7호선 '태릉입구역'도 가까워 전철교통이 아주 편리한 곳이고, 자동차 접근과 아파트 내에 주차도 종일 '무료주차'로 아주 편리합니다.

'석계역'을 검색하시면 위치지도가 바로 보입니다.

필자가 주로 상담을 하고 있는 곳은 서울시내 동북쪽 '태릉지역'으로 강남고속버스터미널에서 30분쯤 걸리고, SRT · KTX 등 고속철을 이용할 경우에는 수서역과 용산역 · 서울역에서 30분쯤 걸리는 거리입니다.

혹시, 정보를 몰라 고생만 하는 사람들을 위해서 '공개'를 해 줍니다.

필자는 집 옆에 있는 월릉교 아래로 흐르는 한강의 중랑천변 둑길과 산책로에서 가끔 기공체조와 천천히 홀로 '걷기명상'을 합니다. 중랑천변 둑길과 산책로 옆에는 나란히 자동차 전용 '동부간선도로'가 서울 강남까지 시원하게 뻥 뚫려 있고, 월릉교 위의 높은 고가도로는 자동차 전용 '북부간선도로'가 서울 강서쪽 경인고속도로와 서해안고속도로까지 연결되고 있으며, 집에서 자동차로 7분만 나가면 '구리IC'로 연결되어 중부고속도로와 경부고속도로 · 서울외곽순환도로로 바로 연결되니 교통의 접근이 너무나 좋고, 낮에는 아파트 내에 '무료주차'가 편리합니다.

필자가 가끔 걷기명상을 하는 서울 시내 동북쪽 '태릉지역' 중랑천변은 풍광이 좋고 물도 깨끗하여 잉어가 많이 살고 있습니다. 한강으로 합류가 되는 중랑천에는 헤엄치고 어디론가 가고 있는 어미오리와 어미오리 뒤를 줄지어 따라 다니는 새끼오리들의 모습이 보입니다. 어미오리는 새끼오리들이 성장을 할 때까지 '생존법'을 가르쳐 주면서 끝까지 보호를 해 줍니다.

"영혼의 스승 영사(靈師) 필자는 모든 사람과 영혼들을 잘 인도해 준다."

인연이 있는 개인들에게는 '잘 사는 방법'을 가르쳐 주고, 또한 이 세상 최고의 정신수련법 「신통술초월명상」을 전수시키면서 많은 사람들이 다이아몬드 같은 정신력과 깨우침 및 깨달음까지 이루어 스스로 영혼진화와 구원받으시길 진심으로 축원하면서 세상에 서로 상생과 평화를 소망합니다…….

필자는 오늘도 정신수련 「신통술초월명상」을 계속 합니다…….

책 마무리 글

이 책의 핵심내용은 '운명천기누설'이고, 「잘 살고 잘 죽는 방법론」을 이야기식으로 펼치면서 '고급운명정보지식'을 가르쳐주기 위함이었습니다.

스마트폰 시대의 사람들에게 책을 읽게 하기 위함이고, 쓰다보니 글의 문장이 이중구성이고, 영혼과 육체가 함께 하고, 3천년 전 옛날과 지금 오늘 날의 시간을 함께 하고, 인간세계와 신령세계의 공간을 함께 하면서 사람들에게 진짜로 중요한 '가르침'을 알려주려 했고, 엄청난 비밀의 운명정보전달과 함께 '자기성찰'을 위한 독서시간도 만들어 주면서 한 번밖에 살 수 없는 귀중한 삶을 무병장수를 하면서 성공출세와 부자가 되고 또한 깨우침과 깨달음을 이룰 수 있도록 노력을 했습니다.

사람들은 자기 잣대와 자기 눈높이로 세상을 바라보기 때문에 필자의 글을 읽은 독자분들도 나이와 학문 지식의 많고 적음에 따라서 또는 종교 및 정신세계 등 영적 능력의 높고 낮음에 따라서 또는 인생 가치관에 따라서 '이해정도'가 다 다를 수 있을 겁니다.

그러나 마지막 장까지 마음의 문을 열고 편견 없이 필자의 글을 읽은 독자분들은 필자가 글 전체 내용으로 다양한 가르침과 함께 메시지 전달의 취지를 이해하리라 생각합니다.

우리 모두의 삶은 저 멀리 과거의 전생(前生)때부터 몸을 바꾸어 계속 살아왔고 그리고 가장 귀중한 지금의 삶을 또 살아가고 있습니다.

우리들 인생의 큰 화두, 나는 누구인가? 너 자신을 알라!

"나는 어디로부터 와서 어떻게 살다가 언제 어떻게 죽게 될 것이며, 죽어서는 또다시 무엇이 되어 또 어디로 가게 될 것인가???……."

필자는 이것을 알기 위해서 또한 신통도술의 초능력을 얻기 위해서 또한 깨달음과 해탈대자유를 이루기 위해서 '하늘로 오르는 산'이라는 전라남도 고흥에 있는 천등산(天登山)에서 '신(神)의 계시'를 받고, 「신통술초월명상」으로 10년 동안 도(道)를 닦아 스스로 도사(道師)가 되었습니다.

이 책을 읽은 독자분들께 '공개질문'을 드리겠습니다.

사람들이 자기 자신의 타고난 운명도 모르고, 소질적성도 모르고, 앞날운(運)도 모르고 살아갈 경우에는 어떻게 해야 할까요?

99%의 사람들을 위해서 21세기 운명예언가 겸 신통도술의 초능력을 가진 손도사가 존재하는 이유입니다.

백문이 불여일견이란 말처럼 '직접 확인'해 보시길 바랍니다~~.

필자는 현재, 자선공익사업으로 대한국의 정신적 구심 역할 '대한민국 신전(神殿) 국사당' 건립을 준비해 가면서 또한 세계인 공통적용과 인류발전을 위한 「손도사 손금풀이」를 전파하면서 이 책을 읽은 사람만 만나주고 있습니다. 이야기를 전해들은 사람도 반드시 필자의 책을 한 권 읽고 '직접 방문'을 해야 만나주고 있습니다.

찾아온 사람들에게는 한없이 낮은 자세로 친절하게 만나주고 있습니다.

모든 종교를 포용하는 대한국의 신전(神殿) 국사당이 완성되는 2040년까지만 종합운명검진과 상담 그리고 특별치유 등을 해 줍니다…….

필자는 현재 아무런 구속의 굴레 없이 살면서 대외적 사업업무는 가끔 '서울 종로3가 국일관' 사무실에서 사람을 만나고, 상담업무는 서울 태릉지역의 지하철 1호선 · 6호선 '석계역' ③번 출구 10m 앞에서 상담을 합니다.

주소는 서울 노원구 화랑로 355, 우남 101동 201호입니다.

먼저 '석계역'을 검색해보시고, 문의 또는 예약을 바랍니다.

평생 꼭 한 번, 만남예약은 010-5105-5000번입니다.

글내용 속에다 '정보제공'을 해주는 것은 필자의 도움이 꼭 필요한 사람들에게 진심으로 '도움'을 주기 위해서이고, 인생살이에 가장 중요한 '고급지식운명정보'를 드리면서 간접홍보 끼워넣음을 양해바랍니다.

필자는 이 글을 볼펜으로 조금씩 '육필'로 썼고, 사실과 진실 그리고 진리만을 기록하였습니다. 하늘의 순리를 따르다보니 필자도 이제 70살의 나이이기 때문에 후인들을 위해 그리고 가난하고 고통받는 사람들을 위해 그리고 모든 영혼들을 위해서 이 글을 썼습니다.

혹시나, 지난날 필자의 글을 한 번이라도 읽었던 독자분은 두 번씩이나 필자와 깊은 '인연'이라 생각해 주시길 바랍니다. 사람과의 만남은 전생으로부터의 인연 때문입니다.

신분이 누구든 또는 무엇이든 찾아와서 물어보시길 바랍니다~~.

이 책의 뒤쪽 「특별부록편」에 실려있고, 신(神)의 계시로 쓴 세계인 공통적용으로 100% 정확하고 적중을 하는 「손도사 손금풀이」가 딱 들어맞은 사람들도 꼭 한 번 찾아오시길 바랍니다~~.

끝으로, 필자가 직접 체험으로 얻은 경험지식을 기록한 이 '보물책'을 학술연구자료로 대학도서관과 삶의 정보전달로 공공도서관 등에 '비치용'으로 전달하면서 함께 절반 정도는 전국의 유명서점과 온라인 서점에 유통을 시키는 바 혹시나 비치용이 없는 정부기관 및 교육청과 학교들 및 학원에서는 '별도 구입'을 해주시길 바라고요, 이 책을 읽고 책 내용이 정말로 유익하다고 생각되시면 사랑하는 가족친지와 친구들에게 도서추천과 선물용으로 또한 한 가정에 한 권씩 '필수구비용'으로 추가구입을 당부드립니다~~.

필자는 어느 한 분야에서 세계 최고가 되고, 실용적으로 사람과 개인들 인생에서 큰 도움이 되는 세계인 공통적용 인류지식유산만큼 귀중한 학술연구 성과물로「손도사 손금풀이」운명정보를 이 책의 맨 뒤편 특별부록편에 실으면서 세상 끝까지 전파를 하고, 모두가 잘사는 세상을 만들고 싶습니다.

필자는 마지막으로 펴낸 이 책이 많은 사람들에게 전달이 되고 또한 읽혀지고 그리고 모두가 함께 잘 살기를 진심으로 소망합니다…….

서울에서 손도사 전함.

특별부록편
손금종합운명검진
(100% 적중 개인들 운명정보)
※ 세상에서 가장 중요한 '운명천기누설'입니다!!

손도사 손금풀이의 그림과 명칭들

세계1등 손금풀이 손도사의 운명자가진단

사람의 기질·소질·재능·성격분석과 종합운명진단

세계인 공통적용 인류지식유산

손도사손금풀이
SDS Palmistry
010-5105-5000

100%
적중!

파란색 - 좋은손금
빨간색 - 나쁜손금

Youtube https://bit.ly/2Ewr9ZT

학생들
어른들
직장인들
자영업자
기업인들
※세계인모두

①상승출세금 ②직업운세금 ③성공행운금 ④재주사업금
⑤섬세매력금 ⑥심장감정금 ⑦실망절망금 ⑧성급신중금
⑨공격투쟁금 ⑩손해실패금 ⑪고집끈기금 ⑫노력개운금
⑬신끼십자금 ⑭배신비관금 ⑮이별이혼금 ⑯반항저항금
⑰인내외조금 ⑱두뇌지능금 ⑲방종방랑금 ⑳모험고생금
㉑활동역마금 ㉒생명수명금 ㉓고독고립금 ㉔건강정열금

손바닥 부위별 8구역의 그림과 명칭들

기질 · 소질발견 및 재능 · 성격분석과 운(運)진단

세계인 공통적용 인류지식유산

G ▶ N
손도사 Q

손도사손금풀이
SDS Palmistry

木
水 火
金 土

근면본능
권력본능 — 1 2 3 4 — 소유본능
생산본능

5 6 — 저항본능

공격본능
체력본능 — 7 8 — 생각본능

손바닥 부위별 8구역의 명칭들

1. 권력구 2. 일복구 3. 성공구 4. 사업구
5. 공격구 6. 저항구 7. 체력구 8. 정신구

손금풀이 나이예측 유년법의 그림과 해설

기질 · 소질발견 및 재능 · 성격분석과 운(運)진단

세계인 공통적용 인류지식유산

손도사

손도사손금풀이
SDS Palmistry

심장감정금

직업운세금

출발점
어린 나이 때

두뇌지능금

100

100

100

55~60

35~40

20

35

100

60 20

100

출발점
어린 나이 때

생명수명금

어린 나이 때

손금풀이로 사람 개인들의 한평생 운명진행을 나이 흐름의 유년법으로 판단할 때 '생명수명금'과 '직업운세금'이 가장 정확함을 나타내고, 특히 직업운세금(운명금)으로 나이 유년판단을 할 때는 두뇌지능금의 높낮이와 심장감정금의 높낮이에 따라서 개인들은 약 5년까지 나이 차이가 있음을 꼭 참고바랍니다.

기본 3대손금과 세로 4대손금의 그림과 명칭들

기질 · 소질발견 및 재능 · 성격분석과 운(運)진단

세계인 공통적용 인류지식유산

G ▶ N

손도사 Q

손도사손금풀이
SDS Palmistry

심장감정금

상승출세금
직업운세금
성공행운금
재주사업금

두뇌지능금

생명수명금

모든 사람에게는 검정색으로 표시한 '기본 3대손금'과 빨간색으로 표시한 '세로 4대손금'(운세 손금)이 가장 중요하고, 필수 7대 손금은 일 · 월 · 화 · 수 · 목 · 금 · 토의 기운으로 생기며, 7개의 손금들이 기다랗게 많이 생겨있을수록 좋고, 특히 세로 4대 손금들이 기다랗게 생겨있으면 '운세가 강함'을 의미합니다.

상승출세금의 출발점과 유형별 기본의미

기질 · 소질발견 및 재능 · 성격분석과 운(運)진단

세계인 공통적용 인류지식유산

손도사손금풀이
SDS Palmistry

▶ N

손도사 Q

木
水 火
金 土

검지
①

상승출세금들

100%
적중 !

Youtube https://bit.ly/2Ewr9ZT

학생들
어른들
직장인들
자영업자
기업인들
※세계인모두

검지를 향해 뻗쳐오르는 여러모양의 '상승출세금'은 대망 · 야망 · 강한 욕심 · 상승운 · 승진운 · 출세운 · 권력운 등을 나타내는 좋은 손금이고, 두뇌금에서 출발형은 큰 야망심을, 생명금에서 출발형은 행동적 적극노력을, 두 손금이 합친 금에서 출발형은 두뇌와 행동이 함께 적극적 노력과 상승운이 강함을 의미합니다.

직업운세금의 출발점과 유형별 기본의미

기질·소질발견 및 재능·성격분석과 운(運)진단

손도사손금풀이
SDS Palmistry

세계인 공통적용 인류지식유산

G ▶ N
손도사 Q

중지

직업운세금들

학생들
어른들
직장인들
자영업자
기업인들
※세계인모두

100%
적중!

Youtube https://bit.ly/2Ewr9ZT

중지를 향해 뻗쳐오르는 여러 모양의 '직업운세금'은 근면성·취업운·직업운·직장운·직접 경제활동능력 등을 나타내고, Ⓐ형은 일찍부터 생계형 평생 일 고생을, Ⓑ형은 가업승계 등 안정진행을, Ⓒ형은 일찍부터 직업의 모험고생진행을, Ⓓ형은 공격투쟁적 직업진행을, Ⓔ형은 늦게 직업운이 열림을, Ⓕ형은 인생 중반쯤에 직업안정이 됨을, Ⓖ형은 정년월급쟁이 적합을 의미합니다.

성공행운금의 출발점과 유형별 기본의미

기질 · 소질발견 및 재능 · 성격분석과 운(運)진단

세계인 공통적용 인류지식유산

G ▶ N
손도사 Q

손도사손금풀이
SDS Palmistry

약지
3

성공행운금들

학생들
어른들
직장인들
자영업자
기업인들
※세계인모두

100%
적중!

Youtube https://bit.ly/2Ewr9ZT

약지를 향해 뻗쳐오르는 여러 모양의 '성공행운금'은 인생의 행운 · 성공운 · 금전운 · 인기운 · 명성운 · 인생만족감 등을 나타내고, Ⓐ형은 젊은 나이 때부터 큰 성공함을, Ⓑ형은 부모의 큰 도움으로 성공함을, Ⓒ형은 모험 인생과 타인들 도움으로 성공함을, Ⓓ형은 중년부터 성공함을, Ⓔ형은 인생노년에 성공함을, Ⓕ형은 인내력과 타인 도움으로 중년 이후에 성공함을 의미합니다.

재주사업금의 출발점과 유형별 기본의미

기질·소질발견 및 재능·성격분석과 운(運)진단

세계인 공통적용 인류지식유산

G ▶ N

손도사 Q

손도사손금풀이
SDS Palmistry

소지 ④

재주사업금들

ⓒ

ⓑ

ⓐ

100%
적중!

Youtube https://bit.ly/2Ewr9ZT

학생들
어른들
직장인들
자영업자
기업인들
※세계인모두

소지를 향해 뻗쳐오르는 여러 모양의 '재주사업금'은 말재주·특별한 재주·수완성·개성·지능성·기술성·과학기술·상재술·사업가 자질·사업운·재물운 등을 나타내고, ⓐ형은 젊은 나이 때부터 자기 노력으로 평생 동안 자영업 및 개인사업을, ⓑ형은 젊은 나이 때부터 우수한 재주 수완으로 개인사업을, ⓒ형은 개성 및 기술성과 재주 및 수완이 좋음을 의미합니다.

생명수명금의 여러 모양에 따른 기본의미

기질 · 소질발견 및 재능 · 성격분석과 운(運)진단

세계인 공통적용 인류지식유산

G ▶ N

손도사 Q

손도사손금풀이
SDS Palmistry

생명수명금들

100%
적중!

Youtube https://bit.ly/2Ewr9ZT

학생들
어른들
직장인들
자영업자
기업인들
※세계인모두

'생명수명금'은 체질 · 체력 · 생명력 · 수명운 · 평생건강운 등을 나타내고, Ⓐ형처럼 굵고 아주 기다란 형은 건강체질과 수명장수함을, Ⓑ형처럼 짧은 형은 길이만큼 수명단명을, Ⓒ형처럼 가느다란 형은 평생 동안 허약체질을, Ⓓ형처럼 굵고 엄지 밑둥이 넓은 형은 노년까지 평생 동안 육체활동이 강함을 의미하고, 어느 중간에서 끊겨있으면 그 나이 때에 '생명 위험'을 예고합니다

두뇌지능금의 여러 모양에 따른 기본의미

기질·소질발견 및 재능·성격분석과 운(運)진단

손도사손금풀이
SDS Palmistry

세계인 공통적용 인류지식유산

G ▶ N
손도사 Q

두뇌지능금들

ⓒ
ⓓ
ⓑ
ⓐ
ⓔ

100%
적중!

Youtube https://bit.ly/2Ewr9ZT

학생들
어른들
직장인들
자영업자
기업인들
※세계인모두

'두뇌지능금'은 두뇌·지능·재능·성격·뇌질환 등을 나타내고, ⓐ형처럼 기다란 형은 생각 및 두뇌력이 강함을, ⓑ형처럼 짧은 형은 생각 및 두뇌력이 약함을, 뻗치는 방향이 ⓒ형처럼 막힌손금형은 생각의 외골수가 강함을, ⓓ형처럼 옆으로 직선형은 직선적 생각과 논리력 및 실제력이 강함을, ⓔ형처럼 아래로 곡선형은 상상력 및 공상력과 이상주의 성향을 의미합니다.

심장감정금의 여러 모양에 따른 기본의미

기질·소질발견 및 재능·성격분석과 운(運)진단

木
水 火
金 土

손도사손금풀이
SDS Palmistry

세계인 공통적용 인류지식유산

G ▶ N
손도사 Q

심장감정금들

Ⓒ
Ⓐ
Ⓔ Ⓑ
Ⓓ

학생들
어른들
직장인들
자영업자
기업인들
※세계인모두

**100%
적 중 !**

Youtube https://bit.ly/2Ewr9ZT

'심장감정금'은 감정·애정성향·사랑운·가정운·심장질환 등을
나타내고, Ⓐ형처럼 기다란 형은 정신적 사랑 및 사랑감정이 강함
을, Ⓑ형처럼 짧은 형은 육체적 사랑 및 사랑감정이 약함을, Ⓒ형
처럼 끝이 상향 및 검지와 중지 사이로 흘러들어간형은 낙천적 및
순정함을, Ⓓ형처럼 끝이 하향형은 사랑표현이 서툴고 비관적임
을, Ⓔ형처럼 막쥔형은 감정의 외골수가 강함을 의미합니다.

일자형 막쥔손금(자기중심적 '고집외골수'가 강함)

기질 · 소질발견 및 재능 · 성격분석과 운(運)진단

세계인 공통적용 인류지식유산

손도사

손도사손금풀이
SDS Palmistry

학생들
어른들
직장인들
자영업자
기업인들
※세계인모두

**100%
적중!**

Youtube https://bit.ly/2Ewr9ZT

일자형 막쥔손금은 ⑥번 감정금과 ⑱번 두뇌금이 안 생겨있고 그림처럼 '완벽한 일자형'을 가리키며, 자기중심적 '외골수 기질'이 강함을 나타내고, 교육수준과 수직손금 및 상향손금의 유·무에 따라서 평생동안의 인생이 '대박운 또는 쪽박운'이 될 수 있으며, 비슷하게 생긴 막쥔손금과 한쪽 손만 막쥔손금이면 인생 중반에 100% 확률로 '손해실패운'을 예고 및 경고를 합니다.

평생동안 '연애운과 결혼운'이 나쁜 손금들

기질 · 소질발견 및 재능 · 성격분석과 운(運)진단

세계인 공통적용 인류지식유산

G ▶ N

손도사 Q

손도사손금풀이
SDS Palmistry

100%
적중!

Youtube https://bit.ly/2Ewr9ZT

학생들
어른들
직장인들
자영업자
기업인들
※세계인모두

⑮번 새끼손가락 아래 부위에 그림처럼 가로금(결혼선)의 끝이
두 갈래로 갈라지거나 또는 유난히 2개가 쌍둥이처럼 생겨있거나
또는 끝이 아래로 굽어내리거나 또는 이곳에 선명한 가로금이 안
생겨있거나 ⑧번 부위에 두 손금이 떨어져 있거나 감정선의 하향
선들과 ㉑번 역마살 손금 및 ㉓번 고독살 손금 등이 선명하게 생
겨있으면 평생동안 '연애운과 결혼운'이 나쁨을 의미합니다.

100% 손해·실패를 당하는 나쁜 운(運) 손금들

기질·소질발견 및 재능·성격분석과 운(運)진단

세계인 공통적용 인류지식유산

G ▶ N

손도사 Q

손도사손금풀이
SDS Palmistry

100%
적중!

Youtube https://bit.ly/2Ewr9ZT

학생들
어른들
직장인들
자영업자
기업인들
※세계인모두

100% 손해·실패를 당하는 나쁜 운(運) 손금들은 그럼처럼과 같이 ⑦번 모든 상승운 가로막은 선, ⑩번 삶의 진행운 가로막은 선, ⑭번 사랑과 인간 배신당하는 하향가지선, ⑮번 비애의 이혼사별선, ㉑번 역마살선, ㉓번 고독살선 등이 생겨있으면, 좋은 손금들이 생겨있더라도 결과론적으로 나쁜 운(運)들 때문에 100% 확률로 '손해·실패 당함'을 나타내는 나쁜 손금들입니다.

각종 사고와 질병으로 '빨리 죽는' 나쁜 손금들

기질 · 소질발견 및 재능 · 성격분석과 운(運)진단

세계인 공통적용 인류지식유산

G ▶ N

손도사 Q

손도사손금풀이
SDS Palmistry

100%
적중!

Youtube https://bit.ly/2Ewr9ZT

학생들
어른들
직장인들
자영업자
기업인들
※세계인모두

'빨리 죽는' 나쁜 손금들은 그림처럼 기본 3대손금들 중 어느 한 개 가 짧게 생겨있거나 중간에 끊겨있거나 또는 수명관련 가장 중요한 ㉒번 생명수명금이 짧게 생겨있거나 또는 끝부분이 가늘거나 등이 고, ⑮번 손금은 그 '배우자'가 해당이 되고, 위 나쁜 손금들 중 어 느 한 개가 생겨있고 부모님이 각종 사고 및 질병으로 수명이 단명 했으면, 이러한 사람은 '종합운명검진'이 꼭 필요합니다.

전생과 조상의 업살로 태어난 '운(運) 나쁜' 손금들

기질 · 소질발견 및 재능 · 성격분석과 운(運)진단

세계인 공통적용 인류지식유산

G ▶ N
손도사 Q

손도사손금풀이
SDS Palmistry

100%
적중!

Youtube https://bit.ly/2Ewr9ZT

학생들
어른들
직장인들
자영업자
기업인들
※세계인모두

업살로 태어난 '운(運) 나쁜' 손금들은 대체로 ⑦번 상승운 가로 막은 손금, ⑧번 부위에 한쪽 손만 떨어진 손금, ⑨번 손금, ⑩번 진행운 가로막은 손금, ⑬번 열십자 손금, ⑭번 손금, ⑮번 손금들, ⑲번 손금, ㉑번 역마살 손금, ㉓번 고독살 손금들이고, 이러한 나쁜 손금들이 실제로 생겨있고 운(運)이 나쁜 사람들은 개인별 상세손금풀이로 '종합운명검진'이 꼭 필요합니다.

세계1등 손금풀이 손도사의 운명자가진단
사람의 기질·소질·재능·성격분석과 종합운명진단

세계인 공통적용 인류지식유산

G ▶ N
손도사 Q

손도사손금풀이
SDS Palmistry
010-5105-5000

100% 적중!

파란색 - 좋은손금
빨간색 - 나쁜손금

Youtube https://bit.ly/2Ewr9ZT

학생들
어른들
직장인들
자영업자
기업인들
※세계인모두

①상승출세금 ②직업운세금 ③성공행운금 ④재주사업금
⑤섬세매력금 ⑥심장감정금 ⑦실망절망금 ⑧성급신중금
⑨공격투쟁금 ⑩손해실패금 ⑪고집끈기금 ⑫노력개운금
⑬신끼십자금 ⑭배신비관금 ⑮이별이혼금 ⑯반항저항금
⑰인내외조금 ⑱두뇌지능금 ⑲방종방탕금 ⑳모험고생금
㉑활동역마금 ㉒생명수명금 ㉓고독고립금 ㉔건강정열금

사람 개인의 운명은 99% 타고나고 정해져 있다

이 세상에 태어나 신(神)의 계시를 받고 '손도사(본명 손재찬)' 이름 석 자가 오랜 세월 동안 남겨지게 될 만한 학술연구의 위대한 업적으로 인류발전과 개인들의 인생 성공을 위해서 세계인공통적용 인류지식유산 「손도사 손금풀이」를 남기려 합니다⋯⋯.

사람 개인들의 운명과 운세는 우주하늘자연의 오묘한 섭리가 작용하고, 지문과 손금에 100% 나타나 있고, 타고난 운명과 예정된 운(運)을 알면 모두가 잘살게 됩니다.

한날 한 시에 태어난 쌍둥이는 사주가 같아도 손금은 모두가 다르게 생겨있고, 철학관 또는 역술인에게 날짜를 받아서 병원 제왕절개 수술로 태어난 사람은 태어난 날짜와 시간이 앞당겨진 섭리를 거스른 '엉터리 사주'이기 때문에 반드시 손금풀이로 타고난 운명을 꼭 '확인'받아야 합니다.

사람의 운명표시 '손금'은 각자 전생 때의 인과 및 습성과 부모의 핏줄내림

세계1등 손금풀이 손도사의 운명자가진단
사람의 기질·소질·재능·성격분석과 종합운명진단

세계인 공통적용 인류지식유산

G ▶ N
손도사 Q

손도사손금풀이
SDS Palmistry
010-5105-5000

100%
적중!

파란색 - 좋은손금
빨간색 - 나쁜손금

Youtube https://bit.ly/2Ewr9ZT

학생들
어른들
직장인들
자영업자
기업인들
※세계인모두

①상승출세금 ②직업운세금 ③성공행운금 ④재주사업금
⑤섬세매력금 ⑥심장감정금 ⑦실망절망금 ⑧성급신중금
⑨공격투쟁금 ⑩손해실패금 ⑪고집끈기금 ⑫노력개운금
⑬신끼십자금 ⑭배신비관금 ⑮이별이혼금 ⑯반항저항금
⑰인내외조금 ⑱두뇌지능금 ⑲방종방랑금 ⑳모험고생금
㉑활동역마금 ㉒생명수명금 ㉓고독고립금 ㉔건강정열금

유전성으로 태어날 때부터 약 7개에서 100개 이상까지 생겨지고, 민감하고 복잡한 두뇌 및 정신 활동을 하는 사람에게는 손금이 많이 생겨지고, 둔감하고 단순한 노동 및 육체 활동을 하는 사람에게는 손금이 적게 생겨지며, 손바닥은 8구역으로 나누고, 기본3대선과 세로4대선을 합하여 '7대 손금'이 가장 중요하고, 손금선의 종류는 24가지로 분류하고, 또다시 각 손금을 '유형별 상세손금풀이'로 분석진단을 해야 하며, 손금은 생겨있는 부위와 출발점 및 도착점과 뻗치는 방향 및 길이와 굵기 및 개수 등 다양한 모양들에 따라서 개인들의 천성적 개성 및 특성과 기질·소질 및 재능·강점·약점·성격분석과 운(運)을 분류하고, 약 1,000가지의 '상세운'으로 분석진단을 하여 인생흐름의 '운세와 운명'을 정확히 진단을 하고, 앞날운(運)을 정확히 예측해 낼 수 있습니다.

「손도사 손금풀이」로 알아보는 '운명천기누설'은 30년 이상 사람의 '운명학'을 연구하고 또한 10만 명 이상 사람들의 사주·얼굴·손금 등을 비교분석으로 운명검진 및 인생상담을 직접 해오면서 100% 정확함이 '검증'이 되었고, 「손도사 손금풀이」는 세계인 공통적용이고, 인류지식유산만큼 귀중한 사람연구와 운명연구의 귀중한 학술적 업적입니다.

이 책에만 공개하는 「손도사 손금풀이」는 2023년 5월 기준으로 구글 및 유튜브와 네이버 등에 총조회 수 약 1,000만 이상이고, 유튜브 등에 180개 동영상제작 방송과 손금풀이 책 7권을 저술 출판하여 지식재산권 70년 동안 독점사용 '저작권과 상표권'을 확보해 놓고, 세계인을 상대로 손금풀이 1조~10조 원 앱 운영을 준비하고 있는 것 중의 핵심내용입니다.

(※ 세상과 사람들이 유익하게 잘 활용할 수 있도록 번역·해외출판·책자·인터넷·AI 딥러닝기술 등 활용개발에 관심이 있는 에이전트·개발자·사업가·기업인·대학교·정부기관 등은 꼭 연락을 바랍니다.)

세계1등 손금풀이 손도사의 운명자가진단
사람의 기질·소질·재능·성격분석과 종합운명진단

세계인 공통적용 인류지식유산

G ▶ N
손도사 Q

손도사손금풀이
SDS Palmistry
010-5105-5000

**100%
적중!**

파란색 - 좋은손금
빨간색 - 나쁜손금

Youtube https://bit.ly/2Ewr9ZT

학생들
어른들
직장인들
자영업자
기업인들
※세계인모두

①상승출세금 ②직업운세금 ③성공행운금 ④재주사업금
⑤섬세매력금 ⑥심장감정금 ⑦실망절망금 ⑧성급신중금
⑨공격투쟁금 ⑩손해실패금 ⑪고집끈기금 ⑫노력개운금
⑬신끼십자금 ⑭배신비관금 ⑮이별이혼금 ⑯반항저항금
⑰인내외조금 ⑱두뇌지능금 ⑲방종방탕금 ⑳모험고생금
㉑활동역마금 ㉒생명수명금 ㉓고독고립금 ㉔건강정열금

이러한 사실과 진실을 근거로 하여 손금풀이 세계 1등 손도사가 유튜브 손금풀이 동영상 방송은 서서히 '중단'을 하고, 100% 적중하는 사람 개인들의 '손금풀이 운명정보'를 이 책에만 무료로 <u>특별제공합니다.</u>

우리는 모두가 현재의 시대 상황 속에서 '적자생존과 각자도생'으로 살아남아야 하고, 성공·출세·부자·무병장수로 행복해야 합니다.

지문과 손금은 100억분의 1 오차확률의 데이터과학입니다.

특히, 이 책은 모든 학생들의 타고난 천성적 개성 및 기질과 소질 및 재능 등을 정확히 발견하고 '집중계발'을 위해 모든 학교와 모든 학원의 '필수비치용'이고, 모든 나라의 대통령과 교육부 및 교육감들과 모든 교사 및 교수들과 모든 학원 강사들은 반드시 '구독'을 해야 합니다. 또한 이 책은 성공 출세의 방법으로 정치에 뛰어들어 지방의원으로부터 시작하여 국회의원이 되고, 대통령을 꿈꾸는 야망가들과 각종 단체의 단체장과 대표·회장 등에 선출되어 폼 나게 잘 살고 싶은 사람들에게 '출세운'을 가르쳐주고, 자본투자와 장사영업 및 개인사업을 하는 사람들에게는 '재물운'을 가르쳐주고, 일반 사람들에게는 타고난 천성적 기질과 소질 및 재능을 잘 살리는 '소질적성'에 알맞은 직업운과 월급쟁이 또는 자영업 등 잘 선택과 결혼운·재물운·성공운·출세운·수명운 등 개인들에게 약 100가지의 운(運)을 100% 정확하게 가르쳐주고자 합니다.

이 책에만 <u>특별공개</u>하는 「손도사 손금풀이」는 단순한 성격유형분류인 MBTI(마이어스-브릭스 유형 지표, Myers-Briggs-Type Indicator)나 TCI(Temperament and Character Inventory)보다 더 정확하고 더 편리하며 남·여·노·소와 인종 및 민족에 차별 없이 '세계인공통적용'으로 공부와 직업의 적합성 검사 및 진로제시와 성공·출세·부자 그리고 건강과 수명까지 등 약 1,000가지의 '자가운명검진'과 나쁜 운(運)을 알아내서 고치

세계1등 손금풀이 손도사의 운명자가진단
사람의 기질·소질·재능·성격분석과 종합운명진단

세계인 공통적용 인류지식유산

손도사손금풀이
SDS Palmistry
010-5105-5000

100%
적중!
파란색 - 좋은손금
빨간색 - 나쁜손금
Youtube https://bit.ly/2Ewr9ZT

학생들
어른들
직장인들
자영업자
기업인들
※세계인모두

①상승출세금 ②직업운세금 ③성공행운금 ④재주사업금
⑤섬세매력금 ⑥심장감정금 ⑦실망절망금 ⑧성급신중금
⑨공격투쟁금 ⑩손해실패금 ⑪고집끈기금 ⑫노력개운금
⑬신끼십자금 ⑭배신비관금 ⑮이별이혼금 ⑯반항저항금
⑰인내외조금 ⑱두뇌지능금 ⑲방종방랑금 ⑳모험고생금
㉑활동역마금 ㉒생명수명금 ㉓고독고립금 ㉔건강정열금

는 '개운'까지 정확히 가르쳐주는 인류지식유산만큼 중요한 세상 최고의 '고급지식운명정보'를 완벽하게 가르쳐 줍니다.

성격은 태어나서 어린 나이 7세까지 성장 과정에서 형성이 된 것이고, 개성 및 기질과 소질은 타고난 천성이며 MBTI보다 TCI가 더 정확하고, TCI보다 SDS Palmistry(손도사 손금풀이)가 사람 개인들의 타고난 천성적 기질과 소질 및 재능 · 성격분석과 운(運)까지 함께 동시에 100% 정확하게 가르쳐 주기 때문에 더욱 중요하다는 '사실과 진실'을 선언합니다.

이제부터는 손금 번호에 따른 그림 및 명칭과 해설을 번갈아 보면서 이해를 하고, 사람 개인들의 실제손금과 '대조 및 비교확인'을 해보면서 또한 2번, 3번씩 반복으로 읽고 또 읽으면서 모두가 평생동안 많은 활용과 다른 사람들과도 '공유'해주시길 진심으로 바랍니다~.

세상과 인생에서 가장 중요한 '손금암호해독 운명정보!!'입니다.

먼저 그림을 보면서 번호별 손금과 명칭을 확인하고, 자신의 실제 손바닥에서 비슷한 손금을 찾고, 그리고 '상세해설'을 잘 읽어보시길 바랍니다~.

편의상 번호순서대로 번호별 상세 손금 해설을 해 드립니다.

①번 손금 상향선이 이곳에 세로선으로 기다랗게 생겨있으면, 큰 욕심 및 적극 노력의 '상향성 기질'을 나타내고, 대망 · 야망 · 강한 향상심 · 강한 성취욕구 · 1류대학 진학운 · 1류직장 취업운 · 상승운 · 승진운 · 선거당선운 · 출세운 · 권력운 등을 의미하고, 그림처럼 검지 둘째손가락 아래에 수직금 및 상향금이 현재에 선명하고 기다랗게 1~2개가 생겨있는 사람은 기세가 강하고, 큰 야망 욕심과 적극 행동 실천 노력으로 '상승출세권력'을 발휘하게 됨을 나타내고 또한 예고합니다.

그 반대로 현재 검지 둘째손가락 아래에 ①번 상향손금이 짧거나 흐리거나 안 생겨있는 사람은 기세가 약하고, 큰 야망심이 없고 상승운도 약하여 출세

와 권력이 전혀 없고 평생동안 평범하게 살게 됨을 나타내고 있습니다.

①번 손금이 기다랗게 생겨있는 사람을 배우자 및 상사로 모시거나 직원으로 '선택'하시길 바랍니다.

②번 손금은 중지 셋째 손가락을 향한 모든 수직금 및 상향금을 가리키고, 평생동안의 근면성실·강한 의지력·일복·직접 돈버는 경제활동능력·직업운세·취업운·직장운·직장생활·퇴직운 등을 의미하고, 손바닥 중심선에 그림처럼 중지 셋째 손가락을 향한 수직금 및 상향금이 현재에 선명하고 기다랗게 생겨있는 사람은 근면성실과 의지력이 강하고, 직업운 및 직장운이 강함을 나타냅니다.

중지 셋째 손가락을 향한 ②번 손금들은 출발점과 도착점 그리고 굵기와 길이 등 손금의 모양에 따라 천차만별로 '상세손금풀이'를 해야 하고, 실제 손바닥에 ②번 손금이 수직으로 현재 손바닥 아래부위 손목금 바로 위에서부터 쭉 뻗쳐오른 모양으로 생겨있는 사람은 어린 나이 때부터 일찍 '생계형 일고생'을 나타내고, 손바닥의 중간부위에만 짧게 생겨있는 사람은 직업 및 직장운세가 약하여 '인생중반'에만 경제활동을 나타내고, 현재 그림처럼 손목금 근처에서 중지 셋째 손가락 마디금까지 쭉 뻗쳐오른 모양으로 아주 기다랗게 생겨있는 사람은 '80세·90세쯤 노년'까지도 사회 경제활동을 계속하게 됨을 예고하고, 여성이 ②번 손금이 아주 기다랗게 생겨있으면 평생동안 일고생이 많고 '가장역할'을 나타내고 또한 예고합니다.

그 반대로 현재 ②번 손금이 짧거나 흐리거나 안 생겨있는 사람은 대체로 게으르고, 취업운 및 직장운이 나쁘고, 막노동 및 육체 활동을 하는 등 직업운세가 약함을 나타내고, 현재 손바닥 위쪽 부위에 ②번 손금 수직선 및 상향선이 안 생겨있는 사람은 중년 이후에 갑자기 사회 경제활동운과 직업운세가 '약함'을 나타내고 있으니 50대 중반쯤 중년 이후에 제2의 인생시작 또는 자

세계1등 손금풀이 손도사의 운명자가진단
사람의 기질·소질·재능·성격분석과 종합운명진단

세계인 공통적용 인류지식유산

G ▶ N

손도사 Q

손도사손금풀이
SDS Palmistry
010-5105-5000

100%
적중!

파란색 - 좋은손금
빨간색 - 나쁜손금

Youtube https://bit.ly/2Ewr9ZT

학생들
어른들
직장인들
자영업자
기업인들
※세계인모두

①상승출세금 ②직업운세금 ③성공행운금 ④재주사업금
⑤섬세매력금 ⑥심장감정금 ⑦실망절망금 ⑧성급신중금
⑨공격투쟁금 ⑩손해실패금 ⑪고집끈기금 ⑫노력개운금
⑬신끼십자금 ⑭배신비관금 ⑮이별이혼금 ⑯반항저항금
⑰인내외조금 ⑱두뇌지능금 ⑲방종방랑금 ⑳모험고생금
㉑활동역마금 ㉒생명수명금 ㉓고독고립금 ㉔건강정열금

본투자 및 사업은 절대로 '조심'하길 예고 및 경고를 합니다.

특히, 손금의 출발점은 어린 나이 때를 가리키고, 도착점은 노년 나이 때를 가리키는바, ②번 손금과 ③번 손금은 손바닥 아래쪽이 어린 나이 때를, 손바닥 위쪽은 노년 나이 때를 가리키니 반드시 '참고'하시길 바랍니다.

②번 손금은 특히 근면성실과 비례하니 기다랗게 생겨있는 사람을 배우자 및 동업자나 직원으로 '선택'하시길 바랍니다.

③번 손금은 약지 넷째 손가락을 향한 모든 수직금 및 상향금을 가리키고, 평생동안의 낙천성 · 긍정성 · 예술성 · 사치성 · 행운 · 현금운 · 명성운 · 인기운 · 인생만족감 · 성공운 등을 나타내고, 그림처럼 약지 넷째 손가락을 향한 ③번 손금 수직금 및 상향금은 생겨있는 모양에 따라 천차만별로 '상세손금풀이'를 해야 하고, ③번 손금이 현재 선명하고 기다랗게 생겨있을수록 밝고 즐겁고 성공운이 강함을 나타냅니다.

실제 손바닥에 그림처럼 ③번 손금이 손바닥 아래 부위에서부터 쭉 뻗쳐오른 모양으로 생겨있는 사람은 어릴 때부터 명랑하고 '일찍 성공'을 하게 되어 큰 명성과 인기를 얻게 되고, 손바닥 중간쯤 부위에서부터 뻗쳐오른 모양으로 생겨있는 사람은 '중년쯤부터 성공과 즐거움'이 따르고, 약지 넷째 손가락 바로 아래에 그림처럼 짧게 1~2개가 선명하게 생겨있는 사람은 '노년의 성공과 편안'을 나타내고 또한 예고합니다.

그 반대로 현재 ③번 손금이 너무 짧거나 흐리거나 안 생겨있는 사람은 대체로 성격이 어둡고, 금전운이 약하고, 명성도 없고, 인기도 없고, 행운도 안 따르고 결코 인생 성공할 수 없음을 나타내고 또한 예고합니다.

③번 손금이 기다랗게 생겨있는 사람을 배우자 및 애인이나 친구로 '선택'하시길 바랍니다.

④번 손금은 소지 새끼손가락을 향한 모든 수직금 및 상향금을 가리키고,

세계1등 손금풀이 손도사의 운명자가진단
사람의 기질·소질·재능·성격분석과 종합운명진단

세계인 공통적용 인류지식유산

G ▶ N

손도사 Q

손도사손금풀이
SDS Palmistry
010-5105-5000

**100%
적중!**

파란색 - 좋은손금
빨간색 - 나쁜손금

Youtube https://bit.ly/2Ewr9ZT

학생들
어른들
직장인들
자영업자
기업인들
※세계인모두

①상승출세금 ②직업운세금 ③성공행운금 ④재주사업금
⑤섬세매력금 ⑥심장감정금 ⑦실망절망금 ⑧성급신중금
⑨공격투쟁금 ⑩손해실패금 ⑪고집끈기금 ⑫노력개운금
⑬신끼십자금 ⑭배신비관금 ⑮이별이혼금 ⑯반항저항금
⑰인내외조금 ⑱두뇌지능금 ⑲방종방탕금 ⑳모험고생금
㉑활동역마금 ㉒생명수명금 ㉓고독고립금 ㉔건강정열금

평생동안의 말재주·특별한 재주·특별한 기술·강한 개성·지능성·수완성·상술·사업가 자질·사업운·재물운 등을 나타내고, 실제 손바닥에 그림처럼 ④번 손금이 중간에 끊긴 곳이 없이 선명하고 기다랗게 생겨있거나 또는 ㉒번 손금 생명금 중간 아래쯤의 생명금에서 출발하여 중간에 끊긴 곳이 없이 아주 기다랗게 소지 새끼손가락을 향해 쭉 뻗쳐오른 모양으로 생겨있는 사람(앞장 그림 - 재주사업금의 출발점과 유형별 기본의미 Ⓐ 참조!)은 젊은 나이 때부터 말솜씨도 좋고 특별한 재주와 수완성으로 개인활동 및 개인사업의 자질이 뛰어나고 재물운도 좋음을 나타내고, ④번 손금이 새끼손가락 아래 부위에 그림처럼 짧고 선명하게 생겨있는 사람은 작은 재주 및 수완성으로 나이 들어가면서 재물운이 따르게 됨을 나타내고 또한 예고합니다.

그 반대로 현재 ④번 손금이 너무 짧거나 흐리거나 안 생겨있는 사람은 특별한 재주가 없고, 수완성도 약하고, 재물운도 약함을 나타내고 있습니다.

④번 손금이 기다랗게 생겨있는 사람을 배우자 및 동업자나 직원으로 '선택'하시길 바랍니다.

실제 손바닥에 운세를 나타내는 '세로 4대 손금'인 ①번 손금, ②번 손금, ③번 손금, ④번 손금들이 모두 짧거나 흐리거나 안 생겨있는 사람은 단순하고 지성적이지 못하고 평생동안 '운세 약함'을 나타내고 있습니다.

운세를 정확히 나타내 주고 있는 '세로선'들 ①번 손금, ②번 손금, ③번 손금, ④번 손금들이 약한 사람을 배우자 및 동업자나 직원으로 선택하지 마시고, 단체조직의 대표로 선택하지 마시길 '충고'합니다.

그리고 어느 한 손금만 특별히 아주 기다랗게 생겨있거나 또는 어느 한 손금만 짧거나 안 생겨있거나 하는 경우에는 그 손금이 나타내는 '특별한 의미'가 있기 때문에 실제 손금이 그러한 사람들은 '개인별 상세손금풀이'가 꼭 필요하고, 또한 실제 손바닥에 평생동안의 운세를 나타내는 '세로 4대 손금'이

세계1등 손금풀이 손도사의 운명자가진단
사람의 기질·소질·재능·성격분석과 종합운명진단

세계인 공통적용 인류지식유산

G ▶ N
손도사 Q

손도사손금풀이
SDS Palmistry
010-5105-5000

100%
적중!

파란색 - 좋은손금
빨간색 - 나쁜손금

Youtube https://bit.ly/2Ewr9ZT

학생들
어른들
직장인들
자영업자
기업인들
※세계인모두

①상승출세금 ②직업운세금 ③성공행운금 ④재주사업금
⑤섬세매력금 ⑥심장감정금 ⑦실망절망금 ⑧성급신중금
⑨공격투쟁금 ⑩손해실패금 ⑪고집끈기금 ⑫노력개운금
⑬신끼십자금 ⑭배신비관금 ⑮이별이혼금 ⑯반항저항금
⑰인내외조금 ⑱두뇌지능금 ⑲방종방랑금 ⑳모험고생금
㉑활동역마금 ㉒생명수명금 ㉓고독고립금 ㉔건강정열금

너무 짧게 생겨있거나 흐리거나 안 생겨있는 사람은 평생동안 운세가 약하니 개인별 '종합운명검진과 상담'이 꼭 필요함을 전달합니다.

⑤번 손금은 그림처럼 중지와 약지 사이의 아래에 반원 및 곡선 모양의 실선 또는 토막선을 가리키고, 섬세함·감수성 예민·미적 감각·색체감각·패션 감각·관능매력·성적인 조숙·색정 및 성욕·성 민감성·신경성·예술 및 예능의 끼 등을 나타내고, 실제 손바닥에 ⑤번 손금이 실선으로 생겨있으면 특히 관능매력과 성욕이 강하고, 토막선으로 생겨있으면 남성은 바람끼가 강하고, 여성은 미적감각과 신경질이 강함을 나타냅니다.

⑤번 손금들이 생겨있는 사람은 디자인·패션·인테리어·예술·예능인·연예인 등 아트 분야가 직업적성에 알맞습니다.

손바닥 맨 위쪽의 굵고 기다란 ⑥번 손금은 3대 기본손금인 심장감정금이고, 심장·혈관계·감정·심성·애정운·사랑운·가정운·가슴앓이·심장병 등을 나타내고, 굵기와 길이 및 뻗치는 방향 등에 따라서 '상세손금풀이'를 하고, 실제 손바닥에 ⑥번 손금 심장감정금이 아주 기다랗게 생겨있는 사람은 정신적 사랑과 애정 및 사랑감정이 강함을 나타내고, 2개가 생겨있는 사람은 더욱 애정 및 사랑과 성본능이 강함을 나타내고, 짧게 생겨있는 사람은 육체적 사랑과 애정 및 사랑감정이 담백 냉정함을 나타내며, ⑥번 손금의 끝이 상향으로 뻗쳐있으면 낙천형이고, ⑥번 손금의 끝이 상향으로 뻗쳐서 둘째손가락과 셋째 손가락 사이로 흘러 들어간 모양으로 생겨있으면 순진 및 순정형이고, ⑥번 손금의 끝이 하향 및 손아귀 쪽으로 뻗쳐있거나 또는 ⑥번 손금의 끝부분에서 하향가지선이 뻗쳐내린 모양으로 생겨있으면 인생이 어둡고 점점 비관형이 되어갑니다.

또한 실제 손바닥에 ⑥번 손금 심장감정금이 약지 아랫부위에서 '조금 벌어지거나 조금 끊긴 모양'으로 생겨있으면 갈등고민과 가슴앓이를 나타내고, 이

곳 약지나 소지 아랫부위 ⑥번 손금 심장감정금에서 기다랗게 '하향가지선'이 생겨있으면 100% 확률로 사랑배신·인간배신·돈배신을 당하고 '평생 마음고생'으로 살게 됨을 나타내고, ⑥번 손금 심장감정금의 어느 중간에서 '하향가지선'들이 생기면 근심걱정이 많아지고, 이곳 약지 아랫부위 ⑥번 손금 심장감정금이 크게 끊겨지고 벌어진 모양으로 생겨있으면 100% 확률로 가정불운 및 가정파탄 또는 이혼을 당하거나 또는 심장마비로 죽는 등 '큰 불행'을 나타내며 100% 정확함의 예고 및 경고를 합니다.

⑥번 손금 심장감정금이 너무 짧게 생겨있거나, 중간에 끊겨있거나, 하향가지선이 1cm 이상 길이로 생겨있거나, 본선의 끝이나 끝부분의 하향가지선이 '손아귀쪽'을 향하는 등 '나쁜 손금들'이 생겨있는 사람을 배우자 및 애인으로 선택하지 마시길 '충고'합니다.

위 손금풀이의 예고 및 경고를 현재 실제로 겪고 있는 사람들은 '전생업살' 때문이니 개인별 종합운명검진과 상담이 꼭 필요함을 전달합니다.

⑦번 손금은 검지 둘째손가락 아랫부위에 생겨있는 모든 '가로선'을 가리키고, 그림처럼 검지 둘째손가락 아랫부위에 가로선이 1~3개가 생겨있으면 모든 상승운을 가로막아 공부·1류대학 진학·승진·영전·선거출마·출세·모든 사업계획·공사입찰·희망·대망·야망 등을 결코 실현시킬 수가 없고, 현재 가로선이 선명하게 생겨있는 사람은 모든 상승운이 꽉 막혀있고, 양쪽 손에 모두 가로선이 선명하게 생겨있는 사람은 100% 확률로 '실망·절망과 좌절' 당하게 됨을 예고 및 경고를 합니다.

⑦번 가로선은 굵거나, 기다랗거나, 많을수록 상승의 '운막힘'이 강함을 의미하고, ⑦번 가로선이 현재 선명하게 생겨있는 사람을 배우자나 동업자 및 사업체 대표자로 선택하지 마시길 '충고'합니다.

실제 손바닥에 ⑦번 가로선 '가장 나쁜 손금'이 선명하게 생겨있고 모든 상

세계1등 손금풀이 손도사의 운명자가진단
사람의 기질·소질·재능·성격분석과 종합운명진단

세계인 공통적용 인류지식유산

G ▶ N

손도사 Q

손도사손금풀이
SDS Palmistry
010-5105-5000

100%
적중!

파란색 - 좋은손금
빨간색 - 나쁜손금

Youtube https://bit.ly/2Ewr9ZT

학생들
어른들
직장인들
자영업자
기업인들
※세계인모두

①상승출세금 ②직업운세금 ③성공행운금 ④재주사업금
⑤섬세매력금 ⑥심장감정금 ⑦실망절망금 ⑧성급신중금
⑨공격투쟁금 ⑩손해실패금 ⑪고집끈기금 ⑫노력개운금
⑬신끼십자금 ⑭배신비관금 ⑮이별이혼금 ⑯반항저항금
⑰인내외조금 ⑱두뇌지능금 ⑲방종방랑금 ⑳모험고생금
㉑활동역마금 ㉒생명수명금 ㉓고독고립금 ㉔건강정열금

승운 등 운(運)이 꽉 막혀있는 사람은 나쁜 업살작용의 '운(運) 문제'가 생긴 것이고, 본 책자의 손금풀이에 공감을 하는 사람들은 즉시 개인별 '종합운명 검진과 상담'이 꼭 필요함을 전달합니다.

⑧번 손금 부위는 생명금과 두뇌금이 함께 출발하는 곳으로 개인별 타고 난 기질 및 성격과 운(運)을 나타내고, 그림처럼 두 손금이 떨어진 모양으로 생겨있으면 구속과 간섭을 싫어하는 독립성 기질 및 성급함 · 충동성 · 지배 성 · 대담성 등을 나타내고, 두 손금이 합쳐진 모양으로 생겨있으면 상식적이 고 신중한 기질을 나타내고, 두 손금이 2cm 이상 합쳐진 모양으로 생겨있으 면 소극 소심한 기질을 나타내고 실천력과 발전가능성이 많이 부족함을 나타 냅니다. 특히 한쪽 손만 두 손금이 떨어진 모양으로 생겨있으면 '다중성격'을 나타내고, 인생 중반에 '큰 변동운'이 따르고 100% 확률로 일 실패 또는 결혼 실패 등을 예고 및 경고합니다.

⑧번 부위에 두 손금이 크게 떨어진 모양이나 또는 합친 부분이 2cm 이상 되거나 또는 한쪽 손만 '떨어진 모양' 등으로 생겨있는 사람을 배우자 및 애인 으로 선택하지 마시길 '충고'합니다.

실제 손바닥에 ⑧번 그림처럼 두 손금이 떨어진 모양으로 생겨있는 사람 또는 이곳의 두 손금이 합쳐진 부분이 2cm 이상 기다랗게 생겨있는 사람은 개인별 '종합운명검진과 상담'이 꼭 필요함을 전달합니다.

⑨번 손금은 엄지와 검지 사이 '손아귀 부위'에 살집이 두툼하면서 선명하 고 짧게 생겨있는 여러 모양의 횡선들을 가리키고, 그림처럼 손아귀 부위에 짧은 횡선이 1~3개가 뚜렷하게 생겨있으면 '난폭성 기질'을 타고나 성질이 강하고, 오기가 있고 지기를 싫어하며, 공격 투쟁적이고 경계심이 강하며, 사 람들과 다툼이 많고, 구설수와 관재수가 따르고, 부부 다툼으로 별거와 이혼 수까지 예고 및 경고를 합니다.

세계1등 손금풀이 손도사의 운명자가진단
사람의 기질·소질·재능·성격분석과 종합운명진단

세계인 공통적용 인류지식유산

G ▶ N
손도사 Q

손도사손금풀이
SDS Palmistry
010-5105-5000

100%
적중!

파란색 - 좋은손금
빨간색 - 나쁜손금

Youtube https://bit.ly/2Ewr9ZT

학생들
어른들
직장인들
자영업자
기업인들
※세계인모두

①상승출세금 ②직업운세금 ③성공행운금 ④재주사업금
⑤섬세매력금 ⑥심장감정금 ⑦실망절망금 ⑧성급신중금
⑨공격투쟁금 ⑩손해실패금 ⑪고집끈기금 ⑫노력개운금
⑬신끼십자금 ⑭배신비관금 ⑮이별이혼금 ⑯반항저항금
⑰인내외조금 ⑱두뇌지능금 ⑲방종방탕금 ⑳모험고생금
㉑활동역마금 ㉒생명수명금 ㉓고독고립금 ㉔건강정열금

⑨번 손금 부위는(앞장 그림 – 손바닥 부위별 8구역의 그림과 명칭 참조!) 공격본능 부위입니다.

⑨번 손금들이 너무 선명하게 많이 또는 기다랗게 생겨있는 사람을 배우자 및 친구로 선택하지 마시길 '충고'합니다.

실제 손바닥에 ⑨번 손금들이 생겨있고 '난폭성 기질'을 타고난 사람은 인생을 망치기 전에 개인별 '종합운명검진과 상담'이 꼭 필요합니다.

⑩번 손금은 그림처럼 굵고 기다란 생명금의 안쪽에서 출발하여 손바닥 중심부위를 기다랗게 가로막거나 또는 감정금에서 하향가지선이 뻗쳐내려와 손바닥 중심부위를 기다랗게 가로막는 등 손바닥 중심부위를 기다랗게 가로막는 '모든 가로선'을 가리키고, 그림처럼 손바닥 중심부위에 기다란 가로선이 1~3개가 생겨있으면 삶의 모든 '진행운 가로막힘'이 따르면서 큰마음 고생 · 큰 돈 떼임 · 큰 투자손해 · 장사영업실패 · 사업부도 · 개인파산 · 이혼당함 · 자살 등을 나타내고 여러 개가 생겨있으면 여러 번 손해 및 실패가 따르게 되며, 이처럼 손바닥 가운데에 가로선들이 생겨있는 사람은 100% 확률로 '손해와 실패'를 예고 및 경고합니다.

⑩번 손금 기다란 가로금이 그림보다 조금 위쪽에 생명금과 두뇌금을 함께 가로막은 '가로선'은 어린 나이 때 및 젊은 나이 때를 가리키고, 중간 부위는 인생중반 나이 때를 가리킵니다.

⑩번 손금 기다란 가로선 '가장 나쁜 손금'들이 2개 이상 생겨있는 사람은 평생동안 누구에게든 돈을 빌려주지 마시고, 주식투자나 장사영업 및 개인사업하지 마시길 '충고'하고, 이러한 사람을 배우자 및 애인이나 동업자로 선택하지 마시길 '충고'합니다.

실제 손바닥에 ⑩번 손금처럼 손바닥 중심부위를 기다랗게 가로막는 손금이 생겨있고 현재 손해와 실패가 진행 중이거나 또는 손해와 실패를 겪은 사

세계1등 손금풀이 손도사의 운명자가진단
사람의 기질·소질·재능·성격분석과 종합운명진단

세계인 공통적용 인류지식유산

G ▶ N
손도사 Q

손도사손금풀이
SDS Palmistry
010-5105-5000

100%
적중!

파란색 - 좋은손금
빨간색 - 나쁜손금

Youtube https://bit.ly/2Ewr9ZT

학생들
어른들
직장인들
자영업자
기업인들
※세계인모두

①상승출세금 ②직업운세금 ③성공행운금 ④재주사업금
⑤섬세매력금 ⑥심장감정금 ⑦실망절망금 ⑧성급신중금
⑨공격투쟁금 ⑩손해실패금 ⑪고집끈기금 ⑫노력개운금
⑬신끼십자금 ⑭배신비관금 ⑮이별이혼금 ⑯반항저항금
⑰인내외조금 ⑱두뇌지능금 ⑲방종방랑금 ⑳모험고생금
㉑활동역마금 ㉒생명수명금 ㉓고독고립금 ㉔건강정열금

람들은 즉시 개인별 '종합운명검진과 상담'이 꼭 필요함을 전달합니다.

운(運)이 나쁘거나 가로막힌 경우에는 모든 노력이 다 소용없게 됩니다.

한 번밖에 살 수 없는 삶을 살아가면서 몸이 아프면 병원을 찾아가는 것처럼, 운이 나쁘거나 운이 막힌 사람들은 반드시 운명검진과 상담을 동시에 해주는 '운(運) 전문가'를 꼭 찾아야 합니다.

⑪번 손금은 굵고 기다란 생명수명금의 안쪽에 그림처럼 생명수명금과 나란하게 생겨있거나 또는 세로선으로 기다랗게 생겨있는 손금을 가리키고, 완고한 기질 및 투쟁성 기질과 자유분방성 기질 등을 나타내고, 끈질긴 생명력 및 생존을 위한 노력이 강하고, 대체로 고생이 많이 따릅니다.

⑪번 손금이 위쪽에 생겨있으면 어린 나이 때를 가리키고, 그림처럼 생겨있으면 청년과 중년 나이 때를 가리키고,, 아래쪽에 생겨있으면 노년 나이 때를 가리키며, 기다랗게 생겨있을수록 강함을 의미하고 또한 예고합니다.

⑫번 손금은 굵고 기다란 생명수명금의 중간에 생겨있는 '모든 상향가지선'을 가리키고, 생명금의 상향가지선들은 '좋은 쪽'으로 적극 행동실천의 노력이 강한 기질을 나타내고, ⑫번 손금 생명금 상향가지선의 뻗치는 방향이 검지 둘째손가락을 향하면 출세 및 권력지향의 적극 노력을 나타내고, 생명금의 중간쯤에서 중지 셋째 손가락을 향하면 중년 나이쯤에 직업이 안정됨을 나타내고, 약지 넷째 손가락을 향하면 돈과 명성 및 인기 지향의 적극 노력을 나타내고, 생명금의 중간 아래지점에서 소지 새끼손가락을 향해 중간에 끊긴 곳이 없이 아주 기다랗게 생겨있으면 평생동안 개인 활동 및 개인사업 지향의 적극 노력을 나타내고, ⑫번 손금 생명금의 상향가지선들은 기다랗게 생겨있을수록 강함을 나타내고 또한 예고합니다.

생명수명금의 상향가지선들은 모두 좋은 손금들입니다.

⑬번 손금은 굵고 기다란 ⑥번 손금 심장감정금의 하향가지선과 ②번 손

세계1등 손금풀이 손도사의 운명자가진단
사람의 기질·소질·재능·성격분석과 종합운명진단

세계인 공통적용 인류지식유산

G ▶ N
손도사 Q

손도사손금풀이
SDS Palmistry
010-5105-5000

① ② ③ ④ ⑤ ⑥ ⑦ ⑧ ⑨ ⑩ ⑪ ⑫ ⑬ ⑭ ⑮ ⑯ ⑰ ⑱ ⑲ ⑳ ㉑ ㉒ ㉓ ㉔

100% 적중!

파란색 - 좋은손금
빨간색 - 나쁜손금

Youtube https://bit.ly/2Ewr9ZT

학생들
어른들
직장인들
자영업자
기업인들
※세계인모두

①상승출세금 ②직업운세금 ③성공행운금 ④재주사업금
⑤섬세매력금 ⑥심장감정금 ⑦실망절망금 ⑧성급신중금
⑨공격투쟁금 ⑩손해실패금 ⑪고집끈기금 ⑫노력개운금
⑬신끼십자금 ⑭배신비관금 ⑮이별이혼금 ⑯반항저항금
⑰인내외조금 ⑱두뇌지능금 ⑲방종방랑금 ⑳모험고생금
㉑활동역마금 ㉒생명수명금 ㉓고독고립금 ㉔건강정열금

금 직업운세금이 아주 짧게 생겨서 손바닥 가운데에 그림처럼 '열십자 손금'이 생겨있는 것을 가리키고, 전생업 및 조상핏줄내림으로 '칠성공줄과 음체질'로 태어나 영성 · 종교성 · 빙의성 · 영매성 · 신(神)끼 · 신경정신질환 가능성 · 마음고생 등을 나타내고, 직업운세금이 짧게 생겨있기 때문에 평생동안 서민층으로 살게 됨을 나타내고 또한 예고합니다.

모든 신비성 관심자와 신끼가 있는 점(占)쟁이와 빙의성 및 정신질환자의 99%는 ⑬번 손금 '열십자 손금'이 실제로 생겨있고, 실제 손바닥에 ⑬번 열십자 손금이 생겨있는 사람으로서 공부가 안되고, 일자리가 변변치 않고 평생동안 서민층으로 살고 있거나 또는 불행하게도 신경정신적으로 '이상증상'을 느끼는 사람들은 즉시 '종합운명검진과 상담'이 꼭 필요함을 전달합니다.

⑬번 손금이 생겨있는 사람을 배우자로 '선택'하지 마시길 '충고'합니다.

⑭번 손금은 굵고 기다란 ⑥번 손금 심장감정금에서 그림처럼 아래로 뻗쳐 내린 '하향가지선'을 가리키고, 소지 새끼손가락 아래부위 ⑥번 손금 심장감정금에서 그림처럼의 가느다란 하향가지선이 1cm쯤 기다랗게 생겨있는 사람은 100% 확률로 젊은 날 및 첫사랑의 깊은 사랑배신을 당하거나 또는 어린 날의 가정환경 불행 등으로 평생동안 마음의 큰 상처와 마음고생으로 살게 됨을 예고 및 경고합니다.

⑭번 손금 하향가지선 '나쁜 손금'은 기다랗게 생겨있을수록 더욱 나쁘고, 실제 손바닥에 ⑭번 손금이 생겨있고 어린 날 가정환경 불행이나 또는 젊은 날 사랑 배신 및 인간 배신을 당했거나 현재 마음고생을 당하고 있는 사람은 더 이상 나쁜 운명의 진행을 막기 위해 즉시 '종합운명검진과 상담'이 꼭 필요함을 전달합니다.

⑮번 손금들은 소지 새끼손가락 아랫부위에 가로금으로 생겨있는 여러 모양의 손금들을 가리키고, 개인들의 연애운과 결혼운 등 '사랑운'을 가장 정확

세계1등 손금풀이 손도사의 운명자가진단
사람의 기질·소질·재능·성격분석과 종합운명진단

세계인 공통적용 인류지식유산

G ▶ N

손도사 Q

손도사손금풀이
SDS Palmistry
010-5105-5000

100%
적중!

파란색 - 좋은손금
빨간색 - 나쁜손금

Youtube https://bit.ly/2Ewr9ZT

학생들
어른들
직장인들
자영업자
기업인들
※세계인모두

①상승출세금 ②직업운세금 ③성공행운금 ④재주사업금
⑤섬세매력금 ⑥심장감정금 ⑦실망절망금 ⑧성급신중금
⑨공격투쟁금 ⑩손해실패금 ⑪고집끈기금 ⑫노력개운금
⑬신끼십자금 ⑭배신비관금 ⑮이별이혼금 ⑯반항저항금
⑰인내외조금 ⑱두뇌지능금 ⑲방종방탕금 ⑳모험고생금
㉑활동역마금 ㉒생명수명금 ㉓고독고립금 ㉔건강정열금

하게 나타내주는 곳이며, 이곳에 그림처럼 가로금의 끝이 두 갈래로 갈라지는 모양으로 생겨있으면 100% 확률로 사랑의 '이별 및 별거'하게 됨을 나타내고, 유난히 두 개가 쌍둥이처럼 나란하게 생겨있으면 100% 확률로 '이혼 및 사별'을 하고 재혼하게 됨을 나타내고, 이곳에 가로금이 길고 짧은 선으로 아주 가까이 밀접해서 생겨있으면 애인이 있는 등 '삼각관계'를 암시하고, 여러 개가 생겨있으면 애인이 많이 생겨짐을 나타내며, 이곳에 가로금의 끝이 아래로 굽어내리면 사랑이 점점 '비애슬픔'으로 진행이 되고, 더욱 많이 굽어 내리거나 또는 그림처럼 기다랗게 하향으로 굽어내려 아래쪽의 굵고 기다란 ⑥번 손금을 뚫고 내려간 모양으로 생겨있으면 100% 확률로 '이혼 및 사별' 당하게 됨을 나타내며, ⑮번 손금 이별이혼사별을 나타내는 나쁜 손금들이 어느 한 개라도 생겨있고, 부모가 결혼 실패를 했으면 그 자녀들도 똑같은 '핏줄운내림'을 예고 및 경고합니다.

　결혼 실패를 했거나 또는 현재 결혼생활이 불행한 부모들은 자녀들의 '손금 확인'을 꼭 한 번 해보시길 바랍니다.

　또한 소지 새끼손가락 아랫부위에 '사랑운'을 나타내는 ⑮번 손금들이 위쪽 정면에서 바라볼 때 너무 짧거나 흐리거나 안 생겨있는 사람들은 현재 연애운과 결혼운이 '꽉 막힌 상태'임을 나타내고 99% 확률로 '결혼을 못할 수 있음'을 예고 및 경고합니다. 결혼을 한 기혼자가 현재 이러하면 진정한 부부생활의 사랑운이 '꽉 막힌' 상태이고, 방치를 계속하면 부부관계가 점점 더 나빠지고 결국에는 이혼을 당하거나 또는 배우자를 빼앗기게 됨을 경고합니다.

　특히 ⑮번 손금들 중에서 위 · 아래로 유난히 2개가 쌍둥이처럼 생겨있거나 또는 유난히 손금의 끝이 아래로 굽어내리거나 또는 1개가 너무 기다랗게 생겨서 ⑥번 굵고 기다란 감정금을 꿰뚫은 모양으로 생겨있으면 100% 확률로

세계1등 손금풀이 손도사의 운명자가진단

사람의 기질·소질·재능·성격분석과 종합운명진단

세계인 공통적용 인류지식유산

G ▶ N

손도사 Q

손도사손금풀이
SDS Palmistry
010-5105-5000

100%
적중!

파란색 - 좋은손금
빨간색 - 나쁜손금

Youtube https://bit.ly/2Ewr9ZT

학생들
어른들
직장인들
자영업자
기업인들
※세계인모두

①상승출세금 ②직업운세금 ③성공행운금 ④재주사업금
⑤섬세매력금 ⑥심장감정금 ⑦실망절망금 ⑧성급신중금
⑨공격투쟁금 ⑩손해실패금 ⑪고집끈기금 ⑫노력개운금
⑬신끼십자금 ⑭배신비관금 ⑮이별이혼금 ⑯반항저항금
⑰인내외조금 ⑱두뇌지능금 ⑲방종방탕금 ⑳모험고생금
㉑활동역마금 ㉒생명수명금 ㉓고독고립금 ㉔건강정열금

'이혼 및 사별'을 당하게 되고, 그러한 '나쁜 손금'이 생겨있는 사람의 나쁜 운 (運) 때문에 '그 배우자가 손해를 당하고 목숨까지 희생을 당하게 된다'는 비밀진실을 손도사 책을 구독하고 계신 분들께만 운명정보를 가르쳐 드립니다.

이 책을 읽고 계신 분들은 오늘 즉시 애인과 배우자의 손금에서 ⑮번 손금 들을 반드시 '확인'해 보시길 바랍니다.

전생과 부모의 업살로 결혼운이 나쁜 ⑮번 '나쁜 손금들'이 생겨있는 사람 을 배우자로 선택하지 마시길 '충고'하고, 이미 그러한 사람과 결혼을 해버렸 으면 나쁜 운(運)에 대한 대응과 대책마련이 꼭 필요함을 '충고'합니다.

실제 손바닥에 '나쁜 사랑운' 손금들이 생겨있거나 현재 연애운과 결혼운이 꽉 막힌 사람들은 개인별 '종합운명검진과 상담'이 꼭 필요함을 전달합니다.

운(運)이 나쁘거나 꽉 막힌 경우에는 행여나 하는 해결은 결코 없습니다.

⑯번 손금은 극히 소수에게 생겨있고, 그림처럼 생겨있으면 '반골 저항기 질'을 타고나 특별한 저항 및 반항이 강하고 자기 일에는 끝까지 충직함과 인 내력이 강함을 나타냅니다.

⑯번 손금이 좀 더 기다랗고 굵게 생겨있으면 '이중감정선'으로 다르게 해 석을 하고, 이중감정선은 사랑열중형임을 의미합니다.

⑰번 손금은 굵고 기다란 ⑥번 감정금의 아래부위 손바닥 바깥쪽에서 출 발하여 약지 넷째 손가락을 향해 비스듬히 뻗쳐오르는 상향선을 가리키고, 그림처럼 실제 손바닥에 ⑰번 상향선이 뚜렷하게 생겨있는 사람은 자기 일 에 충직함과 입지를 굳혀나가면서 인내력과 타인 도움 등으로 나이가 들면 서 성공하게 됨을 나타내고 또한 예고합니다.

이곳에 생겨있는 ⑰번 상향선이 짧거나 흐리게 생겨있는 사람은 운(運)이 조금 약하여 열심히 노력은 하지만 성공이 '미완성'임을 나타내고 있습니다.

손바닥 가운데에 옆으로 뻗치는 굵고 기다란 ⑱번 손금은 3대 기본손금인

세계1등 손금풀이 손도사의 운명자가진단
사람의 기질·소질·재능·성격분석과 종합운명진단

세계인 공통적용 인류지식유산

G ▶ N
손도사 Q

손도사손금풀이
SDS Palmistry
010-5105-5000

100% 적중!

파란색 - 좋은손금
빨간색 - 나쁜손금

Youtube https://bit.ly/2Ewr9ZT

학생들
어른들
직장인들
자영업자
기업인들
※세계인모두

①상승출세금 ②직업운세금 ③성공행운금 ④재주사업금
⑤섬세매력금 ⑥심장감정금 ⑦실망절망금 ⑧성급신중금
⑨공격투쟁금 ⑩손해실패금 ⑪고집끈기금 ⑫노력개운금
⑬신끼십자금 ⑭배신비관금 ⑮이별이혼금 ⑯반항저항금
⑰인내외조금 ⑱두뇌지능금 ⑲방종방랑금 ⑳모험고생금
㉑활동역마금 ㉒생명수명금 ㉓고독고립금 ㉔건강정열금

두뇌지능금이고, 두뇌 · 지능 · 재능 · 성격 · 공부와 직업의 적성판단 · 사고방식 · 정신상태 · 뇌신경 · 뇌질환 · 머리부상으로 죽음 등을 나타내고, 굵기와 길이 및 뻗치는 방향과 문양 등에 따라서 '상세손금풀이'를 하고, 실제 손바닥에 ⑱번 손금 두뇌지능금이 기다랗게 생겨있으면 두뇌가 치밀하여 생각이 깊고 기획력 · 연구력 · 탐구력이 강함을 나타내고, 짧게 생겨있으면 생각이 얕고 지능이 낮고 단순하고 수명이 짧게 됨을 나타내고 예고합니다.

⑱번 손금 두뇌지능금이 옆으로 직선으로 쭉 뻗치는 모양으로 생겨있으면 직선적인 생각과 분석력 · 논리력 · 실무력 · 실제력 등이 좋음을 나타내고, ⑱번 손금 두뇌지능금이 곡선으로 굽어내리는 모양으로 생겨있으면 감수성과 상상력 · 공상력 등이 좋고 이상주의 성향을 나타내며, ⑱번 두뇌지능금이 위 · 아래로 나란히 두 개가 생긴 '이중두뇌금' 모양으로 생겨있으면 이원적 두 가지 성격과 천부적 다재다능으로 두뇌가 매우 우수하여 성공출세가 빠른 '행운 손금'이니 두뇌지능금이 두 개가 생겨있는 사람은 판사 · 검사 · 변호사 · 고급관료 · 정무직 · 벤쳐사업가 · 기술개발 · 발명가 · 탤런트 · 연예인 등 최고로 두뇌활동이 필요로 하는 '고급두뇌직업' 분야가 직업적성에 알맞고 100% 성공출세를 예고합니다.

인생에서 가장 중요한 공부와 직업의 '진로선택'을 할 경우에는 ⑱번 손금 두뇌지능금의 '유형별 선택'에 따라서 두뇌지능금의 굵기와 길이 및 뻗치는 방향과 개수 등을 반드시 '참고'하시길 바랍니다.

특히 공부와 직업의 진로선택을 할 경우에 ⑧번 손금 부위에 두 손금이 떨어진 모양으로 생겨있는 '독립두뇌금 형'의 사람은 구속과 간섭을 싫어하는 기질의 독립성 · 성급함 · 대담성 · 지배성 등 성격이 강하니 독립된 프리랜서 일이나 개인사업 분야가 직업적성에 알맞고, ⑱번 두뇌지능금이 아주 기다란 모양으로 생겨있는 사람은 두뇌가 치밀하고 생각이 깊고 탐구력이 강

세계1등 손금풀이 손도사의 운명자가진단
사람의 기질·소질·재능·성격분석과 종합운명진단

세계인 공통적용 인류지식유산

G ▶ N
손도사 Q

손도사손금풀이
SDS Palmistry
010-5105-5000

100% 적중!
파란색 - 좋은손금
빨간색 - 나쁜손금
Youtube https://bit.ly/2Ewr9ZT

학생들
어른들
직장인들
자영업자
기업인들
※세계인모두

①상승출세금 ②직업운세금 ③성공행운금 ④재주사업금
⑤섬세매력금 ⑥심장감정금 ⑦실망절망금 ⑧성급신중금
⑨공격투쟁금 ⑩손해실패금 ⑪고집끈기금 ⑫노력개운금
⑬신끼십자금 ⑭배신비관금 ⑮이별이혼금 ⑯반항저항금
⑰인내외조금 ⑱두뇌지능금 ⑲방종방탕금 ⑳모험고생금
㉑활동역마금 ㉒생명수명금 ㉓고독고립금 ㉔건강정열금

하니 학문연구·기술개발·기획연구 등 분야가 직업적성에 알맞고, ⑱번 두뇌지능금의 시작하는 부위에서 검지 둘째손가락을 향한 '상향가지선'이 1cm 이상 길이로 선명하게 생겨있는 사람은 욕심야망과 적극노력이 엄청 강하니 출세지향의 정치인·개인사업 분야가 직업적성에 알맞고, ⑱번 굵고 기다란 두뇌지능금을 유심히 잘 살펴볼 때 두뇌지능금의 중간에서 소지 새끼손가락을 향한 '상향가지선'이 5mm 이상의 길이로 선명하게 생겨있는 사람은 재물탐심이 강하고 재물운도 따라주니 개인사업 분야가 직업적성에 알맞고, ⑱번 손금 두뇌지능금의 끝이 두 갈래로 갈라지거나 상향가지선이 생겨있으면 두뇌와 재주기술이 좋고, 손금은 본선과 가지선의 의미를 상세히 알아야 하며 특히 공부와 직업의 '진로선택'을 할 경우에는 가장 먼저 개인들의 타고난 운명의 객관적인 자료 '손금 데이터 과학'으로 천성적 기질과 소질 및 재능을 '빨리 발견 및 집중계발'로 잘 살려야 하고, 동시에 자신의 '미래운(運)'도 알고 있어야 합니다.

⑱번 두뇌지능금이 늦게 출발하거나 흐리게 생겨있으면 두뇌력이 늦고 약함을 나타내고, ⑱번 두뇌지능금이 너무 곡선으로 굽어내린 모양으로 생겨있으면 잡생각 및 공상이 많아 미치게 될 가능성이 높으며 또한 의지력 및 실천력과 사회활동력이 약함을 나타내고, ⑱번 두뇌지능금이 중간에 겹치듯 끊겨지고 벌어진 모양으로 생겨있으면 인생 중간에 생각의 큰 변화가 생기거나 또는 두뇌력이 갑자기 크게 나빠지게 됨을 예고하고, 특히 ⑱번 두뇌지능금의 중간에 섬문양이 생겨있으면 100% 확률로 '뇌질환 및 뇌수술'을 예고하고, ⑱번 두뇌지능금이 중간에 끊겨있거나 손금의 끝에 엑스자(X) 문양이 생겨있으면 100% 확률로 '갑자기 죽음'을 예고 및 경고합니다.

실제 손바닥에 ⑱번 손금 두뇌지능금이 너무 짧거나, 너무 곡선으로 굽어내리거나, 중간에 끊겨있거나, 나쁜 문양이 생겨있는 사람들은 개인별 '종합

세계1등 손금풀이 손도사의 운명자가진단
사람의 기질·소질·재능·성격분석과 종합운명진단

세계인 공통적용 인류지식유산

G ▶ N
손도사 Q

손도사손금풀이
SDS Palmistry
010-5105-5000

100%
적중!

파란색 - 좋은손금
빨간색 - 나쁜손금

Youtube https://bit.ly/2Ewr9ZT

학생들
어른들
직장인들
자영업자
기업인들
※세계인모두

①상승출세금 ②직업운세금 ③성공행운금 ④재주사업금
⑤섬세매력금 ⑥심장감정금 ⑦실망절망금 ⑧성급신중금
⑨공격투쟁금 ⑩손해실패금 ⑪고집끈기금 ⑫노력개운금
⑬신끼십자금 ⑭배신비관금 ⑮이별이혼금 ⑯반항저항금
⑰인내외조금 ⑱두뇌지능금 ⑲방종방탕금 ⑳모험고생금
㉑활동역마금 ㉒생명수명금 ㉓고독고립금 ㉔건강정열금

운명검진과 상담'이 꼭 필요하고, 학생들과 어른들 그리고 특별한 재능이 있는 사람들은 '적성검사'가 꼭 필요함을 전달합니다.

특히 ⑱번 두뇌지능금이 2개로 생겨있거나 또는 중간에 상향가지선이 생겨있는 사람을 배우자 및 직원으로 '선택'하시길 바랍니다.

특별히 ⑱번 두뇌지능금과 ⑥번 심장감정금이 합쳐서 '일자형 막쥔금'으로 생겨있으면 '외골수 기질'을 타고나서 자기중심적 및 고집이 강함을 나타내고, 감수성이 예민하고 정신적 경향의 사람은 사랑 및 애정과 정신적 외골수가 강하고, 둔감하고 물질적 경향의 사람은 현실과 물질적 외골수가 강하며, 일자형 막쥔손금이 생겨있는 사람은 '공부'의 많고 적음과 운세손금인 '세로 4대 손금'들이 생겨있거나 또는 안 생겨있거나 등에 따라서 운세의 좋고 나쁨이 '대박 또는 쪽박'으로 많이 다르게 되고, 한쪽 손만 일자형은 인생 중간에 100% 사업 및 결혼의 큰 실패와 불운을 예고 및 경고합니다.

한쪽 손만 일자형막쥔손금이 생겨있거나 또는 4대운세선이 약한 사람을 배우자 및 동업자나 직원으로 선택하지 마시길 '충고'합니다.

⑲번 손금은 손바닥 아래 바깥쪽 살집이 두툼한 부위에 그림처럼 가로금으로 생겨있는 여러 모양의 실선 또는 토막선을 가리키고, 방종 및 방탕성 기질을 타고나서 제멋대로의 자유생활 · 방종 · 방탕 · 탈선 · 술장사 · 화류계 · 부인과질환 · 만성질환 등을 나타내고 또한 예고를 합니다.

⑲번 방종 및 방탕기질의 나쁜 손금은 굵기와 길이에 비례하여 더욱 나쁨을 나타내고, ⑲번 손금이 생겨있는 사람을 배우자로 선택하지 마시길 '충고'합니다.

⑳번 손금은 손바닥의 가장 아래 바깥쪽 살집이 두툼한 부위에서 출발하여 손바닥 중심 쪽으로 비스듬히 뻗쳐오른 상향손금을 가리키고, 그림처럼 생겨있으면 어린 나이 때부터 '일고생과 모험인생'을 나타내고, 어린 나이 때는 타

세계1등 손금풀이 손도사의 운명자가진단

사람의 기질·소질·재능·성격분석과 종합운명진단

세계인 공통적용 인류지식유산

손도사손금풀이
SDS Palmistry
010-5105-5000

손도사

**100%
적중!**

파란색 - 좋은손금
빨간색 - 나쁜손금

Youtube https://bit.ly/2Ewr9ZT

학생들
어른들
직장인들
자영업자
기업인들
※세계인모두

①상승출세금 ②직업운세금 ③성공행운금 ④재주사업금
⑤섬세매력금 ⑥심장감정금 ⑦실망절망금 ⑧성급신중금
⑨공격투쟁금 ⑩손해실패금 ⑪고집끈기금 ⑫노력개운금
⑬신끼십자금 ⑭배신비관금 ⑮이별이혼금 ⑯반항저항금
⑰인내외조금 ⑱두뇌지능금 ⑲방종방탕금 ⑳모험고생금
㉑활동역마금 ㉒생명수명금 ㉓고독고립금 ㉔건강정열금

인 도움 및 이성의 도움 등을 받기도 하지만 30살쯤 이후부터는 직업운세 등이 약해짐을 나타내며, 극소수이지만 ⑳번 손금이 중지 또는 약지손가락 아래까지 아주 기다랗게 쭉 뻗쳐오른 모양으로 생겨있는 사람은 '도전과 모험'으로 100% 자수성가를 해내거나 또는 타인들 협조 및 대중인기를 얻고 크게 성공하게 됨을 나타내고 또한 예고합니다.

⑳번 손금이 중지나 약지의 아래까지 아주 기다랗게 생겨있는 사람을 배우자 및 동업자나 사업체 대표로 '선택'하시길 바랍니다.

㉑번 손금은 그림처럼 굵고 기다란 ㉒번 생명수명금의 중간쯤 아래에서 뻗쳐내린 '모든 하향가지선'을 가리키고, ㉑번 하향가지선은 '변동 활동성기질'을 나타내고, 그림보다 조금 위쪽에서 뻗쳐내리면 일찍 집을 나가는 독립 및 일찍 해외장기유학 등을 나타내며, ㉑번 손금이 그림처럼 다양한 모양으로 1~2개가 뚜렷하게 생겨있으면 여행을 즐기는 기질 또는 돌아다니는 것을 좋아하는 기질 등으로 주거 변동이나 직장 변동 및 이동이 많이 따르게 되고 돌아다는 직업을 갖게 되는 등 평생동안 불안정성의 '나쁜 역마살'을 나타내고, 직업은 돌아다니는 외근영업 · 차 운전 · 배달직 · 현장노동일 등이 직업적성에 알맞고, 평생동안 '서민층'으로 살아가게 되고 결국에는 거지가 되거나 100% 확률로 집 밖에서 '객사 죽음'을 예고 및 경고합니다.

㉑번 손금이 생겨있는 사람을 배우자로 선택하지 마시길 '충고'합니다.

위에서 아래로 엄지밑둥을 크게 감싸는 굵고 기다란 ㉒번 손금은 가장 중요한 3대 기본손금인 생명수명금이고, 체질 · 체력 · 생명력 · 생명위험 · 죽을 고비 · 수명 · 운동 및 프로 스포츠 선수의 적합성 판단 · 재물운 · 인생 노년운 및 말년운 등을 나타내고, 출발점의 높낮이 · 굵기와 길이 및 뻗어내리는 곡선 각도 등에 따라서 '상세손금풀이'를 하고, 실제 손바닥에 ㉒번 생명수명금이 굵고 기다랗게 생겨있으면 건강체질과 수명장수를 나타내고, ㉒번 생명수

세계1등 손금풀이 손도사의 운명자가진단
사람의 기질·소질·재능·성격분석과 종합운명진단

세계인 공통적용 인류지식유산

손도사손금풀이
SDS Palmistry
010-5105-5000

100%
적중!

파란색 - 좋은손금
빨간색 - 나쁜손금

Youtube https://bit.ly/2Ewr9ZT

학생들
어른들
직장인들
자영업자
기업인들
※세계인모두

①상승출세금 ②직업운세금 ③성공행운금 ④재주사업금
⑤섬세매력금 ⑥심장감정금 ⑦실망절망금 ⑧성급신중금
⑨공격투쟁금 ⑩손해실패금 ⑪고집끈기금 ⑫노력개운금
⑬신끼십자금 ⑭배신비관금 ⑮이별이혼금 ⑯반항저항금
⑰인내외조금 ⑱두뇌지능금 ⑲방종방탕금 ⑳모험고생금
㉑활동역마금 ㉒생명수명금 ㉓고독고립금 ㉔건강정열금

명금이 아래로 내려오면서 곡선 각도 커브가 크고 넓게 돌출형이면서 굵고 기다랗게 생겨있으면 체력이 가장 강점이고 활동성이 강하여 '육체활동형'임을 나타내고, 운동선수나 차 운전 및 노동 분야가 직업적성에 알맞고, ㉒번 생명수명금이 커브가 좁고 가늘게 생겨있으면 평생동안 허약체질을 나타내며, ㉒번 손금 생명수명금이 중간에 끊겨 있으면 생명수명금의 연령법에 따라서 위쪽에 끊겨 있으면 어릴 때 '죽을 고비'를 나타내고, 중간쯤에 끊겨 있으면 청·중년 때의 '죽을 고비'를 나타내며, 간격이 크게 끊겨 있거나 벌어져 있으면 100% 확률로 그만큼 생명의 '큰 위험'을 나타내고, ㉒번 생명수명금의 중간에 섬문양이 생겨있으면 생명수명금의 연령법에 따른 그 나이 때에 큰 질병 등으로 생명의 '큰 위험'을 나타내며, ㉒번 생명수명금의 아래쪽 끝이 흐려지면 갑작스런 '건강쇠약'을 나타내고, ㉒번 생명수명금이 짧게 생겨있는 사람은 98% 확률로 그만큼 '수명 짧음'을 예고 및 경고합니다.

특히 ㉒번 손금 생명수명금이 중간에 끊겨 있거나, 아래 부위에 비스듬히 가로막는 가로선이 생겨있거나, 나쁜 문양이 생겨있거나, 끝이 밖으로 뻗치거나, 끝이 가늘게 흐리거나, 생명수명선의 자체가 짧게 생겨있는 사람들과 부모님이 큰 질병으로 죽거나, 비명횡사로 죽거나, 자살로 죽거나, 수명 단명을 한 사람은 반드시 타고난 개인별 사주와 상세손금풀이로 '종합운명검진과 상담'이 꼭 필요함을 전달합니다.

㉓번 손금은 손목금의 바로 위 엄지 밑둥 손바닥 맨 아래 부위에 그림처럼 비스듬히 생겨있는 '모든 가로손금들'을 가리키고, 전생업과 나쁜 습성으로 격정성 및 과민성 기질과 나쁜 '고독살'을 타고나 내성적 및 고지식하고, 왕따·고독·고립·인복 없음·평생 외로움·우울증·성욕구 조절장애·분노 조절장애·화(火)병·습관 성자위행위·변태 성욕·성폭행·살(殺)기·살인·감옥살이·쓸쓸한 고독사 죽음 등을 나타내는 '가장 나쁜 손금'이고,

세계1등 손금풀이 손도사의 운명자가진단
사람의 기질·소질·재능·성격분석과 종합운명진단

세계인 공통적용 인류지식유산

G ▶ N

손도사 Q

손도사손금풀이
SDS Palmistry
010-5105-5000

**100%
적중!**

파란색 - 좋은손금
빨간색 - 나쁜손금

Youtube https://bit.ly/2Ewr9ZT

학생들
어른들
직장인들
자영업자
기업인들
※세계인모두

①상승출세금 ②직업운세금 ③성공행운금 ④재주사업금
⑤섬세매력금 ⑥심장감정금 ⑦실망절망금 ⑧성급신중금
⑨공격투쟁금 ⑩손해실패금 ⑪고집끈기금 ⑫노력개운금
⑬신끼십자금 ⑭배신비관금 ⑮이별이혼금 ⑯반항저항금
⑰인내외조금 ⑱두뇌지능금 ⑲방종방탕금 ⑳모험고생금
㉑활동역마금 ㉒생명수명금 ㉓고독고립금 ㉔건강정열금

100% 확률로 정확하며 점점 나빠지게 됨을 예고 및 경고합니다.

㉓번 손금은 굵기와 길이에 비례하여 그만큼 나쁨을 나타내고, ㉓번 손금이 조금 윗쪽에 그림처럼 생겨있으면 어린 나이 때부터와 더욱 강함을 의미하고, 조금 아랫쪽에 생겨있으면 중년 및 노년 나이 때를 의미합니다.

㉓번 손금이 생겨있는 사람을 배우자 및 애인이나 직원으로 선택하지 마시길 '충고'합니다.

실제 손바닥에 ㉓번 '나쁜 고독살' 손금이 생겨있는 사람으로서 위에서 열거한 '나쁜 증상들'이 한(1) 가지라도 생기거나 위 손금풀이에 공감을 하는 사람들은 삶이 더 나빠지기 전에 개인별 '종합운명검진과 상담'이 꼭 필요함을 전달합니다.

㉔번 손금이 그림처럼 엄지 밑둥에 뚜렷하게 많이 생겨있으면 건강과 정열을 나타냅니다.

세상만물과 사람은 하늘자연과 신(神)들의 오묘한 '섭리작용' 때문에 타고난 천성과 생긴 모양대로 운(運)이 작용을 하고 살아가게 됩니다.

「손도사 손금풀이」는 적성검사와 운명검진의 중요한 자료입니다.

혹시나, 개인들의 실제 손바닥에 손금이 너무 복잡하게 생겨있는 사람, 손바닥이 거칠고 딱딱하고 손금이 너무 적게 생겨있는 사람, 어느 손금이 유별나게 길거나 짧거나 끊겨 있는 사람, 손가락 중 어느 한 개가 유난히 길거나 반대로 유난히 짧게 생겨있는 사람, 새끼손가락이 너무 짧게 생겨있는 사람, 엄지손가락의 끝마디 및 엄지손톱이 너무 짧거나 또는 엄지손가락 끝마디가 뭉툭하게 생겨있는 사람, 왼쪽 손과 오른쪽 손의 손금이 다르게 생겨있는 사람 등, 이러한 사람들은 타고난 천성적 기질 및 소질과 재능 및 성격과 운(運)이 '특이'할 수 있기 때문에 '개인별 상세손금풀이'가 반드시 필요하고, 또한 손 그림 속의 '빨간색-나쁜 손금'들이 1개라도 생겨있는 사람은 반드시 개인

세계1등 손금풀이 손도사의 운명자가진단
사람의 기질·소질·재능·성격분석과 종합운명진단

세계인 공통적용 인류지식유산

G ▶ N
손도사 Q

손도사손금풀이
SDS Palmistry
010-5105-5000

100% 적중!

파란색 - 좋은손금
빨간색 - 나쁜손금

Youtube https://bit.ly/2Ewr9ZT

학생들
어른들
직장인들
자영업자
기업인들
※세계인모두

①상승출세금 ②직업운세금 ③성공행운금 ④재주사업금
⑤섬세매력금 ⑥심장감정금 ⑦실망절망금 ⑧성급신중금
⑨공격투쟁금 ⑩손해실패금 ⑪고집끈기금 ⑫노력개운금
⑬신끼십자금 ⑭배신비관금 ⑮이별이혼금 ⑯반항저항금
⑰인내외조금 ⑱두뇌지능금 ⑲방종방탕금 ⑳모험고생금
㉑활동역마금 ㉒생명수명금 ㉓고독고립금 ㉔건강정열금

별 「특별종합운명검진과 상담」이 꼭 필요함을 전달합니다.

※ 이 책에 공개하는 「손도사 손금풀이」는 세계인 공통적용과 인류지식유산 만큼의 귀중한 학술연구 및 운명정보이며 100% 정확함을 증명합니다.

지금까지 '신(神)의 계시'로 인류발전과 개인들의 성공·출세·부자가 되고, 100세 이상 행복한 삶을 위한 실용적인 삶의 기술 방법으로 100% 정확하고 적중을 하는 「손도사 손금풀이」의 핵심을 공개발표로 알려드렸습니다.

세상과 인생에서 가장 귀중한 운명정보!!를 가르쳐 주는 운명천기누설 「손도사 손금풀이」를 다시 한 번 더 정독으로 이 책을 2번, 3번씩 반복해 보면서 실제 손금과 꼭 비교확인!!해 보시길 바랍니다.

손금풀이를 보는 방법은 먼저 가장 뚜렷하게 생겨서 눈에 잘 띄는 개인들의 실제 손금과 그림 속의 손금을 비교해 보면서 손금 번호에 따른 '명칭과 해설'을 보는 방법이 있습니다.

다음으로는 그림 속의 '손바닥 부위별'로 손금과 개인들의 실제 손금이 똑같거나 비슷하게 생겨있는 손금을 찾고, 번호에 따른 '명칭과 해설'을 보는 방법이 있습니다.

손금풀이의 원칙은 '부위별'로 해당된 손금이 생겨있나? 또는 안 생겨있나? 그리고 손금의 출발점 및 도착점과 뻗치는 방향 및 길이와 굵기 및 개수 등을 잘 살펴야 하고, 특별한 문양도 잘 살펴야 하고, 손금은 굵기와 길이에 따라 그만큼 의미가 강함을 나타내고 또한 예고를 하는 것입니다.

그림 속의 파란색으로 표시한 '좋은 손금'과 빨간색으로 표시한 '나쁜 손금'을 잘 구별해서 좋은 손금들이 생겨있으면 더욱 준비를 잘하고, 나쁜 손금들이 생겨있으면 더욱 대비를 잘하면서 평생동안 '인생 일기예보'처럼 잘 활용하시길 진심으로 바랍니다.

세계1등 손금풀이 손도사의 운명자가진단
사람의 기질·소질·재능·성격분석과 종합운명진단

세계인 공통적용 인류지식유산

G ▶ N
손도사 Q

손도사손금풀이
SDS Palmistry
010-5105-5000

100%
적중!

파란색 - 좋은손금
빨간색 - 나쁜손금

Youtube https://bit.ly/2Ewr9ZT

학생들
어른들
직장인들
자영업자
기업인들
※세계인모두

① 상승출세금 ② 직업운세금 ③ 성공행운금 ④ 재주사업금
⑤ 섬세매력금 ⑥ 심장감정금 ⑦ 실망절망금 ⑧ 성급신중금
⑨ 공격투쟁금 ⑩ 손해실패금 ⑪ 고집끈기금 ⑫ 노력개운금
⑬ 신끼십자금 ⑭ 배신비관금 ⑮ 이별이혼금 ⑯ 반항저항금
⑰ 인내외조금 ⑱ 두뇌지능금 ⑲ 방종방탕금 ⑳ 모험고생금
㉑ 활동역마금 ㉒ 생명수명금 ㉓ 고독고립금 ㉔ 건강정열금

특히, 그림 속의 빨간색으로 표시한 '나쁜 손금들'이 실제 손에 1개라도 생겨있거나, 번호별 손금 해설에서 '나쁜 손금들'이 실제 손에 1개라도 생겨있는 사람들과 손금 해설이 자신의 운(運)과 일치하는 사람들은 세계 어느 곳이든 또는 누구든 '연락'을 해주시고, 한 번밖에 살 수 없는 귀중한 인생살이 의사에게 건강검진과 질병치료를 받는 것처럼, 손도사에게「종합운명검진」을 꼭 한 번씩 받으시고 모두가 성공 · 출세 · 부자가 되시고, 100세 이상까지 무병장수하시고, 행복하시길 진심으로 축원합니다…….

「사람의 지문 및 손금과 얼굴은 개인식별과 운명이 약 100억 분의 1 오차 확률로, 100% 정확하고 적중함을 기록해 두고 공개 전달합니다.」

서울에서 손도사 전함.

MEMO